本书系广西民族教育发展研究中心 2022 年度课题"'两个大局'视域下铸牢高校大学生中华民族共同体意识实现路径探究"（编号：2022MJYB003）、广西师范大学 2022 年度党的建设和组织工作研究课题"从建党百年革命精神视角创新大学生党员教育主体意识培育路径研究"的阶段性研究成果。

高校德育教育与大学生成长成才研究

黄旭科◎著

文化发展出版社
Cultural Development Press
·北京·

图书在版编目（CIP）数据

高校德育教育与大学生成长成才研究 / 黄旭科著 . 北京 ：文化发展出版社，2024. 8. -- ISBN 978-7-5142-4445-8

Ⅰ . G641；G645.5

中国国家版本馆 CIP 数据核字第 2024MQ5234 号

高校德育教育与大学生成长成才研究

黄旭科 著

出 版 人：宋 娜

责任编辑：张宝平　　　　责任校对：侯 娜

责任印制：杨 骏　　　　封面设计：守正文化

出版发行：文化发展出版社（北京市翠微路 2 号 邮编：100036）

网　　址：www.wenhuafazhan.com

经　　销：全国新华书店

印　　刷：天津和萱印刷有限公司

开　　本：710mm × 1000mm　1/16

字　　数：230 千字

印　　张：11.5

版　　次：2025 年 1 月第 1 版

印　　次：2025 年 1 月第 1 次印刷

定　　价：72.00 元

I S B N：978-7-5142-4445-8

◆ 如有印装质量问题，请电话联系：010-58484999

前　言

高校德育是我国社会主义高等教育体系的主干，体现了我国社会主义高校的办学特色。中国共产党的主要领导人在不同的历史时期分别阐发的德育思想，不断丰富了马克思主义理论宝库。在新的历史时期，高校德育面对着新的历史重任，如探索践行习近平新时代中国特色社会主义思想的具体路径，根据实际情况开展新的探索工作和推动高校德育工作实现创新性发展，探索“全员、全过程、全方位”育人理念融入高校德育教育的价值和路径，这些都是摆在高校德育工作发展的道路上的一个又一个挑战，是德育工作者应该完成的光荣而艰巨的任务。

党的二十大报告指出，“教育、科技、人才是全面建设社会主义现代化国家的基础性、战略性支撑”，其中德育教育在目前高校教育众多育人维度中占据重要的地位，它与其他几个教育板块，如智育、体育、美育和劳动教育等之间的联系十分密切，教育的社会性和阶级性体现得淋漓尽致，这在一定程度上对于学生的健康成长和学校工作的正常开展等都起到了指引、导向和促进作用，同样对于培养党和国家的社会主义建设者和接班人都具有重要意义，也进一步提升学生在进行德育学习的过程中的责任感和使命感。

众所周知，在信息化、经济全球化的浪潮下，青年学生对于新事物的接受能力日益增强，高校德育工作亟须挣脱传统观念的束缚，积极探寻新的发展路径，以适应不断变化的新形势。在这一过程中，高校既要坚守德育的核心价值，确保其发展方向的正确性，又要要求管理者和德育工作者具备敏锐的洞察力，时刻关注现实社会的动态变化，以开放的心态接纳新事物、新思想，勇于拓展德育工作的新领域，为青年学生的全面发展提供有力支持。特别值得注意的是，当前社会结构转型和经济转轨已成为时代的鲜明特征，由此引发的思想文化变化是新时代不可回避的客观事实，高校要将其作为推动德育创新的重要动力，引导青年学生在多元化的思想冲击中坚定理想信念，树立正确的世界观、人生观和价值观。

本书主要内容为高校德育教育与大学生成长成才研究，共分为五章进行叙述。其中，第一章主要是高校德育教育概述，共分为三节，分别为高校德育教育的基本原则、高校德育教育的目标要求、高校德育教育的主要内容；第二章主要内容为大学生成长成才概述，通过三节对其进行阐述，分别为新时代大学生成长成才、大学生成长成才的基本内容、大学生成长成才与综合素质发展；第三章主要介绍了高校德育教育发展趋势，共分为三节，分别为高校德育教育的内涵与历史发展、高校德育教育发展趋势与问题、高校德育教育的构成与框架结构；第四章对德育教育与大学生成长成才关系进行了介绍，共分为四节，分别为高校德育教育的实效、德育教育与大学生人格的完善、德育教育与大学生素质的发展、大学生德育教育过程与规律；最后一章为第五章，主要内容为高校德育教育与大学生成长成才创新，共分为三节，其中，第一节介绍了高校德育模式的调整与转变，第二节主要内容为高校德育教育创新与大学生创新能力培养，第三节重点阐述了新媒体视域下大学生德育教育方法创新。

在撰写本书的过程中，笔者，并有幸得到了众多专家学者的大力支持与悉心指导，对此表示由衷的感谢。本书内容系统全面，论述条理清晰，深入浅出，以期为读者提供有价值的参考。然而，由于笔者水平有限，书中难免存在不足之处，诚恳地希望广大同行能够不吝赐教，及时指正，共同推动相关领域的学术进步。

黄旭科

2024 年 1 月

目 录

第一章 高校德育教育概述

本章主要内容是高校德育教育概述，共分为三节，其中第一节为高校德育教育的基本原则，第二节则主要介绍了高校德育教育的目标要求，第三节涉及高校德育教育的主要内容。

第一节 高校德育教育的基本原则

高校德育工作的基本原则，是在马克思列宁主义、毛泽东思想、邓小平理论、“三个代表”重要思想、科学发展观、习近平新时代中国特色社会主义思想的深刻指引下，结合新时代高校德育工作的实践探索而得出的。作为德育过程基本规律的反映，高校德育工作的基本原则是经过深入实践并科学总结而形成的若干准则。它不仅揭示了德育工作的内在规律，更对正确处理高校德育过程中的核心关系，以及探索构建具有中国特色和现代化特征的社会主义大学，具有无可替代的指导意义。因此，高校能够更加科学、有效地推进德育工作，培养出更多符合时代要求、具备高尚品德的优秀人才，为社会主义现代化建设提供坚实的人才保障。

一、高校德育原则的立论基点

高校德育原则的立论基点是指高校德育原则确立的理论和依据。高校德育原则确立的主要理论和依据是由高校办学的目的性、德育过程的规律性和人的本质的社会性三个方面组成的。

（一）高校办学的目的性

高校办学的目的性是高校德育原则确立的现实出发点。对高校办学的目的，人们在理论和实践上的认识并不统一。这里是从社会主义大学办学的目的及其与社会主义大学德育原则的关系来论述高校办学的目的在德育原则确立中的重要意义的。

社会主义大学办学的目的是由社会主义的政治经济发展状况所决定的。社会主义初级阶段的政治经济发展状况，在一定程度上决定了我国现阶段情况下高校的办学目的与总体方向。我国是一个发展中国家，仍处于社会主义初级阶段。从我国的基本国情方面来看，我国的政治经济发展情况决定了我国高校的办学目的必定是培养那些可以适应社会主义现代化建设节奏和方向的优秀人才，以早日为实现我国的社会主义现代化建设目标贡献出一份力量。

我国高校办学的目的决定了高校德育的目标和任务。高校德育的目标是指如何贯彻落实“培养什么人、怎样培养人、为谁培养人”这个根本任务；高校德育的任务是指学校德育在培养大学生过程中的职责。高校德育的目标是德育任务的具体体现，是德育的出发点和归宿。

我国高校德育的目标和任务是高校德育原则确立的现实出发点。高校德育原则的确立必须服从于、服务于高校德育的目标和任务，换而言之，高校德育工作的基本原则在确立之际，需先明确社会主义初级阶段的基本路线与方针政策，这并非简单的服从，而是为社会主义现代化建设的开展与实施奠定坚实的人才基础。对于高校的德育工作而言，坚守社会主义办学方向至关重要，这需要加强党对教育工作的全面领导，以确保德育教育的马克思主义底色鲜明、始终不渝，德育工作核心使命是培养社会主义的合格建设者和可靠接班人，因此，高校必须聚焦这一使命责任，教育引导学生树立正确的世界观、人生观、价值观，确保他们永远听党话、跟党走，矢志不渝地为国家和人民奉献。高校德育工作应遵循一系列原则，包括理论联系实际原则、正面引导原则、循序渐进原则以及尊重学生与严格要求相结合原则等，需充分尊重学生成长成才的实际需要，确保德育工作既符合社会发展的需要，又能够满足学生个体成长的诉求。

（二）德育过程的规律性

德育过程的规律性作为确立高校德育原则的基础，具备高度的客观性和实践指导意义。德育过程的规律性可以从多个维度进行深入探讨。具体而言，高校德育的过程、规律、可控性以及特殊性等要素，不仅常见且客观存在，更在德育原则确立中占据重要地位并发挥关键作用。

高校德育过程是有规律可遵循的，从必然性上为高校德育原则的确立规范了基本内容。也就是说，高校将社会主义现代化建设接班人在政治、经济、文化等方面应达到的基本规范转化成为高校学生在思想和品德方面的本质联系。这个基本规律揭示了高校德育过程中的基本矛盾。高校德育过程中基本矛盾的解决，就意味着大学生品德的形成和发展。显然，确立高校德育原则的基本目的，就是为了有效地解决德育过程中的基本矛盾。因此，高校德育过程的基本规律，实际上为高校德育原则的确立，从内涵和本质上规定了其基本内容。

高校德育过程具备可控性，其本质上是一个具有明确目的的教育活动，教育者作为过程的引导者，可以对教育活动的多个层面进行有效控制。这些控制涵盖教育的内容选择、时间安排以及方式方法的运用等方面。教育者正是通过这些方面来影响和引导学生的德育发展，从而实现德育目标。然而，其控制并非随心所欲，而是建立在深入理解和把握德育基本规律的基础之上。这种理解和把握，又离不开辩证唯物主义和历史唯物主义的指导。因此，教育者对德育过程的控制，既体现了其教育智慧，也反映了其深厚的理论素养。实践证明，高校德育过程的可控性不仅在理论上具有可行性，而且在实际操作中取得了显著成效。这进一步佐证了唯物论在高校德育原则确立中的重要地位，同时也增强了教育者贯彻德育原则的自信心。

高校德育过程在整个德育体系中占据核心地位，这一核心地位的确立，主要源于大学生的人生观、价值观和世界观正处于形成的关键阶段，此阶段具有独特性，它不同于德育过程中的其他阶段，是其他德育过程所无法替代的，它符合青年人的成长规律，并非对其他德育过程的否定或贬低，这强调了高校德育过程的特殊性。相反，它是对其他德育过程地位的尊重，更突出了高校德育过程在确立德育原则时的特殊重要性。因此，高校不应忽视高校德育过程在德育原则确立中的关键作用。

（三）人的本质的社会性

社会性作为人的本质属性，构成了确立高校德育原则的理论基石。对于人的本质的不同解读，实则是一种历史现象的体现。关于人的本质的科学论述，在马克思主义理论体系中占据着举足轻重的地位。马克思主义关于人的本质的理论，主要包含两个层面的内容。

首先，人的本质是一切社会关系的总和。其一，马克思主义认为人的属性是多方面的、系统的，而人的本质则是人的诸多属性中的根本属性。这一根本属性是人的社会性。人作为人，同世界上所有物质一样，是处在普遍联系之中的，正是这些联系形成了人的诸方面的属性。这些属性通常表现为人的欲望和人的特性。比如，所有的人都有食欲、性欲、生欲，会思维，能言语，能劳动等属性。在这些常人皆有的属性中，有些是人与生俱来的属性和特征，如饥饿了想吃饭、遇到危险趋利避害保护自己、性成熟了寻求配偶等，是作为人类所共有的，是自然属性；有些则是社会属性，人的社会属性是多方面的，包括人有语言、人会思考、人能劳动等。在劳动、语言、意识这些属性的基础上，人又具有道德、法律、艺术、宗教、政治、哲学等方面的素养，正是人的社会属性改变了人的自然属性，人之所以为人，起决定性作用的正是他的社会属性。但只讲人的社会属性，完全否认人的自然属性是不科学的。同样，只讲人的自然属性，低估或不考虑人的社会属性对其自然属性的决定作用，更是不科学的。有些人把人的本质归结为人的自然属性，把自然属性从人的系统属性中割裂开来并分离社会属性对它的决定作用，其目的是避开现实世界上客观存在社会制度、政治法律观念、文化、宗教以及阶层差别的事实，在主观上形而上学地制造出一种普遍的、共同适用的人的本质。这是一种虚幻的东西。其二，马克思主义认为对人的存在起决定作用的社会属性中，最根本的是物质生产关系方面的属性。人的社会属性是后天在社会交往中由社会关系赋予的。人到来社会上所遇到的、结成的社会关系是多样的，家庭关系、血缘关系、地缘关系、业缘关系、政治关系、法律关系、道德关系、生产关系等。随着人的社会化过程的加深和进展，他就不知不觉地由一个原先只具有自然属性的自然人成为由各种社会关系在他身上汇聚而成为具有自然属性与社会属性相结合的社会人。这些不断增加着的社会关系逐步地铸造出现实人的本质。根据社会关系不同的内容和作用，可将其分为两类：一类是物质的社会关系，一般指生产关系或经济关系，其中包括生产、交换、分配、消费等关系；一类是思想的社会关系，其中包括政治、法律、道德、宗教等关系。这些微观层次的社会关系又互相渗透、结合形成中观层次的社会关系，如家庭关系、职业关系、阶级关系、民族关系等。所有这些关系最终汇集、交织为体现在社会群体和个人身上的社会关系的总和。在考虑人的本质时，最根本的是要从诸多的社会关系中找出有决定意义的社会关系，这就是物质的社会关系即生产关系，只有找到具体人所处的具体的生产关系，确定了他在生产、交换、分配、消费关系中的地位和作用，才能确定出他的现实本质。正是物质的生产关系才能派生出其他的思想社会关系。如果离开了人身上的现实的物质生产关系去谈诸如政治的、法律的、道德的、宗教的思想社会关系，就会陷入抽象的、形而上学的玄想。比如自由问题，有的人把自由，特别是政治自由，视为人的本质，一旦离开社会的经济发展，离开生产关系去谈论什么是政治自由，那只能是不切实际的主观构想。在肯定生产关系决定人的本质时，马克思主义认为决定人的本质的物质生产关系应当是具体的现实的生产关系。任何一个社会中，物质的生产关系并不是单一和纯粹的。它既有以往社会残留下来而在现实社会的生产力水平下依然能够发挥一定积极作用的旧的生产关系；也有现实社会中起着决定和支配作用的生产关系；同时，还存在同生产力发展要求相适应的、未来社会的新型生产关系的萌芽。这三类现实存在于同一社会中的生产关系又会交织在一起。因此，在分析现实个人的本质时，我们就要具体地考察现实的个人身上所体现的具体生产关系。

其次，人的本质是随着社会的发展而变化的。人的本质是由具体的物质生产关系决定的，而物质生产关系并不是固定不变。因此，人的本质也不可能是恒定的。人的本质的变化主要是体现在两个层次上：其一，具体人的本质是在变化中形成的，而且形成之后还会随着他所具有的社会关系的改变而发生变化。就具体的个人来说，他有一个从自然化向社会化的转化过程。在人的社会过程中，体现在他身上的社会关系有一个从无到有、从不完善到完善的变化。这种变化，尤其明显地发生在社会变革时期。其二，人的本质的变化是就人类普遍本质的阶段性发展而言的。就一个社会来说，以生产关系为核心的社会关系的总和构成了这一社会的普遍的、共同的本质。人类社会依次出现了五种形态，即原始社会、奴隶制社会、封建制社会、资本主义社会和社会主义社会。在这五种社会形态中，人的本质是不一样的。公有、集体性，平等和联合构成了原始社会人的本质；对奴隶的残酷剥削、贪得无厌的占有、毫无道理的奢侈享乐是奴隶主的本质，而反抗剥削、力争自由、内部团结互爱则是奴隶的本质；剥削农民的地租、维护森严的等级、保守专制构成了地主的本质，而农民的本质则是勤劳、朴素、谨小；资本家雇佣工人，无偿地占有其剩余价值，其本质是唯利是图，而在同资本家的斗争中体现的大公无私、集体主义精神、为全人类的解放而奋斗的品质则是工人阶级的本质。

人的本质的社会性是马克思主义关于人的本质学说的精髓。对人的本质的科学认识，无疑是确立高校德育原则的理论基础。

二、高校德育原则的基本序列

高校德育的基本原则是对德育过程中客观存在的基本规律的主观映射。这些基本规律指的是在高校德育进程中那些独立于个体主观意志之外、内在稳定且必然存在的联系。高校在制定德育基本原则时，必须确保它们能够真实反映这些基本规律。从本质上讲，规律即关系，因此，高校在确立德育基本原则时，应从揭示德育规律中的关系入手，深入剖析德育过程中客观存在的各种关系，并依据这些关系的内在要求，制定出恰当的处理策略。

我国高校德育承载着社会主义初级阶段的基本特征，是一项错综复杂的系统工程。鉴于其涉及因素的多样性，各因素间的关系亦呈现复杂性，其中，全局性与根本性的关系，共同构成了我国高校德育的核心原则。因此，现将这些核心原则概括如下。

（一）坚持正确方向与促进全面发展相结合的原则

所谓正确方向，即坚持中国特色社会主义的发展导向。这一基本原则深刻揭示了高校德育过程中政治素质培养与思想、道德、心理素质培养，以及德育、智育、体育、美育、劳动教育之间的内在关联。其核心要求是要坚持中国特色社会主义的发展导向，确保德育的首要地位。在贯彻“德、智、体、美、劳”全面发展的教育方针中，高校教育必须坚守正确的政治航向。这不仅关乎学生政治理想与信念的塑造，更是培育社会主义现代化建设所需合格人才的基石。通过此举，学生的思想、心理、道德及智能素质得以全面提升，实现综合素质的全面发展，即实现方向性与全面性的有机统一。其中，坚持为社会主义现代化建设服务的政治方向是该原则的核心要点，这深刻体现了我国高等教育的本质特征。

我国高校德育之所以要强调坚持中国特色社会主义的政治方向，其理由如下所述。

第一，这是由我国高等教育的社会主义性质所决定的。教育的社会性是其固有属性，在阶级社会中，这种社会性集中体现了鲜明的政治色彩。这是因为教育作为上层建筑的重要组成部分，既深受一定社会经济政治状况的制约，又服务于这些经济政治条件。教育的目标设定及内容安排，无不深刻反映着特定的经济政治关系。简而言之，教育始终是为在经济和政治上占据主导地位的阶级服务的，那种超越经济、政治和阶级的抽象教育，从未存在过。鉴于我国实行的是社会主义的经济政治制度，这自然决定了我国高等教育的本质属性。因此，高等教育必须坚定不移地坚持党的全面领导，确保社会主义的办学方向。

第二，这是由我国高校在社会主义初级阶段的现实任务所决定的。教育作为社会主义现代化建设的重要基石，其最终目标是培养能够为国家发展提供持续驱动力的高级人才。教育与生产劳动之间有着密不可分的关系，二者相互依存，共同推动社会的进步与发展。在当前阶段，我国教育肩负着重大的历史使命，即为社会主义现代化建设事业培养合格的建设者和接班人。因此，我国教育必须注重培养具备特定素质的人才。首先，这些人才在政治方向上必须坚定不移地支持社会主义现代化建设，始终与国家的发展目标保持高度一致。其次，他们应具备扎实的知识基础和熟练的实践技能，能够在实际工作中发挥专业优势，为国家的发展贡献自己的力量。高校应深入理解和贯彻党的二十大报告所提出的基本路线，要领导和团结全国各族人民，以经济建设为中心，坚持四项基本原则，坚定不移地推进改革开放，要自力更生、艰苦创业，为把我国建设成为富强民主文明和谐美丽的社会主义现代化强国而奋斗。这一基本路线不仅为我国教育指明了发展方向，也为培养高素质人才提供了行动指南。在中国特色社会主义道路上，高校应始终坚持以现代化强国建设为核心，将其作为发展的重点。这一方向不仅体现了国家发展的战略需求，也反映了人民群众对美好生活的向往。为完成这一崇高使命，高校应当积极发挥其独特作用。在培养专业人才的业务素质方面，高校无疑具备显著优势。尽管我们强调在传授业务知识和服务技能的同时，必须融入社会主义信念的教育，但仅仅将社会主义信念教育穿插于业务知识和服务技能的传授中是远远不够的，还必须从培养社会主义事业建设者和接班人的战略高度出发，实施专门化、系统化的教育规划，这不仅是我国高等教育体系中的重要一环，更是高校德育的核心任务与责任所在。

第三，这是由我国高校在国家政治生活中的特殊地位所决定的。高校坚持以大学生的全面发展为目标追求，充分结合学生的成才规律和发展现状，全面解答“培养什么人、怎样培养人、为谁培养人”这个根本问题，同时，充分引领学生将人生追求与党和国家的发展实际相契合。这一系列事情归根结底还是在人本身，也就是我们常说的“事在人为”。高校肩负着培养社会主义现代化建设者和接班人的神圣使命。青年是国家的未来，谁赢得了青年，谁就赢得了国家的未来。因此，我国高校在国家政治生活中扮演着举足轻重的角色，肩负着引领国家前途和命运的历史重任。这种特殊的地位决定了高校德育工作的独特使命，高校必须从世界观、人生观、价值观等多个维度出发，努力培养造就一批忠诚于社会主义事业的建设者和接班人，为国家的繁荣与发展贡献力量。

第四，这也是由中华人民共和国成立以来我国高等教育正反两方面的历史经验不断证明的结论。中华人民共和国成立后，党和国家积极推动高等教育的社会主义改造，特别注重在高校德育中坚守社会主义的政治方向，由此培育出一批德才兼备的杰出人才。他们在国家经济最为困难的时期，仍然怀揣着满腔热情，兢兢业业地努力工作，为国家的建设与发展贡献力量。今天，他们依然在各自的工作岗位上努力奋斗，发挥着中流砥柱的作用。历史已经证明，高校德育坚守社会主义的政治方向，不仅是高校内部的事务，更是直接关系到国家社会主义现代化建设顺利推进的重大课题。

这条基本原则不仅强调高校德育应坚持社会主义方向性，而且强调必须重视促进学生德、智、体、美、劳的全面发展，主张将两者有机结合，这是至关重要的。首先，它符合高校德育的内在需求，德育是一个内涵丰富、多维度的体系。它涵盖了政治参与、思想教育、品德教育及心理健康教育等多个层面。对于受教育者来说，缺乏相应的思想、品德和心理素质作为支撑，就难以拥有坚实的社会主义政治信仰。其次，它也符合我国社会主义现代化建设对人才培养的客观要求。社会主义现代化建设需要的是拥有全面素质的合格建设者和接班人。因此，高校德育不能脱离实际，空谈政治，必须服务于社会主义现代化建设，在坚守政治方向的同时，致力于促进受教育者各方面素质的发展，尤其要激发其改革创新精神。

这条基本原则在我国高校德育实践中占据着举足轻重的地位。在妥善处理其所涉及的关系时，高校应秉持如下原则：既要强调德育的社会主义方向性，又要重视学生的全面发展；还需将提升社会主义政治信念的教育巧妙融入全面素质教育之中，实现二者的有机统一。

（二）坚持理论教育与实践教育相结合的原则

这条基本原则深刻阐释了高校德育过程中理论教育与实践教育之间的紧密关系。其要求主要体现在两个方面：首先，针对受教育者的德育规范理论教育，高校德育务必紧密结合当前社会实际和受教育者的思想实际，以增强理论教育的针对性和实效性；其次，通过深入的理论教育，提升受教育者的思想认识水平，进而促使其将理论转化为实际行动，从而在受教育者的日常行为中体现德育成果，实现德育过程中的知行合一。简而言之，这一基本原则强调了德育过程中理论与实际的对立统一关系，特别强调了两者之间的结合与转化这两个关键环节。

在高校德育工作中，原则底线在于理论教育与实际教育的有机结合。那么，何为高校德育中的理论教育？简而言之，它聚焦于人的思想层面，旨在将马克思列宁主义、毛泽东思想、邓小平理论、“三个代表”重要思想、科学发展观以及习近平新时代中国特色社会主义思想等社会主义理论精髓传授给学生，使他们能在书本中领略政治思想之魅力。此外，法治、道德及思想等方面的教育工作亦不可或缺，其中涵盖了对人类文明成果的吸收与借鉴。高校德育之所以强调理论教育，这源于大学生的文化与思想素质特点。在文化素质方面，大学生已初步接受自然科学、社会科学等基础课程的训练，为系统、深入地学习专业知识与思想理论奠定了基础。在思想素质方面，大学生虽具备初步的独立思考能力，但思想稳定性不足、易受情绪影响、易盲目追随社会思潮。这两方面的素质特点决定了理论教育的可能性与必要性。可能性在于，大学生已具备一定的知识基础，能够接受理论教育；必要性则在于，系统的理论教育可以帮助大学生树立科学的世界观、人生观和价值观，增强思想稳定性，抵御不良社会思潮的影响。因此，我们必须对大学生进行科学的理论教育，用马克思主义的立场、观点和方法武装他们的头脑，引导他们树立坚定的理想信念，助力大学生为社会主义现代化建设贡献力量。

在高校德育的实践中，理论教育的重要性不言而喻。然而，必须警惕的是，高校德育不应局限于理论教育的范畴，而应致力于实现理论教育与实际教育的深度融合。具体而言，这种融合体现在两个“联系”与一个“转化”的有机结合上。两个“联系”指的是理论教育需紧密联系社会现实与受教育者的思想实际，确保教育内容与实际需求相契合；一个“转化”则是指高校德育通过有效的教育实践，促使受教育者将理论知识转化为实际行动，实现知行合一的教育目标。

首先，理论教育必须紧密结合当前社会现实。因为道德规范是社会关系的体现，大学生的思想动态与社会现象紧密相连。所以，在德育实施过程中，教育者应敏锐捕捉、深入研究社会现实中涌现的新动态、新问题，及时消解理论与实际之间的隔阂，确保德育内容的真实性和对象的准确性。只有这样，理论教育才能具备针对性和生命力。其次，理论教育需紧密结合受教育者的思想动态。受教育者并非被动的教育对象，而是具有思想意识、活动能力和发展变化的主体。在德育过程中，他们展现出主动性。这种主动性的核心在于其思想性，要求教育者深入把握受教育者的思想动态，实施有针对性的教育策略。最后，理论教育着眼于实践，推动德育过程中的知行合一。德育的目的不仅是传授政治、思想、道德观念和心理知识，更关键的是引导受教育者将所学应用于实际行动。同时，德育仅凭理论教育难以取得持久效果，还需创造条件，让受教育者在社会实践中锻炼成长。在改革开放的时代背景下，只有参与社会主义现代化建设的伟大实践，受教育者才能明晰是非、辨析正误，处理好继承与发展、吸收与借鉴的关系，逐步确立坚持和发展马克思主义的基本观点，形成正确的政治、思想、道德观念，塑造健康向上的积极心态。

高校德育应坚持理论教育与实际教育相融合的原则，而非将其视为孤立、割裂的两个层面。这种融合并非简单的机械组合，而是辩证统一的。在德育实践中，理论教育与实际教育应相互渗透、相互补充，形成有机的统一体。具体来说，理论教育不应停留在抽象层面，而应具有明确的实际针对性，紧密贴近现实生活；实际教育也应在理论的指导下进行，确保行动具有明确的目标和方向，避免盲目性。割裂二者联系的做法无疑是失之偏颇的，只有实现二者的有机结合，才能确保德育工作的针对性和实效性。

（三）坚持系统灌输与自我教育相结合的原则

顾名思义，本条原则中所蕴含的就是在开展高校德育工作过程中用“德”进行规范的系统灌输与用这一规范进行自我教育之间的关系。遵循原则的具体路径就是，高校德育工作要将教育者与受教育者二者本身所具有的内在优势充分发挥出来，也就是说，不仅要注重对于知识的系统灌输，以发挥教育者的职责作用，也要认识到受教育者在教育活动中所处的主体地位，要为其发挥自己的主观能动性创造空间，使其从自身原来的“德”的基础向社会所要求的规范努力，不断进行自我改造，从而将系统灌输和自我教育有机结合起来。

灌输，简而言之，就是进行正面传授。高校德育之所以首先必须对受教育者进行一定“德”的规范的系统灌输，这是因为以下几点。

第一，这符合德育内化规律的要求。特定的道德规范是社会关系的映照，然而并非所有人都能精准地洞察并理解这些现实社会关系，进而将其提炼为理论化的规范形式。因此，这些道德规范往往首先在先进个体中得以形成和确立。德育的核心目标便是促使广大受教育者普遍接纳并践行这些规范，将外在的约束逐渐转化为内在的素养。为实现这一目标，教育者需将这些规范有效地传递给受教育者，这一过程便是德育中的“知”的灌输，是道德内化的首要的环节。

第二，这一现象实则由社会整体环境与校园局部环境共同塑造。客观地审视，当前的社会整体环境与校园局部环境均未能充分展现出促进受教育者自发转向我们所期望的道德方向的优越条件，反之，两者均包含了一些对高校德育构成挑战的因素。就社会整体环境而言，随着新媒体技术的突飞猛进和现代科技的迅速革新，境外思潮纷纷涌入国内，这无疑会对青年大学生的心灵和正确社会认知产生影响。同时，社会经济的迅猛增长导致社会经济政治结构不断变迁，这种变迁带来的认知结构稳定性和可控性的不确定性，对传统的道德体系构成了严峻挑战。在此过程中，某些不良思潮的涌现，必然对青年大学生的思想产生负面影响。因此，高校德育工作者必须立场坚定、旗帜鲜明。尤为关键的是，不能放弃对受教育者进行正确道德规范的系统灌输。

第三，符合青年大学生的思想实际。大学生虽然已具备一定的文化基础与初步的独立思考能力，然而总体而言，其世界观、人生观、价值观尚未成熟，思想层面仍具备较大的可塑性。他们既有可能被错误思潮所误导，也有可能接受正确思想的引领。为避免大学生受到错误思潮的侵蚀，高校德育工作务必抓住时机，对他们进行系统性的思想灌输。但要确保这种系统灌输真正产生实效，高校德育工作必须注重其科学性。科学性在此至少涵盖以下两方面要求：其一，灌输内容必须科学，既要凸显其社会主义的导向性，又要紧密结合初级阶段的社会现实。其二，灌输方法同样需科学，尤其要避免“填鸭式”教学，而应充分发挥受教育者在德育过程中的主观能动性。科学的灌输本质上要求我们尊重大学生作为德育主体的地位，引导他们自觉地开展自我教育。所谓的自我教育，实则是受教育者在学习过程中主观能动性的一种深刻体现。受教育者在研习马克思主义相关理论知识和思想观点时，无需外界督促，而是基于自我意愿，自主完成学习过程，从而深刻认识到自身在社会主义现代化建设中的角色与责任，能根据自身实际，主动学习，填补知识空白，自觉接受时代的考验与磨炼，将个人理想与社会需求、时代发展紧密结合。大学生之所以强调自我教育，这与其所处的社会地位密不可分。青年兴则国家兴，青年强则国家强。新时代的大学生不仅肩负着改造世界的重任，更需注重自身思想世界的改造，这是改造客观世界的前提。此外，高校培养的人才，将在国家社会主义现代化建设中发挥关键作用，这些人才是国家的希望、祖国的未来。因此，自我教育对于大学生而言，不仅是个人成长的需要，更是国家发展的要求，通过自我教育，大学生能够不断提升自我认知，明确个人目标，增强社会责任感，为国家的繁荣富强贡献自己的力量。这也符合高校人才培养的目标，即培养具有创新精神和实践能力的高素质人才，从而推动社会主义现代化建设不断向前发展。这便要求大学生必须兼具德才双馨的素养，而此种素养的培育，又离不开个体自我革新的能动性。实际经验表明，大学生的自我教育展现出丰富多样且充满活力的形式，诸如组建自学团队、举办演讲比赛、树立榜样、相互扶持激励，以及利用节假日投身社会实践等，其成效显著，有目共睹。因此，受教育者的自我教育活动无疑是教育者进行系统教育的重要补充，两者相辅相成，共同促进大学生的全面发展。

系统灌输之所以需要与自我教育紧密结合，根源在于德育进程中教育者与受教育者之间所呈现的辩证互动关系。一方面，教育者与受教育者在德育过程中呈现出相对的独立性；另一方面，二者又紧密相连，教育者在实施德育时离不开受教育者的积极响应与配合，而受教育者在完善自身道德规范的过程中也离不开教育者的悉心灌输与正确引导。由此，在进行高校德育工作的过程中，管理者要注意将教育者与受教育者二者的工作和学习积极性都激发出来，从兴趣入手，这对于日后工作的开展才是更有帮助的。也就是说，不仅德育教育工作者的职责要尽到，要完成好上级布置下来的工作任务，同时也要注意对于受教育学习兴趣的激发和调动。

实现系统灌输与自我教育的有效融合，关键在于教育者与受教育者在德育过程中相互理解、深入沟通。教育者在进行系统灌输时，应注重方法的运用，以引导为主；受教育者则应积极按照教育者的引导进行自我教育。双方共同努力，朝着同一目标迈进，高校德育方能达成预期目标。这亦是该基本原则的精髓所在。

（四）坚持思想教育与行政管理相结合的原则

显而易见，这条原则重点关注的就是思想教育与高校行政管理工作二者之间的关系。意思就是，在进行高校的德育教育工作过程中，不仅需要多样化的思想教育方式，同时也要关注到行政管理在整个教育活动过程中所起到的作用，积极配合完成工作。

高校德育囊括思想教育，涵盖理论教育与实践教育，融合系统灌输与自我教育，其必要性在前述两条基本原则中已得到充分阐释。因此，本原则的论证焦点在于，高校德育必须辅以行政管理，并使之与思想教育相融合。

行政管理，即学校行政部门之职责，在于完善规章制度，推进校纪校风建设，并以此规范学生行为，促其符合文明标准。同时，在执行常规管理制度时，应始终融入思想教育，实现管理育人的目标。

高校德育之所以需要行政管理，是因为仅凭思想教育难以实现德育的全面目标。思想教育需与行政管理相辅相成，寓教育于管理之中。首先，高校德育是一项塑造灵魂的系统工程，教育者要实现德育目标，离不开良好的校纪校风作为支撑。这包括严谨的校规校纪、文明的物质环境以及积极向上的文化氛围等，而这些要素的建设又依赖于行政管理职能的有效发挥。其次，思想教育过程中同样需要借助行政管理的机制。思想教育旨在通过多样化的教育途径向受教育者传授道德规范，同时是一个强调知行合一的过程。在此过程中，高校必须配以相应的规章制度，以提供必要的引导和约束，确保学生的行为符合规范要求。只有规章制度严明，行政管理得当，思想教育才能发挥硬性约束力。若缺乏完善的规章制度，仅凭思想教育，德育目标将难以实现。因此，从根本上讲，思想教育离不开行政管理的支持。当然，我们也应认识到，在执行规章制度时，应充分融入思想教育，避免单纯采用行政命令的方式，以确保德育工作的全面性和有效性。

高校德育中的行政管理，与思想教育同样，是一项错综复杂且涉及多方面的系统工程。高校德育要构建良好的行政管理体系，需着重关注以下几个关键方面：

首先，行政管理者需具备扎实的理论素养和卓越的管理才能，确保能够准确领会并贯彻我国的教育方针，深刻理解高校培养人才所需的道德品质要求，并巧妙地将思想教育融入日常行政管理工作中；其次，高校需充分激发高校各级管理部门的积极性，强化其管理育人的责任意识；最后，高校必须制定科学且完备的规章制度，并确保这些制度在具体管理工作中得以落实。

思想教育与行政管理的深度融合，需二者协同努力，共同追求德育目标的实现。为强化二者的互补与提升，高校尚需开展多方面工作。鉴于高校德育现状，构建符合国情的德育体系尤为关键。首先，应设立德育统领机构，全面规划、指导、协调与监督德育工作。其次，明确教育、管理部门在德育中的职责，分工明确且协作紧密。再次，组建专兼职结合的德育工作队伍，具体执行德育计划。最后，党的领导是思想教育与行政管理结合的核心，强化党的领导方能形成合力，构建综合育人机制，培育具备理想、道德、文化和纪律的新一代青年。

（五）坚持教育的一致性和多种途径相结合的原则

这条基本原则从高校德育的宏观视角深入剖析了学校教育、社会教育与家庭教育之间的内在联系。它强调，在追求德育目标统一性的同时，必须充分利用学校、社会和家庭等多元化德育途径，实现德育过程中的有机融合。

从宏观层面来看，高校德育涵盖了学校、社会和家庭三大教育途径，这既是现代社会特征的体现，也是大学生广泛接触的必然结果。教育作为培养未来社会栋梁的事业，历来需要全社会的共同协作，德育尤为如此。我国古代的教育家早已深刻认识到社会教育和家庭教育的重要性。如先秦时期“孟母三迁”的故事，彰显了社会环境对教育的深远影响；魏晋时期的《颜氏家训》则是家庭教育的杰出代表。在信息流通日益迅速的今天，学校、社会和家庭愈发形成一个紧密相连的整体，发挥多元德育功能的必要性愈发凸显。大学生作为背景多元、思维活跃的群体，他们的成长过程涉及家庭、地域等多方面的因素。经过高考的洗礼，他们从各地汇聚到高校，通过交流互动，视野得以拓展。在高等教育阶段，他们有机会走出校园，接触社会，接收来自各方的信息，同时，在与家人的沟通中，也持续受到家庭教育的熏陶。因此，高校德育工作必须超越校园界限，延伸到大学生活动的社会与家庭领域，实现德育的全方位覆盖。

在高校德育中，学校、社会和家庭这三种途径各自扮演着不同的角色，其地位并非等同。学校教育在其中占据着主导地位，不仅承载着教育学生的重任，同时也肩负着社会所赋予的教育使命，这主要源于大学生主要的活动时间和空间均集中于校园之内，其核心任务是接受学校系统提供的德、智、体等多方面的素质培养。因此，高校德育中学校教育的主导地位不言而喻。大学生通常已经逐渐脱离家庭环境，不再与父母长期共同生活，相较于学校教育，社会教育、家庭教育在高校德育中的地位略显次要。许多父母也有意识地让子女独立地在学校和社会中锻炼，因此，家庭教育的机会相对减少。然而，家庭教育并非完全消失，尤其在受教育者面临复杂思想问题或学校教育遭遇障碍时，家庭教育往往能够发挥意想不到的作用。因此，在高校德育工作中，我们固然要以学校教育为基础，但也不能忽视或偏废社会和家庭教育的重要性，只有综合发挥三者的作用，才能更有效地促进大学生的全面发展。

鉴于高校德育客观上涵盖了学校、社会和家庭三种途径，德育效果便呈现出两种可能性：一是三者协同一致，共同服务于德育目标；二是方向各异，相互制约甚至抵消，导致德育目标难以实现。因此，这条基本原则的核心在于确保三者方向的一致性。

为实现学校、社会和家庭教育的协同一致，学校应发挥关键的协调与主导作用。在高校德育中，社会教育主要表现为社会信息的外部影响。这些影响包括正确与错误的舆论导向。学校教育应充分利用正确的舆论导向，同时对错误的舆论导向及时进行的正确引导。特别是在互联网时代，信息获取渠道愈发多元，不良思潮的侵入对大学生正确德育观的形成构成挑战。对此，学校必须高度重视，教导学生以科学的立场、观点和方法认识和分析各种社会现象，从而在复杂的社会现象中作出明智的选择。此外，学校还应积极与学生家长沟通，及时反馈学生在校表现，争取家长的配合与支持。总体而言，高校德育应将社会、家庭教育纳入学校教育的整体框架，构建全方位的德育机制，三种方式围绕共同的德育目标，有计划、有步骤地开展德育工作。唯有如此，高校德育方能取得良好的预期效果。

（六）坚持培养目标与循序渐进相结合的原则

这条基本原则深刻阐释了高校德育过程中最高目标与阶段性目标之间的内在联系。其核心要求是高校德育在确立崇高培养目标的同时，必须遵循大学生身心发展、认知演进及德育内在规律的路径，将宏伟目标细化为若干个阶段性目标，层层递进、不断深化，最终实现总体培养目标。

作为我国教育体系中一个独特的阶段，高等教育在德育方面必须设定一个高远的目标。在我国，高校德育的最高目标呈现为一种综合性形态，通常涵盖以下四个维度：政治维度，旨在引导青年学生坚定社会主义政治方向；思想维度，旨在培养青年学生马克思主义世界观和人生观；道德维度，旨在促进青年学生形成良好的道德品质并自觉遵守法律法规；心理维度，旨在塑造青年学生健康向上的心理素质。这四个维度相互支撑，共同构成了高校德育的最高目标体系。其中，政治维度作为核心，对其他三个维度起着引领作用。

将政治、思想、品德、心理四要素融为一体的最高培养目标是高校德育的核心所在，然而这一宏伟目标的达成绝非一蹴而就。这一最高目标实为教育者基于社会需求和受教育者的实际状况所精心构想的蓝图。要将这一构想转化为受教育者身上切实存在的素质，势必要历经一个漫长的过程。这一过程的渐进性，客观地反映在教育者将核心培养目标细化为多个阶段性目标，并依次稳步推进的实践中。

高校德育之所以选择循序渐进的实施策略来实现其最高培养目标，这是有其深刻的客观依据的。这一策略不仅符合受教育者的身心发展规律，更有助于确保德育工作的系统性和连续性，从而确保最终目标的实现。

依据一在于高校德育最高目标自身所具备的多元化内容层次。横向上，这一德育的终极目标广泛涵盖了政治素养、思想观念、道德品质以及心理健康等四大维度；纵向上，则具体表现为三个层次的递进与深化：首要的是深入掌握马克思主义的基本原理，其次致力于人生哲理的领悟、品德修养的提升以及心理素质的强化，最终则聚焦于日常学习、生活、工作以及社会活动中行为规范的养成。鉴于这三个层次在德育深度上的显著差异，德育的实施应当遵循循序渐进的原则，由浅入深、逐步推进。

依据二则源于大学生在校期间思想变化的阶段性特征。大学生正处于人生观和世界观逐步确立的青年中期，其思想意识的发展大致经历三个阶段：一年级为适应与转变阶段，二、三年级为提升与发展阶段，四年级则为成熟与毕业阶段。因此，高校德育必须依据大学生身心和认知发展的规律，设定并衔接不同阶段的德育目标，确保德育工作的连续性与深化。

依据三在于大学生在成长过程中展现的共性与个性特质。大学生群体虽由个体组成，但因年龄相近、教育内容基本一致，呈现出共性特点。然而，性别、性格、心理、环境和自我要求等方面的差异又造就了其个性特点。因此，高校德育的实施既要基于大学生的共性，又需关注其个性。德育工作者需兼顾一般教育与针对性思想工作，以“一把钥匙开一把锁”的方式，针对不同个性的学生开展德育工作。这旨在激发大学生的进取精神，充分发掘其个人优势，为社会主义现代化建设培养多样化的人才。

依据四则是高校德育过程本身所具有的规律性。大学生品德的塑造需历经认知深化、情感培育、意志锤炼以及行为习惯养成的递进阶段，这体现在对大学生认识水平的提升、情感的涵养、意志的砥砺以及行为和习惯的训练等多个层面的具体要求上。因此，高校德育应依据不同阶段的特性设定相应的目标，且在实施中必须紧密围绕德育的最终目标，分阶段且循序渐进地推进，这主要是由品德塑造过程中的认知、情感、意志、行为四个维度所决定的。此外，德育目标的设定还需综合考虑目标内容的层次性、学生的学龄层次及个体特点，从而确保高校德育在原则性、科学性和针对性上的和谐统一。

总体而言，这六对全局性、根本性的关系共同构成了我国高校德育的基本原则体系。它们之间既相互关联又相互制约，在高校德育实践中，我们不应片面强调某一原则而忽略其他原则，只有全面、综合地理解和贯彻这些基本原则，高校德育才能有效地培养出既坚持党的基本路线不动摇，又具备德、智、体、美、劳全面素质的社会主义合格建设者和可靠接班人。

第二节　高校德育教育的目标要求

习近平总书记在全国高校思政工作会议上深刻指出，高校思想政治工作直接关系到高校培养什么样的人、如何培养人以及为谁培养人这一根本问题。高校德育目标正是对“将大学生塑造成何种人才”这一根本问题的坚定而有力的回应，其确立并非空穴来风，而是建立在坚实的科学依据之上。高校德育目标的结构模式，不仅体现了对大学生的培养规格，也具体阐释了德育目标的各项要求。因此，正确理解和确立高校的德育目标，无疑是高校德育工作的首要任务，德育目标不仅是德育工作的起点，也是其最终归宿，它深刻反映了高校德育的本质内涵。

一、高校德育目标的确立依据

任何社会的存在和发展，都要通过教育培养出自己所需要的人才来实现。一个社会要培养自己所需要的人才，就必须确立一个德育目标，而一个德育目标的确立，又不可能是随意的，必须深度结合国家发展的实际需求和人才培养的现实需要，必须遵循一定的原则和依据才能确定下来。对于开展社会主义德育教育工作的国内高校而言，它们的最终目标就是培养在第二个百年奋斗目标中能够紧密契合中国特色社会主义现代化建设需要、德才兼备的接班人，能够为实现第二个百年奋斗目标贡献出一份力量。在社会主义大学里确立这一德育目标，是有其自身的科学依据的。

（一）以习近平新时代中国特色社会主义思想为指导

我国高等学校是为社会主义现代化建设培养人才的基地，是以马克思列宁主义、毛泽东思想、邓小平理论、“三个代表”重要思想、科学发展观、习近平新时代中国特色社会主义为指导的。在中国共产党的坚强领导下，中国人民经过几十年艰苦卓绝的斗争，战胜了帝国主义、封建主义和官僚资本主义，建立了中华人民共和国，为社会主义建设奠定了基础，与此同时，我国高等教育不断坚持中国特色社会主义建设方向和发展道路，实现飞速发展，培养出一批批全面发展的大学毕业生，尤其在德育培养方面，更是体现出党始终坚持以人民为中心发展理念，彰显了“以人民为中心”的发展内涵，即发展为了人民、发展依靠人民、发展成果由人民共享。在党的带领下，中国逐渐实现了从站起来到富起来，最终到强起来的历史性发展，在“两个一百年”的重大历史交汇期，中国面临着重大的发展机遇，但可以预见的是，国内外环境愈发纷繁复杂，所以我们要始终坚持习近平新时代中国特色社会主义思想的中心指导地位，站稳人民立场，办好中国高等教育，培养契合时代发展需求的人才，进而满足人民对美好生活的需要。人才是第一生产力，进入新时代，随着科学化、信息化、智能化等方面的发展，有关卓越人才的需要也是愈加迫切，社会对高等教育寄予更大的期待，由此教育的时代性、导向性、全面性作用也就更加凸显。高校德育目标既然是培养适应社会主义现代化建设需要的人才，那么它就不可能离开习近平新时代中国特色社会主义思想的指导，这成为树立国内社会主义高校的德育工作目标的基本准则和依据。

（二）以教育方针和“四为服务”为指南

高校的德育目标系依据党和国家的教育目的及方针而确立。长期以来，党和政府始终将青年一代培育成德、智、体、美、劳全面发展的社会主义合格建设者和可靠接班人视为高校教育的核心战略任务。尽管不同历史时期对德育任务的表述各有侧重，但德育目标始终遵循高校教育的总目的和总方针，具有鲜明的传承性与稳定性，教育目标的提出紧密关联于国家政治经济形势的发展变化。纵观世界政治经济形势的演变趋势，教育需遵循中国式现代化、面向世界、面向未来的“四为服务”方针，即为人民服务、为中国共产党治国理政服务、为巩固和发展中国特色社会主义制度服务、为改革开放和社会主义现代化建设服务。这一方针为我国教育事业的发展指明了具有划时代意义的总方向。习近平总书记在教育目的和教育方针上的重大创新，不仅拓展了高校德育目标确立的思路，更为新德育目标的确立奠定了坚实的理论基础。“四为服务”的提出，突破了以往高校德育目标确立时仅局限于客观、具体、微观、被动适应的范畴，为高校新德育目标的确立指明了方向。现代化的思想、改革开放的意识以及新时代的需要，共同构成了新德育目标的基本内涵。高校教育能否培养出符合“四为服务”要求的人才，已成为德育目标建设中的重大现实课题。随着国内外政治经济形势的不断演变，高校德育依据“四为服务”进行人才培养的需求日益迫切。

（三）以我国现阶段的国情为立足点

高校德育的目标是以培养社会主义现代化建设人才为落脚点的。因此，高校德育目标的确立，必须以我国现阶段的国情为立足点。

正确认识我国现阶段的国情，对高校德育目标的确立十分必要。高校德育目标的确立，之所以要正确认识我国现阶段的国情，是因为：首先，任何国家的教育，其中总是无法缺少让学生认识、了解和掌握本国历史、发展现状、未来目标和趋势等内容，这也是在无形中在思想和文化层面上帮助学生树立正确的价值观念，让其成为一个具有爱国情怀的、可以为国家发展助力的、鲜活的人。通过研究发现，我们可以将人成长的过程归纳为人逐渐社会化的过程。人不断在认识世界、认识国家、认识自然、认识自身，在这个过程中人最基本的价值观念和道德准则形成了，而其中最基础和关键的部分就是对于本国国情的认识。对于一个独立存在的个体而言，只要是生存在社会环境中，就是脱离不开国情对于自身行为的约束的，而对于国情的正确认识也能够帮助自己在社会中站稳脚跟，能够在工作、学习和生活中变得更加游刃有余。不论是以前还是现在，中国青年的成长过程总是曲折的，总是在不同的时代环境和背景下不断重新认识自己、认识国家、认识国情，而他们就是在这样的过程中成长起来的，他们参与到了新时代改革和建设的浪潮中，积极为国家的发展贡献自己的力量。

其次，我们要想正确认识和理解党和国家所提出的相关方针、政策和路线，对于国情的正确认识就是一个达成既定目标的重要条件。坚持走中国特色社会主义建设道路，始终将中国共产党放在领导地位上，将习近平新时代中国特色社会主义思想作为我国发展的指导思想，这一切归根结底就是落到了我国的基本国情上，尤其是我国在政治经济上都正处于社会主义初级阶段。另外，对于一系列行为的指导工作也都是将我国的基本国情看作是根基，这是开展工作的前提。大量事实表明，那些秉持历史虚无主义与民族虚无主义立场者，其行为已对国家与民族的根本利益构成损害。另有一部分青年持有过于乐观的国家发展观，认为国家进步可以一蹴而就，无需艰苦奋斗，似乎可迅速达到发达国家水平。尽管这种愿景积极，但青年应以坚定的唯物史观为指导，立足现实，稳扎稳打。前述两种现象的出现，均源于未能准确理解中国当前的国情。国情，顾名思义，乃国家之基本状况，并非一成不变，而是呈现出动态演变的特点。其涵盖范围广泛，内容丰富，包括经济、文化、思想、自然资源及民族等诸多方面，这些共同构成一个结构复杂、统一的整体。因此，准确理解国情，对于指导国家发展至关重要。

我国最基本的国情是人口多、底子薄、社会生产力水平较低、科技水平不高，目前还处于并将长期处于社会主义初级阶段。国情是一个客观存在，对它的认识却包含了人的主观因素。因此，认识国情要有正确的立场和实事求是的科学态度，如果缺乏正确辩证和历史唯物主义的思想指导的话，最终可能会导致对于国家基本国情的认识缺乏客观性，呈现出主观主义特征和形而上学的主观特征。解决这一问题的正确途径：一是要认真学习马克思主义的基本理论，包括向革命领袖和老一辈革命家学习，学习他们认识国情的立场、观点和方法；二是要走向社会，通过社会调查和社会实践，加深对国情的感受和体会。在认识中国特色社会主义道路的历史发展过程和胜利成果时，如果站在社会历史发展规律高度上来看的话，显然这一过程是客观存在的，是不会因为人的意志而发生任何变化的，在认识处于各个社会历史阶段的人的时候，尤其是其对于社会的贡献等方面，要明确这些都是只能依靠自己来完成的，是不可被替代的，对于处于社会主义初级阶段的人就更是如此了，要求只会更加严格。由此看来，青年要想正确认识到我国的基本国情，就要始终以科学的观点来看待国家、社会以及人本身，用严肃和认真的态度去体味生活，站在科学的视角上去评论一切，这也为当代中国青年踏上人生道路奠定了坚实的思想基础。这正是确立高校德育目标要以我国现阶段的国情为立足点的原因所在。

（四）以学生成才的内在要求为出发点

高校德育目标的确立，应该以大学生成才的内在要求为出发点。

人是一个“自动体”，即一个能够自动调节自己行动的社会存在物。人的动或不动、怎么动，有时是由外力推动的，但是，多数情况下是由自己决定的。在没有外力的推动下，他也能够由静变动，或由动变静。人的动或静，都是世界上最复杂、最高级和深奥难测的现象。由此看来，每个人的人格都是十分复杂和高级的，是其本身最具有代表性的内在动力结构。人格的内在结构也是十分复杂的，其中它的动力结构与素质结构二者是紧密联系在一起的，素质结构是人格结构的基础，同时素质结构的组合方式和运行机制也是完全由动力结构所决定和影响的。按照马克思主义的观点来看，所谓的人格动力结构一般是这样的：首先在外界环境的刺激下会产生人格的动机和行为结构，而这是需要人格需要和人格判断二者相结合而产生的。其中，所提及的人格需要主要分为两部分，就是人的精神方面和物质方面的需求，这也是人存在的基本需求。一般情况下，我们会将人的基本需要概括为以下几类，分别为：对于生理、安全、尊重、爱或归属以及发展和成就等方面的需要，而在这几类层级中人们的需求往往是从低级到高级逐层递增的。但是人仅仅只有需要是无法在这个社会中立足的，这是因为存活于世的每个人天生就是存在个体差异性的，意思就是他们的生长环境、受教育程度、社会化的方面和性质等都是有所不同的，所以每个人都是具有独特的需要层级结构的，同时人也是要具有一定的判断能力的。通常情况下，我们所说的人的判断能力指的就是个人在完成社会活动时能够做出正确行为选择的一种能力。我们可以将人的判断能力概括为三大部分：智能素质、思想道德素质和心理素质。智能素质主要决定的就是个人在完成社会活动时所选择的方式方法；思想道德素质对于人行为活动的影响是最大的，在判断一个人的人格判断能力时，我们会将其作为主要的衡量指标；心理素质则是基础性的影响因素，它决定了一个人开展行为活动时的速度和强度。人们在进行行为选择时，起决定性作用的是人格判断，而人格需求仅仅是决定行为最初的原始能量，由此看来，人格判断对于人格行为的影响是最大的，不仅如此还会对人格需要起到一定积极或消极的影响作用。众所周知，一个人具有越强的人格判断能力，自然就会具有越高的需要层级。一个具有高尚品德和广博知识的人，他的发展和创造的需要也会随之增长。否则必然相反。一个除了吃饭穿衣以外，其他什么也不懂的人，他的需要最多不会超过生理和安全需要。

所谓的人格动力结构，就是保证人进行正常行为活动的内在机制和基本根据，是人格自身发展变化的内在根据和机制，是人格遭受挫折产生疾病的内在原因和机制。由此可见，人格的动力结构也是高校德育的内在根据和机制。高校德育原理、规律、原则和方法，都与人格动力结构有关。因此，从实际出发，科学地分析大学生需要的层级和动力结构，正确引导大学生成才的内在要求，增强高校德育的针对性，是确立高校德育目标的一个最基本的出发点。

二、高校德育目标的结构模式

一般情况下，目标指的就是在一定的条件影响下，人作为行为主体所期望看到的最终结果。自然，对于德育工作来说，行为主体就变成了教育者，德育目标所指的就是教育者通过在一段时间内开展德育教育工作，然后期望在受教育者身上所看到的心理素质、思想道德素质和行为活动方面的预想结果。众所周知，德育目标并非孤立存在，而是一个完整且系统的框架，涵盖了总体与具体目标、人格塑造与实践任务目标，以及常见的短期、中期、长期目标等多个层面。在这些目标中，塑造人格的目标占据核心地位，特别是确立一个时期的人格塑造总体目标，对整个德育目标体系具有决定性的导向作用。在社会主义初级阶段，深入探讨高校德育在人格塑造方面的总体目标结构模式，对于完善高校德育目标体系具有重大的现实意义。

（一）应当具有热爱中国特色社会主义的立场

在我国社会主义的发展阶段，德育塑造人格的总体目标，就是期望受教育者能够具有适应社会主义现代化建设所需要的基本人格特征。而究竟最终形成适应社会主义现代化建设的人格受教育者需要在哪些方面作出努力呢？答案就是在心理素质、思想道德素质和行为方式等方面，这些人格素质都是要与社会主义现代化建设所需要的人才素质相吻合的。受教育者必须用科学理论武装头脑，不断培根铸魂，厚植家国情怀。高校的人才培养过程中，要努力培养有理想，敢担当，能吃苦，肯奋斗，热爱中国特色社会主义发展事业和伟大祖国，具有不畏牺牲、艰苦奋斗的精神的人才，同时也要不断提升学生追求卓越、不断创新、实事求是、独立思考的科学精神，从而进一步解决好人生观、世界观、价值观这个“总阀门”的问题，要培养学生自觉做共产主义远大理想和中国特色社会主义共同理想的坚定信仰者和忠实践行者。这也是基于我国的基本国情，在当前的社会主义初级阶段中，高校德育所需要达到的塑造人格目标的大体概括。在这个塑造人格的总体目标里，高校要把热爱中国特色社会主义建设和中华民族伟大复兴，作为高校德育直接目的和首要任务。热爱祖国的立场，是个具体的历史范畴。它既包括维护祖国的独立和民族的尊严、反对霸权主义，又包括坚持祖国的社会主义建设方向。热爱祖国的立场，有一个形成发展过程。民族观、人民观、社会观是这一发展过程的三个不同的台阶，或者说是这一过程的三个不同阶段。正如周恩来在回忆自己热爱祖国的立场形成时指出的那样：最初是为反抗外族侵略，争取民族和国家的独立与自由；后来是一心一意为人民谋福利；再后来是走上科学社会主义道路，自觉地为社会主义革命和建设服务。热爱祖国的立场，是在科学世界观的基础上建立的，是由历史唯物主义所揭示的人类社会发展规律所建立的要想达到最终的目标，其中要经历十分漫长而复杂的过程。虽然一些国家在革命过程中遇到了这样或那样的困难，但随着人民经历革命和战争的洗礼，他们在不断的挫折和失败中吸取经验教训，还是会站起来的，最终使得社会朝着既定的目标不断发展。

（二）应当具有为人民服务的奉献精神

在我国社会主义的发展进程中，德育塑造人格的总体目标中，塑造具备为人民服务奉献精神的个体占据着举足轻重的地位。这一精神内核，不仅深刻诠释了人生观的核心价值，更是历史唯物主义与科学社会主义观点中不可或缺的重要组成部分。历史唯物主义明确指出，人民群众是推动历史发展的主体力量。这一观点在科学社会主义的理论体系中亦得到了充分印证。习近平总书记在党的二十大报告中强调："必须坚持在发展中保障和改善民生，鼓励共同奋斗创造美好生活，不断实现人民对美好生活的向往。"[①] 这一重要论述，为践行为人民服务的思想教育提供了坚实的理论依据。高校德育工作中，引导学生树立以人民为中心的发展理念，从人民的利益出发，自觉为人民的福祉奉献，这是德育目标的重要组成部分，不仅体现在处理个人与集体、个人与他人以及个人眼前利益与长远利益的关系上，更体现在将保障人民利益作为行为准则，勇于同一切损害人民利益的行为作斗争上。

为人民服务的奉献精神内涵丰富，表现形式多样，它不仅是对个体道德品质的崇高要求，更是实现人生价值的根本途径。通过德育工作的深入开展，高校致力于培养一代又一代具备高度社会责任感和奉献精神的青年学子，为推动我国社会主义事业的蓬勃发展贡献力量。

（三）应当具有改革、发展、创新的思想意识

在我国社会主义的发展阶段，德育塑造人格的总体目标的另一个重要方面，是塑造具有改革创新、求实创新的思想意识。改革开放是我国的基本国策，这是由我国现阶段政治经济状况所决定的，对于高校的学生来说，适应改革开放的基本要求也是他们应该具备的能力和应该达到的素质水平。他们应该乐于接受新鲜事物，始终具有很强的适应社会变化的能力，能够在新时代的改革浪潮中激流勇进，不断培养自己的创新实践能力。除此之外，他们也应摒弃旧时代的传统观念，

① 习近平．高举中国特色社会主义伟大旗帜　为全面建设社会主义现代化国家而团结奋斗：在中国共产党第二十次全国代表大会上的报告[M]．北京：人民出版社，2022．

不沉溺在权力和享乐之中，不安于现状，不断创新自己的生活、学习和工作方式。他们应该既着眼于现在，更注重未来，比传统人更能利用传统文化中的精华。他们应该依据社会发展的需要和个人的才能，以新观念去选择职业，以科学的方式去生活和工作。他们也应当勇于去开阔自己的视野，找寻自己的生活新方向，不甘于居于人下，有想法有能力去开创自己的事业。他们应该不骄不躁，按照预先设定的目标去不断努力、勇往直前，充分发挥自己敢想敢干、锐意进取的优秀品质，去闯出自己的一片天地。他们也应该有较强的事业心，在工作时始终保持较高的工作效率，以绝佳的工作态度去面对自己的工作，可以清晰规划自己的未来职业发展，对自己未来的工作始终保持着积极乐观的态度。这种人格具有社会和大自然主人的豪迈意识，在事业上更具有坚定性和大无畏的气概，更符合中国特色社会主义现代化建设发展的需要。

（四）应当具有为现代化建设的学习态度

高校德育塑造人格的总体目标的一个最基本的方面是培养具有为社会主义现代化而学习的态度。高校的德育工作所决定的不仅是未来社会主义现代化建设的人才本领和人才素质，同时对于教育对象的人才素质结构也是有相当程度的影响的。对于高校的学生而言，他们这一学习阶段的一个核心任务就是，能够掌握社会主义现代化建设的本领。同时需要注意的是，学生在学习的过程中一定要明确自己的学习目的，究竟是为什么而学的，这样才能树立正确的学习观念和端正的学习态度，才能树立正确的价值观念，才能获得长盛不衰的学习动力，才能在日后为国家的社会主义现代化建设添砖加瓦。一般来说，大学生的人格素质结构分为这几部分：心理素质、身体素质、思想道德素质、智能素质和需要素质。前文所说的社会主义现代化建设本领就是主要体现在智能素质上，而智能素质所包含的又主要有：人的能力结构、思维方式和水平等。由此看来，人的智能素质在人的成长过程中所发挥的作用是极为关键的，它也被称为是“人格成长的血液”，是人格发展的基础，甚至还会影响到人格成长的速度和质量。我们通常认为，智能素质在人的学习过程中的体现是十分明显的，主要是集中体现在人的学习方式方法、思维方式和结构以及学习能力等方面上。众所周知，一个人在最后能够取得什么样的成就，最关键的影响因素就是学习方法，同时一个无法独立完成学习或工作任务的人在日后也是很难去发挥自己的创造性思维和主观能动性的。所谓的知识结构，指的是一个人在知识储备的数量和质量上最终所呈现出的组合方式，或者说是个人知识的构成情况。一个人只有达到一定量的知识储备，才能在后续持续动态变化的环境中发挥自己的创造才能，将知识融入工作实践中。由此看来，只关注知识数量也是不够的，更重要的是知识积累的具体质量如何。除此之外，人的思维方式对于他们创造能力的培养也是有影响的，而思维方式所指的就是人反映客观世界的一种形式，这种反映形式自然是间接的，同时整个过程也是相对稳定的。我们所说的能力指的是人解决和处理问题的一种本领，也是人创新水平和思维的一种体现。能力所涉及的范围是十分广泛的，如推理能力、自学能力、科研能力、表达能力和管理能力等。对于一个人而言，决定最终他们在社会活动中所获得的成果究竟如何的就是能力，具备的能力越多越强，自然就会在日常的工作和学习中如虎添翼，成长速度也会更快。由此我们可以知道，塑造大学生人格智能素质的前提就是他们具有良好的学习态度，只有这样他们人格的智能结构才能形成和不断完善，才能获得适应社会主义现代化建设需要的本领。

（五）应当具有自觉、良好的道德品质

高校德育塑造人格的总体目标的一个最基础的方面，是塑造大学生具有自觉、良好的道德品质。这一目标要求，不仅是检验一个大学生是否能适应社会的最基本的要求，即会不会做人的问题，同时也是检验一个高校德育成效如何的最基本的职能，即在教育对象的人格素质结构上，高校德育对基础素质结构的培养是否具有过硬功夫的问题。这是一个问题的两个方面。从前者来说，在大学生人格的总体目标上，应当具有自觉、良好的道德品质要求。具有自觉、良好的道德品质，不仅是我们中华民族的传统美德，而且它在社会主义现代化建设中也发挥着重大的作用。具有自觉、良好的道德品质，不仅是维系和调剂社会主义现代化建设中人与人之间关系的关键因素，而且在中国式现代化建设的大环境中，也是树立国际信誉、强化国际地位、扩大国际影响的重要条件。从后者来说，具有自觉、良好的道德品质，是要从最基本的人格素质结构方面即道德素质来实现塑造大学生人格的总体目标。道德素质主要可以分为两部分，那就是道德意识和道德品质，其中道德意识主要包括道德情感、道德观念、道德意志、道德信念和道德理想等。道德情感就是人们的道德需求是否最终得到满足，以及这一过程所得到的情感体验；道德观念是指人们对于行为善恶和美丑的一种认识情况；人们在开展社会活动时势必会遇到许多艰难险阻，而为了维护自己的道德准则和行为规范不被突破时所产生的心理过程和主观能动性就是道德意志；道德信念是一种对于道德理想的信仰；道德理想就是对于道德的一种追求。这些都是道德意识的基本构成要素。一般情况下，我们所说的品德其实就是道德品质的一种简称，是一种在道德行为

准则约束下所表现出的外在具有稳固性的心理特征，也是在个体中具有道德评价意义的一部分内容。除此之外，我们还会将道德品质具体划分为四种心理成分，那就是道德行为方式、道德意志、道德认识和道德情感。要想形成良好的道德的品质，仅仅具备上述四种心理成分是不够的，还要注意道德行为方式的养成，并使其转化为真正自觉性的一种行为方式和习惯。因此，高校德育能否塑造出具有自觉、良好的道德品质，是衡量一个大学德育效果的最基本的标志。

高校德育目标的结构模式具有多样性的特点。上述仅仅从应当具有热爱祖国的立场，为人民服务的奉献精神，改革、发展、创新的思想意识，为现代化建设的学习态度和自觉良好的道德品质五个方面，对高校德育塑造人格总体目标的结构模式进行了框架勾勒。这五个方面的要求在实现过程中，又要被分解为许多具体目标，即长远的、中期的、近期的目标，高校要由浅入深、循序渐进，在实践中将其丰富、扩展为德育目标体系。

高校德育目标的结构模式，除了上述五个基本方面以外，还应当有具有健康的心理素质和强壮的身体素质的要求。众所周知，人的思想道德与智慧的形成基础就是心理素质，这也是人格素质的主要组成成分，对于人格行为活动开展的速度、方向等都具有一定影响力，甚至在一些特殊环境下是能够直接决定一个人的行为方式的。通过研究发现，心理素质主要由两部分内容组成，分别为心理特征和心理过程。其中，心理过程主要指的就是人的具体情感、思维、知觉、意志和记忆等，这也在一定程度上决定了人的心理素质水平；心理特征所主要包含的就是一个人的能力、性格等必备要素，最终呈现出来的就是心理特征的个性化。由此我们就可以知道，人格本身所具有的差异性和特殊性就是由心理特征所决定的。身体素质所指的就是一个人的身体健康程度，也是人格得以正常发展的基础所在，亦是人格发展的生理基础，同时对于人格行为习惯的养成和心理健康也是有所影响的。虽然在高校德育工作中所制定的人格塑造总体目标中，心理素质和身体素质二者远远达不到上述五个基本方面所发挥的作用，但是它们在高校德育塑造人格的总体目标中，也有其不可取代的特殊地位和作用。随着社会的发展，健康的心理素质和强壮的身体素质，在高校德育塑造人格的总体目标中的特殊地位和作用，将被人们所重视。

高校德育塑造人格的总体目标中的各种素质结构是一个统一的整体，因而各个人格素质之间是紧密联系的，是可以相互影响和渗透的，其在人格的整个发展过程中也呈现出统一性特征。虽说如此，但实际上各个素质本身又是具有差异的、相互独立的，都有属于自己独特的发展方式和规律。由此可知，在实际的人格素质发展过程中，既可能出现发展不平衡的情况，也可能出现协调发展的情况，这是时刻在变化的。因而，各大高校在开展自己的德育教育工作时，不仅要贯彻预先制定的德育目标，也要努力为其中各个素质的协调发展提供空间和条件，只有这样才能塑造出适合我国社会主义现代化建设的完美人格。

第三节　高校德育教育的主要内容

高校德育内容是指用一定的范畴、规范对大学生进行教育，有效地实现高校德育的目标要求。因此，高校德育内容是对实现高校德育目标要求的具体展示，也是对高校德育本质的具体反映。高校德育内容的设置，与高校德育目标的确立一样，不是由学者或先知者任意描绘的，而是有它自身的科学依据的。高校德育内容的构建，同样也不能杂乱无章盲目的进行，它自身也是有一定规律性的。只有正确认识了高校德育内容设置的科学性，正确认识了高校德育内容构建的规律性，高校德育内容的设置和构建难题才有可能得到正确的解决，高校德育的目标要求才有可能得到实现。

一、高校德育内容的科学设置

（一）德育内容由现阶段政治经济决定

高校德育内容是由现阶段政治经济决定的，这是高校德育内容设置的社会时代依据。

对于具体德育教育内容，我们要保证其必须是社会发展和进步的过程中必需的，因为只有适应了社会发展的进程，遵循了预先制定的社会发展目标，才能保证最终所呈现出的成果是对社会发展有帮助的，同时这对于受教育而言也是有利的。从目前的发展状况看，中国特色社会主义发展进入了新的阶段，经济发展也面临诸多挑战，不断满足人民日益增长的美好生活需要是我们共同的目标和方向，但我国现在处于并将长期处于社会主义初级阶段的基本国情没有变化，我们对社会主义发展阶段的判断没有变化。我国是社会主义体制，着力办的是社会主义大学，独特的国情让我国的高等教育务必坚持走自己独特的发展道路，同样的，要想彻底、全面地解决好中国的问题，其道路和方法肯定只能在中国大地上探寻。现阶段，我国的高等教育于世界而言具有最大的教育规模，所以发展不平衡、不充分的问题仍然比较突出和棘手，我们要立足问题，不断改革、创新，不断探求新发展阶段和新发展思路，也要充分认识我国现阶段国情，所有发展要立足这个最大实际，才能更好地推动高等教育充分、高质量的发展。依据现阶段经济社会发展的要求，人的人格素质是需要具备两种品格的，同时这二者是要相互关联、达成统一的。从一方面来看，首先就是要具备勇于冒险的开拓精神，其次就是具备能够协调和处理好国家、社会和个人之间关系的能力和品格。我们认为，具有开拓和进取精神、创造能力以及协调关系的品格对于发展社会主义经济是十分有帮助的，同时这也是为满足社会主义经济的发展需求而发展出来的必然人格素质成果。在实际的生活和工作中，显然有的人会顾此失彼，有的只注重提升自己的创新创造能力和发展自己的进取精神，因而完全将协调性忽视了。由此看来，上述的这种情况是不可取的，显然都是违背社会主义初级阶段实际的一种表现，最终的结果就是人格和社会行为习惯发展畸形。因而，我们在进行高校德育教育工作的内容选择时，尤其要规避这种情况的发生。

除此之外，德育内容的选择也是要与时代发展的特点相吻合的。通过追溯社会发展的历史，我们发现，人类总共经历了三次所谓的时代大转变，同时这三次转变有一个共同点，那就是都是由经济或者科技因素而引起变革的，第一次是农业革命，第二次是工业革命，第三次是信息革命。从中国目前的社会发展状况来看，它正在经历的就是第二次和第三次的时代转变，因而所面临的时代挑战和困难也是双重的。由此我们可以知道，对于我国的高校德育教育工作而言，显然不应该仅具有第二次工业革命所带来的观念，如市场观念、竞争观念和消费观念等，也是需要有来自第三次信息革命所带来的观念，如人才观念、信息观念和世界经济观念和生活多样化观念等。

高校德育内容设置的社会时代依据，在科学文化方面，随着世界技术革命的新的挑战，科学技术出现新突破。这些新情况既为高校德育提供了积极的因素和有利的条件，同时也要求高校德育在内容上为实现新时期的总任务服务，以满足培养勇于改革、勇于创新的开拓型人才的需要。

由此可见，高校德育内容满足社会时代发展的需要，是有其深刻原因的。说它有深刻的原因，这是因为：它是由社会的政治经济发展规律所决定的。高校德育内容满足社会时代发展的需要，又是生动具体而不是抽象的。之所以说它是生动具体的，这是因为：每一个时代的政治经济发展状况都有其阶段性的特点，这种阶段性的特点又是不可逾越的。因此，社会主义初级阶段的政治经济发展状况，决定着我国高校德育内容的设置方向。

（二）德育内容受德育目标与任务制约

高校德育内容是受德育目标、任务制约的，这是高校德育内容设置的教育本质依据。

德育的内容必须受德育目标和任务的制约。任何一个社会的高校德育内容都要受德育目标和任务的制约。只有根据德育的目标和任务来确立高校的德育内容，才能具体反映德育的本质。但高校德育的目标和任务，归根结底还是由当时社会政治经济所决定的。作为反映经济基础并为经济基础服务的道德是具有阶级性的，而担负教育青年一代职责的高校德育及其内容，理所当然地也要受一定社会的政治经济所制约。因此，社会不同，经济基础也不同，而由经济基础所决定并反转来为它服务的德育及内容，必然也就具有完全不同的性质。存在于阶级社会中的高校德育教育工作内容是应当将维护统治阶级的利益作为出发点的，一切工作的开展都是以维护经济基础为主要原则的。当然社会生活是错综复杂的，并不是所有的社会现象都可以简单地归入生产力和生产关系、上层建筑和经济基础中去的。因而，不同社会的学校德育内容，也不是没有任何共同因素的。每一个社会的高校德育内容，除了有最基本的、相对稳定的内容外，还有不稳定的、多变性的内容。

在社会主义初级阶段里，高校德育的内容，也必须同时受高校德育目标和任务的制约。在这个时期里，高校德育的目标和任务，集中反映了社会主义初级阶段的政治经济性质。而作为具体展示高校德育目标和任务的德育内容，又必须为社会主义初级阶段的政治经济服务。因此，它不可能不受高校德育目标和任务的制约。由于高校德育的目标和任务是由应当具有热爱祖国的立场、为人民服务的奉献精神、改革开放创新的思想意识、为社会主义现代化的学习态度、自觉良好的道德品质等五个基本方面构成的，因此，从目前的发展状况来看，显然高校的德育教育工作内容的选择是受到构成高校德育目标的多个方面因素的制约的。对于高校德育工作具体内容的设置，必须是对上述德育目标和任务的五个基本方面的具体展示。这是由高校德育的本质决定的。高校德育的目标和任务与高校德育的内容在教育本质上具有一致性。一方面，它们都是由社会主义初级阶段的政治经济所决定的；另一方面，它们又都反过来为社会主义初级阶段的政治经济服务。不同的是高校德育目标比较抽象集中，具有方向性；高校德育的内容比较具体分散，具有可行性。从这个意义上讲，高校德育的内容，也是不能不受高校德育目标、任务制约的。

（三）德育内容符合学生成长客观规律

高校德育内容是符合学生成长客观规律的，这是高校德育内容设置的身心文化依据。

德育内容必须符合学生成长的客观规律。因为德育只有最大程度符合学生成长的客观规律，才能避免在进行德育教育的时候遇到过多问题，引起学生的厌烦心理，最终才能取得我们想要看到的效果。对于高校德育教育而言，它成功的前提就是要遵循学生成长的客观规律。换而言之，就是要保证高校德育内容的科学性，没有科学的德育内容，就不可能有成功的德育。符合学生成长客观规律的德育内容，主要体现在以下两个方面。

首先，德育内容的设置，要符合学生的身心发展规律。在大学生成长的过程中，不论是从生理角度还是从心理角度来说，他们都得到了不同程度的提升。众所周知，人的一生是十分漫长的，随着时代环境的变化，也会经历不同的人格发展阶段，而不同的阶段需要我们获得的人格素质和达到的水平都是不同的。社会中不存在完全相同的两个个体，这是因为人本身是存在个体差异性的，他们自小生活在不同的环境之中，所经历的事情不同，受到的教育不同，性格特征不同，最终所表现出的人格需求和素质水平就会出现一定的差异，这也是导致人们在道德观念、心理素质和思想观念等方面存在质的差别的重要原因之一。由此看来，在进行高校德育工作内容的选择时，不仅应设置最基本的总体要求和完成规范，也要注意到个体差异性对于德育教育的影响。德育内容要符合不同人群的教育需求，就要从不同的层次，根据个人的实际情况去制定具体的工作完成要求和标准。德育的内容符合学生的身心发展规律，是高校德育的出发点。

其次，德育内容的设置，要符合学生的文化发展规律。对于大学生的成长而言，不仅他们在生理和心理层面得到了提升，其实从整体来看，这也是一个文化发展的过程。人们普遍认为，文化积淀在人格素质的形成过程中起到了决定性的作用，也就说受到什么样的文化熏陶，有多少文化积累，最后就会形成什么样的人格素质。对外开放、包容的基本国策使得众多文化形式一齐涌入中国，中国的传统文化与西方文化也开始相互交融，面对这样的情况，我们要在习近平新时代中国特色社会主义思想的指导下，将我国的优秀传统文化优势发挥出来，同时将西方文化中对我国有益的成分进行吸收，最终形成一种既有本国传统文化积淀，又有西方文化元素的新型文化形式，这种文化显然是高于其中任何一种单一的文化形式的。由此看来，这种新型的文化形式显然是囊括了中西方文化的优点，成为一种具有融合特性的中国特色现代文化形式。当这种文化形式反映到了一个人的人格上，他的人格也会呈现出整体性、进取性和创造性等一系列特征。但是显然每个人的文化积淀都是不同的，尚处于不同的阶段上，同时由于文化积淀本身又存在数量和质量上的差异，由此，对于高校德育内容的选择和具体设置，不仅要关注到预先制定的总体要求，还要根据实际情况进行具体和细节化的内容设置，要努力按照大学生在文化积淀上的不同阶段和在量或质上存在的差异设置德育内容。这里要特别强调：既要防止民族虚无主义，全面否定中国的传统文化，搞全盘西化；又要防止关门主义，全面否定西方文化，故步自封。这两种倾向的存在，既不利于具有中国特色的社会文化的建设，又不利于学生在人格素质发展方面的文化积淀。德育内容的设置，要符合大学生的文化发展规律，这是高校德育具有特殊意义的基点。

二、高校德育内容的构建

依照科学规律把高校德育内容区分为不同的层次，组织在不同的教育阶段中，是德育系统化、科学化的根本措施，也是德育实效得以提高的步骤和保证。德育内容的合理构建，主要包括德育内容的构成和德育内容的构建两个方面。

（一）德育内容的构成

高校德育内容是由德育目标、任务和制约德育目标、任务的社会主义初级阶段的政治经济所决定的，而这些基本内容的深度和广度的确定，则是以处于不同教育阶段学生的道德水平为依据的。简而言之，高校德育内容的构成和构建是以现阶段政治经济要求和大学生实际发展水平两者的统一为根据的。忽视任何一个方面，都会影响德育内容构成的科学化。依照上述根据，高校德育内容的构成可以从多方面去组织。我们认为，高校德育内容主要由科学世界观教育、社会政治经济教育、人生价值观教育、高尚道德观教育、民主法纪观教育、创造开放观教育、健康心理观教育七个方面构成，这七个部分的德育教育内容是相互联系、相互渗透的，是培养“四为服务”新型人才的最基本的教育内容。

1. 科学世界观教育

显然，高校德育的对象就是青年大学生，而他们正是处在世界观形成的关键时期，由此，在这一时期进行的德育教育，要尤其加强对于正确世界观念的塑造，也就是所谓的科学世界观教育。通常情况下，世界观指的就是人们对于世界的总体性看法或是概括，每一个人都是具有自己独特的世界观的，这是因为他们所处的社会环境和所经历的事情不同，所以最终呈现出的世界观是不同的。在众多有关世界观的观点中，最具科学性的还是马克思主义世界观，它不仅承认世界的物质性，还承认了辩证法，并且将这二者结合起来了。马克思主义世界观很好地将唯物论和唯心论之间的界限明晰出来了，帮助人们认识到了精神和物质之间的联系，同时让质量互变规律、否定之否定规律和对立统一规律等能够被人们很好地认识和掌握，同时一些辩证法范畴内的知识人们也可以掌握得更加游刃有余了，如本质和现象、原因和结果、必然和偶然、可能和现实等。除此之外，在马克思主义世界观的影响下，人们得以辨析清楚形而上学与辩证法之间的关系，可以以更加全面和发展的眼光去看待和处理问题了。同时，因为马克思主义世界观的存在，辩证唯物主义有机会被应用到了社会历史的研究之中，而历史唯物主义就是在这样的情况下诞生的。众所周知，马克思主义世界观所坚持的始终是能动的反映论，因而，认识成为人脑对于客观事物的反映，实践成为认识真理和检验真理的唯一标准。人们认识世界的过程是从感性到理性，再回归到感性的一个无休止的辩证运动过程，因为社会实践本身就是无休止的，所以人的认识过程也是永无止境的。除此之外，马克思主义世界观认为，世界观的转变就是根本性质的转变。这与人们观察和处理事务的态度和看法是有本质联系的，因而科学的世界观教育在德育内容中占据了核心地位。

2. 社会政治经济观教育

高校德育的对象都是处在一个特定的政治经济环境中的。如何认识自己所处的政治经济环境，不仅是决定大学生对社会政治态度的前提条件，而且也是关系到大学生自身发展的社会方向问题。政治经济观指的就是人们对于国家政策法规、党和国家的外交路线等方面的态度和看法。从现阶段的情况来看，高校的德育中的社会政治经济观教育主要就是集中在党的基本路线上，总体来说，就是坚持中国特色社会主义总路线，这也是实施中国特色社会主义建设的根本指导思想，是高校德育内容中社会政治经济观教育的主要内容。其中，坚持“四为服务”就是为维护国家、党以及全国各族人民在政治层面的利益所作的努力，也是实现社会主义现代化的根本保证。改革开放是社会主义制度的自我完善，是中华民族摆脱贫困、走向现代化的必由之路。因此，坚定不移地执行党的基本路线，是高校德育首先应该选择和确立的社会政治经济观。发扬中华民族的爱国主义传统，增强中华民族的向心力和凝聚力是大学生应该选择和确立的第二个社会政治经济观。而要想透彻理解国家所提出的中国式现代化建设发展规划以及各项方针政策，最为重要的就是认识本国的基本国情，将原先单纯的爱国主义演变成为热爱祖国，将高度提升到建设中国特色社会主义道路上。热爱祖国，坚定不移地执行党的基本路线，是现阶段高校德育进行社会政治经济观教育的中心内容。

3. 人生价值观教育

人生价值，是高校德育对象极为关注的话题。价值是一个表示主客体关系的范畴。人生观则是人们对于人生意义和目的的看法。由此看来，高校德育进行人生价值观教育对于培养学生认清正确的人生目的和意义是具有积极意义的，可以为学生日后的职业发展铺平道路，减少许多思想方面的阻碍，对于获得幸福人生是也是具有建设性意义的。人生观的核心就是人生价值，而人生价值是一个人与其社会关系所组成的总体范畴，是一种个人在社会中地位、作用等方面内容的抽象体现。一般来说，人生价值主要包含两方面内容，首先是社会对于人基本需求的满足以及尊重，其次是个人对社会所做出的贡献。在马克思主义的人生价值观观点中，虽然对于这两部分内容都是持认可态度的，但实际上对于后者的关注度是更高的，也就是强调个人对于社会所做的贡献。众所周知，人生价值首先就是体现在劳动和创造上，而究竟该如何衡量一个人的人生价值呢？答案就在其为社会所做的贡献中，完成时代任务就是实现人生价值的一条重要途径。从现阶段的情况来说，人生价值的体现应该落脚到为人民服务的奉献精神上。人生观教育其实所涵盖的内容是十分丰富的，如人生价值观教育、人生态度教育、人生理想教育和生活方式教育等，但是其中最为关键的还是人生价值观教育，因为这部分内容与实际的生活情况是更为贴近的，也是更能反映出大学生的人生观在未来的发展走向的。随着社会的发展，如何正确处理贡献与索取的关系，将日益成为人们所关心的热点话题。因此，进行人生价值观教育，是高校德育的核心教育内容。

4. 高尚道德观教育

高校德育在道德方面所面临的任务，面广量大，十分艰巨。所谓道德，指的是人们思想和行为规范总和，是将社会舆论、内在信念和传统习惯作为工具来调整人与人和人与社会之间的关系的。从本质上来看，道德本身其实是一种社会历史现象，也就是说人们的道德观念是经过长时间的理论积累和社会实践才最终形成的。在通常情况下，我们普遍认为高尚道德的本质核心就是以国家、集体利益为中心。也就是说，进行高尚道德观教育，对于人们精神境界的提升是有一定帮助的，人们会主动去参与社会劳动，发挥自己的主观能动性，建设具有中国特色社会主义性质的物质和精神文明。高校的高尚道德观教育内容也是十分丰富的，如职业道德教育、集体主义道德原则教育、恋爱观教育等。其中，集体主义道德原则观点就是，一切行为活动都是将人民的最根本利益作为基础的，在此基础上实现个人与集体利益的统一，但是当二者发生矛盾冲突时，首先要做出让步的就是个人利益，个人利益是要始终服从于集体利益的。由此可知，在进行国家的社会主义现代化建设的过程中，我们始终要遵循集体主义道德原则，这样才能更好地梳理集体、国家和个人三者之间的关系。所谓职业道德，是调整职业内部人员的行为规范的总和。各行各业都有自己特殊的职业道德要求。职业道德既有调整人们社会关系的功能，又有调动人们生产积极性、完成生产任务的功能。对大学生进行岗前职业道德教育，将高尚的道德原则落到实处，具有十分重要的社会意义。上述情况，从不同侧面说明了高校德育进行高尚道德观教育，是高校德育具有极为面广量大的教育内容。

5. 民主法纪观教育

高校德育的一个基本职能，是培养大学生正确的民主法纪意识，自觉遵守国家法纪，维护国家法治，保障社会主义现代化建设和人们在工作、学习、生活上有一个良好秩序的社会环境。因此，对大学生进行民主法纪观教育，不仅是国家、社会的最基本要求，而且也是大学生适应社会需要的最基本条件。民主法纪观教育主要还是体现在社会主义的法治和民主教育，以及纪律教育上。众所周知，法治的主体就是统治阶级，它们按照自己的意志去维护自身的利益。所谓法治，是指统治阶级按照自己的意志通过国家政权建立的用以维护其阶级专政的法律和制度。不同类型的国家都有自己的法治。社会主义法治是社会主义国家按照广大人民群众的意志建立起来的法律和制度。它是保护人民、打击敌人、制裁犯罪、维护社会秩序、保护社会主义经济基础、促进生产力发展等历史任务的重要工具。社会主义法治的基本内容和要求是“有法可依、有法必依、执法必严、违法必究”。这四句话体现了社会主义法治的严肃性和权威性。当前法治教育要抓“知法”“懂法”“守法”三个环节，这是法治教育中的基础性教育。“民主”一词原意是“多数人的统治”“人民的权力”。纪律是指要求人们遵守业已确定了的秩序、执行命令和履行自己职责的一种行为规则。纪律具有社会性、阶级性和强制性等特点。纪律在维护社会团结秩序和取得社会主义现代化建设事业胜利中具有重要的保证作用。纪律的内容十分广泛，涉及人们工作、学习、生活的各个方面。现代社会要求人们要有自觉严格的纪律观念。当前在大学生中进行纪律教育着重要求正确理解纪律与自由的辩证关系，坚持同各种破坏纪律的行为作斗争，培养自觉遵守纪律的良好习惯等方面。在高校德育中，对大学生进行民主法纪观教育，无论从国家、社会进步，还是从个人成才发展等方面，都是必须实施的德育内容。

6．创造开放观教育

社会的发展离不开创造创新型的人才。我国社会主义现代化建设，对创造创新型人才的需要尤其迫切。因此，高校德育进行创造开放观教育，对实现“两个一百年”奋斗目标和中华民族伟大复兴的中国梦，具有深远历史意义和重大现实意义。创新——人的生命力的最高表现。人类正是通过连续不断创新推动历史前进的，创新是人们对主客观世界潜能的挖掘和表现。创新是以主体潜能的挖掘为前提，表现对客体潜能的挖掘和发展的一种创造性的力量，更是一个国家、一个民族发展的不竭动力和力量源泉。所谓创新观，就是人们对创新创造的价值、能力和方法的根本性看法和态度。创新创造是人类社会进步与繁荣的本源。人类的历史就是一部发明史和创造史。创新力勃发的民族，必然繁荣昌盛，而创造力不足的民族，必然衰弱落后。创新力是人才的最重要素质。创造开放观教育主要进行创新性思维教育、进取精神教育、开发技能的培养等。创新性思维是创新力的关键，是人的最高级、最复杂、最有价值的思维，其有发散性、求异性、严密性三个特点。创新性思维是创造力产生的前提条件，又叫开拓创造精神。具有这种精神品质的人，具有强烈的自信自强的心理和坚韧不拔的性格。进取精神是创新力得以发挥的重要保证。开发技能是创新力实现的方法和武器，它包括知识结构、科学胆识、心理素质、特殊的方法等。掌握现代化的科技开发手段，是创新力实现的桥梁和媒介。大学生是高科技事业发展的生力军和预备队，高校德育对他们进行创造开放观的教育，是历史赋予的最具有时代意义的德育内容。

7．健康心理观教育

《全面加强和改进新时代学生心理健康工作专项行动计划（2023—2025年）》一文中指出，将学生心理健康教育贯穿德育思政工作全过程，融入教育教学、管理服务和学生成长各环节，纳入“三全育人”（全员全过程全方位育人）大格局，坚定理想信念，厚植爱国情怀，引导学生扣好人生第一粒扣子，树立正确的世界观、人生观、价值观。此外，世界卫生组织对“健康”做了明确的定义，其指出，所谓健康，不仅仅是代表某个人身体健全、没有疾病，更重要的是还要同时具备健全的生理、心理状态和良好的社会适应能力[①]。心理健康教育的主要内容包括心

① 姚海霞，米江霞，罗金彪．人学视角下的现代思想政治教育研究[M]．北京：现代教育出版社，2012．

理健康意义教育、心理健康标准教育、心理防御机制教育等。然而，每个人身上都自觉或不自觉地存在某种解脱烦恼、维护心理健康的心理防御机制。因此，确保心理健康是德育内容中的新课题。

总之，高校德育的内容是十分丰富的。上述七个方面只是高校德育内容主要的构成部分。这七个方面的德育内容，在实现高校德育目标、任务方面，互相支持，各有侧重，从不同角度上发挥着自己的独特作用。

（二）高校德育内容的构建原则

高校德育内容大体上可分为相对稳定和非相对稳定两部分。相对稳定部分的内容，主要是由相对稳定的政治经济状况和德育的基本目标、任务所决定的。非相对稳定部分的内容主要是由社会影响因素决定的，表现为具有应时性的特点。对于非稳定的内容，要做到科学化、系统化、规范化难度极大。因为它所涉及的是综合性学科知识，而高校德育在运用综合性学科知识时，又往往是取其自己所需要的个别观点，容易出现观点零散和重复其他学科的内容，效果一般不够理想。因此，对非稳定性的内容，要求其科学化、系统化、规范化是不切实际的。然而学习中又确实需要有非稳定性方面的德育内容，如何切实有效地组织这方面的德育内容，有待于德育理论和实践的进一步发展和广大德育科研工作者的进一步探讨。但是，相对稳定的德育内容是可以实现科学化、系统化、规范化的。要实现相对稳定部分德育内容的科学化、系统化、规范化，各高校必须根据高校德育内容的构成，进行合理的构建。由于各高校学科设置的不同，因而可以采取不同的构建程序。其原因是德育内容的科学化、系统化、规范化，一般应该有一个相对独立的学科体系作为依托。各高校在对德育内容的构建上，虽然可以有不同的程序，但其合理性应该遵循以下原则。

1. 目的性

高校德育内容作为德育本质的直接体现，其设置具有明确的目的性，旨在服务德育的整体与具体目标。德育内容系统是一个由多个要素构成的有机整体，这些要素各自承载着特定的德育目标。在整个德育内容系统中，任何无目的或反向目的的要素都不应存在，因为它们的存在将导致系统内部出现矛盾与冲突，进而影响到整体德育目标的实现。为确保德育内容系统的有效性和一致性，教育者需明确德育的目的性原则，并以此为指导，将整体德育目标层层分解至各个要素。通过这样的构建过程，教育者能够更准确地把握德育的整体方向，确保德育内容的实施与德育目标的达成相契合。因此，在德育内容的设置与调整过程中，教育者应始终保持对德育目的性原则的清醒认识，确保德育内容系统的科学性和有效性，以推动高校德育工作的顺利开展。

2. 层次性

高校德育内容构建的层次性原则是指有序性。它是由内容整体与部分的辩证统一关系来决定的。具体说，德育内容的层次性是由德育目标和德育内容系统，与其所属诸要素的从属关系和相互作用关系所决定的。主要表现：第一，教育对象具有层次性。个体有层次性，每个人的思想状况、道德水平都不相同，处在不同的层级上。群体和群体之间也有层级的差别，即一个群体内部也存在不同的层级。因此，构建德育内容时必须具有层次性，否则就失去针对性，收不到应有的教育效果。第二，人的思想意识本身也是分层次的。第三，人的思想道德发展是分阶段的。因此，在构建德育内容体系时，既要从不同的层级出发，又要从受教育者的多端性出发，为具有不同思想品德水平的人，确定可能接受的起点，将德育内容落到实处。

3. 螺旋循环

高校德育内容构建的螺旋循环原则，之所以非常重要，这是因为德育内容构成的发展变化和德育内容本身所存在的多层次、多水平性，而学生能否接受某一层次内容的教育，是由学生道德发展水平所决定的。这一原则包含了以下三个基本点：第一，不要在一个教育阶段、一个年级，把所有的德育内容都进行一次循环。如果幼儿园、小学、中学的德育任务已经完成，在高校就不用再进行这方面内容教育了。第二，不要把某一德育内容进行简单的重复，而应随着学生年龄的增长和年级的升高，必须循环的德育内容应相对于原有水平提高一步，循环一次应使学生思想道德水平登上一个新台阶。第三，不同的教育阶段应该有重点教育内容，这里既要注意某项德育内容的连贯性，按内容的层次逐步加深和提高，又要顾及在不同教育阶段上突出某一重点，使螺旋循环与不同教育阶段的重点教育内容有机地结合起来。德育内容构建的螺旋循环原则是符合学生思想品德发展规律的，因为青年人道德水平的提高，总是从感性到理性，从他律到自律，呈现出一种不断升华的螺旋循环前进状态。

第二章　大学生成长成才概述

本章主要内容为大学生成长成才概述，通过三节对其进行阐述，分别为新时代大学生成长成才、大学生成长成才的基本内容、大学生成长成才与综合素质发展。

第一节　新时代大学生成长成才

一、大学生成长成才与社会进步的关系

教育必须适应社会的发展，人才培养必须满足社会的需要。党的二十大报告把“构建高水平社会主义市场经济体制”[①]作为加快构建新发展格局、着力推动高质量发展的重要战略任务。社会主义市场经济的深入发展，使得社会的经济成分、组织形式、利益关系、分配方式等都随之发生了深刻的变化，也对高等教育提出了与以往不同的要求。在中国高等教育的大众化发展阶段，数量、质量、经费、结构和就业等问题始终影响着高等教育向更深层次和更大规模发展，这也对高等教育的人才培养工作提出了新的课题和新的要求，即必须把工作的重心从教给学生固有的知识转向塑造学习者新型的人格上，使学习者懂得如何学习、如何工作、如何合作以及如何生存。由于市场经济带来人们价值观念取向的多元化，不少大学生在确立自己人生目标时偏离了社会的主旋律。成才目标应该符合时代发展要求，应该和社会发展规律相一致，应该顺应历史发展的潮流。大学生在确立自己的成才目标时，要认识到个人发展与社会进步的辩证关系。

①《党的二十大报告关键词》编写组．党的二十大报告关键词[M]．北京：党建读物出版社，2022．

二、大学生成长成才与国家竞争力的关系

青年强则国家强，大学生成才来自国家的召唤。民族的生存与振兴，社会的稳定与发展、国家的繁荣与兴旺，都需要人才辈出。当代世界的竞争实质上是人才的竞争，国家通过各种形式，号召青年人成才，鼓励青年人成才，为他们成才创造条件，并给予成才者一定的鼓励和奖励。热爱祖国、报效国家、为国效劳、成为一种社会意识，成为青年人的一种认同心理。国富我荣，国穷我耻；国兴我兴，国衰我衰。响应国家的号召，成为青年人的一种愿望和自我要求。这种环境和氛围为大学生成才创造了动力。大学生是十分宝贵的人才资源，是民族的希望、祖国的未来。大学生的成长成才是事关党和国家长治久安，事关中华民族前途命运的大事。

当代大学生成长和发展面临复杂的环境。在建设社会主义市场经济和持续对外开放的条件下，中国社会的经济成分、组织形式、就业方式、利益关系和分配方式日趋多样化，这使大学生在思想观念和行为取向等方面选择性增多和差异性增强；与此同时，大学生思想活跃、充满激情，但又涉世未深、社会经验不足、自我约束能力较弱而自我意识却又过分张扬，其思想特点又表现为较强的独立性和批判性。我们对大学生思想活动的这种选择性和差异性、独立性和批判性应给予充分的尊重，但同时这也使我们的思想政治教育工作更具艰巨性和复杂性。在思想政治教育过程中，大学生不喜欢那种脱离实际、照本宣科的教学模式，对于“抽象说教”和“单一模式”通常抱有排斥的态度，这就要求我们既要体现教育的导向性，又要尊重学生的主体性，既要讲关于国家、民族、人类社会的大道理，又要讲关于个人利益、日常生活的小道理。当一个人真正看到自己具有的价值之后，他就会摒弃懒散和堕落的念头。事实上，这也会激发很多大学生树立远大的建功立业的思想抱负，对大学生的成才起到一种宏观的引导作用。大学生只有通过深入理解我国的科教兴国战略和人才强国战略的内涵与实质，从而了解社会对人才的重视与需求，才能真正体会大学生自身所具有的社会价值。

综合国力的竞争是科技的竞争，科技的竞争在于人才的培养。大学生是未来社会的创造者，社会的发展要靠生产力发展的推动，而生产力的发展归根结底是要靠科学技术的进步，人才作为科学技术进步的载体就必然成为社会发展的重要动力。只有最大限度地激发大学生们的参与热情和创造活力，才能使中华民族伟大复兴中国梦这一宏伟目标变成现实。在共建和谐美丽社会的过程中更是需要数以亿计的高素质劳动者、数以千万计的专门人才和一大批拔尖创新人才，当代大

学生在这个过程中承担着更多的社会责任。大学生基本素质如何，尤其是他们能否健康成才，直接关系到党和国家事业的兴衰成败。

第二节　大学生成长成才的基本内容

随着科学技术的发展不断深化和“卡脖子”问题的持续破解，一职多能已是社会对人才要求的趋势。研究探索当代大学生成长成才的评价标准、依据，对于培养造就全面发展、契合党和国家新时代伟大事业高速发展需要的高素质人才，无疑有着重要意义。

一、大学生成才的评价标准及依据

（一）大学生成才的评价标准

知识、素质、能力三者辩证统一，成为新时代大学生成长成才的基本结构。知识是基础，并通过人的学习运用成为素质，能力是知识的实践和发挥，是知识的价值体现，是素质的外化，没有知识就没有素质，没有素质就不会有能力。三者作为一个有机整体成为衡量大学生是否成才的标准。

1．大学生成才应具备的综合素质标准

第一，政治素质是大学生成才素质中的主导素质。政治素质决定着大学生成才的方向，是大学生成才的内在动力，对道德、科学、人文等素质的形成能够产生巨大的定向、动力和调控的作用。同时，具备政治素质也是中国特色社会主义高等教育的内在要求。政治素质的内容包括树立科学的世界观、正确的政治方向和政治立场、增强政治敏锐性和鉴别力、坚定共产主义信念等。

第二，良好的道德素质是大学生成才的内在动力。道德素质的内容包括诚挚的爱国主义情感，热爱劳动、艰苦奋斗的精神，为人民服务的思想和集体主义精神，民主精神，科学精神，合作精神，敬业精神，奉献精神等。

第三，良好的心理素质是大学生成才的内在标准。心理素质在人的整个素质结构中处于基础地位，它参与人的其他素质的形成和发展，对人的行为起着驱动和制约的作用，并直接影响行为的效率。心理素质是以个体的生理条件和已有的知识经验为基础，将外在获得的刺激内化成稳定的、基本的、衍生的，并与人的适应行为和创造性行为密切联系的心理品质。理论和实践一再证明，在人的发展动力结构中，情商比智商更重要，它在很大程度上决定了一个人的学习、工作和整个人际关系的处理成果。就大学生成才而言，好的非智力心理因素，较强的感知观察能力、思维能力、记忆能力、意志品质，能使大学生永远保持一个良好的状态，使智力系统处在最佳的状态。

第四，身体素质是大学生成才的保障。习近平总书记指出，我们要坚持以增强人民体质、提高全民族身体素质和生活质量为目标，高度重视并充分发挥体育在促进人的全面发展中的重要作用，增强广大人民群众特别是青少年体育健身意识①。身体素质是人的素质结构中最基本的素质，它是人的其他素质得以建立的基础。只有身体健康、精力充沛，才能从事紧张的、艰苦的创造性劳动，才能攀登事业的高峰。古今中外成大器者，都不仅有高尚的情操、超人的才学，更有健康的体魄。

2. 大学生成才应具备的知识结构标准

知识是人类在改造自然和进行社会的实践活动中获得的认识和经验的总和，它是人类实践活动和思维活动成果的结晶，也是人类文明发展延续的基础。大学生成才应具备的知识结构主要包括以下几点。

第一，精通的专业知识。专业知识通常是指大学生各自所学的专业知识，是大学生将来走向社会、服务社会的一技之长，是大学生知识结构中的主干内容。专业知识是大学生赖以生存的资本，缺少了专业知识，知识体系就失去了完整的含义。也就是说，大学生知识结构的完善必须以专业知识的学习与运用为基础的。

第二，广博的相关知识。当代社会呼唤通才。所谓通才或复合型人才，是指具有一到两门专业知识同时具备知识面广、基础知识扎实特点的人才，这种人才比只有一种知识和经验的专才更容易适应时代的要求。

3. 大学生成才应具备的能力标准

能力是知识和素质等的外部表现，而且必须通过实践才能形成和发展。大学生成才所应具有的能力标准是由多种能力所组成的多要素、多层次的动态综合体。

第一，大学生成才应该具有创新能力。要培养大学生成为精英人才，我们就必须明确精英人才的核心竞争力——创新能力。从大学生成才的实质看，创新能力是新时代人才能力的灵魂。创新是一个民族进步的灵魂，是国家兴旺发达的不竭动力。一个没有创新能力的民族，就难以屹立于世界先进民族之林。创新对于

① 2022年4月8日中共中央总书记、国家主席、中央军委主席习近平在北京冬奥会、冬残奥会总结表彰大会上发表重要讲话[J]. 山东干部函授大学学报（理论学习），2022（4）：1.

一个国家、一个民族来说十分重要。因此，作为未来社会发展和建设的中流砥柱，大学生应该把创新能力作为成才与否的衡量标准之一。

第二，大学生成才需要具备组织管理能力。作为一名初步掌握专业技术知识的大学生，如果具备一定的组织管理能力，就更能满足社会的需求。而且现代科技发展的整体性和综合性，要求科学技术人员面对大系统进行研究开发，借助学科整体的优势联合攻关，这就对大学生提出了更高的要求：要善于组织协调和科学管理。事实也证明，用人单位在招聘人才时对毕业生中的学生党员、学生干部总是优先考虑。因此，大学生在校期间应多参加各种集体活动，增强团队合作意识，注重培养自己的组织管理能力。

第三，大学生成才应该具有人际交往能力。人际交往能力是当代大学生的必备能力，它要求大学生应当以积极的态度与人交往，增强自己的亲和力，以获得组织和群体的认同，使其为自己的成才提供交往环境上的保障。面对复杂的人际关系和人际环境，大学生应当既要客观认识自己，也要客观认识他人，在实践中不断培养自己的人际交往能力、技巧，在交往中学会信任、尊重、宽容他人，用自己的真诚去赢得他人的信任、理解和支持，获得友谊。

（二）大学生成长成才评价标准确定的依据

大学生成长成才评价标准是依据人的发展和社会发展的实际需要以及实际情况而制定的。

1. 确定大学生成长成才标准的理论依据

马克思关于人的全面发展理论是大学生成长成才评价标准确定的理论基础。人的全面发展是马克思主义哲学的核心内容。马克思主义认为人的全面发展是人自身发展的最高境界，是人的内在发展与外在发展的统一，是生产力与生产关系发展相统一的历史过程。人的全面发展是社会发展的必然趋势，也是人自身发展的理想状态。人的全面发展主要是指每一个现实的人摆脱和超越各种限制，特别是摆脱对人和物的依赖，从而在关系、能力、素质与个性等方面获得普遍提高与协调发展的一种过程与境界，即人以一种全面的方式，占有自己的全面的本质。根据马克思的论述，所有人的发展的实际意思就是每个人的劳动、社会关系和个体素质等方面的全面、自由而充分地发展。

当前学术界关于人的素质教育理论是大学生成长成才评价标准确定的理论依据。最近几年，教育界的许多知名人士分别从国民素质和教育素质的角度对人才的标准进行了研究，取得了许多成果。有些人认为国民素质包括人格素质、精神素质、道德素质、文化素质、科学素质、职业素质、健康素质、审美素质等八个方面；有些人认为国民素质应由健康素质、智力素质、心理素质、道德素质、角色素质等五个方面构成；还有人认为国民素质由生理素质、心理素质、社会文化素质等三个方面构成，其中重点是社会文化素质。科学技术的高速发展，经济全球化的日益推进，促进了人才市场的改革，这预示着在国际政治、经济、科技、文化等领域，对全面发展的人才的要求也越来越高。因此，素质教育的重要性日益突出。全面贯彻教育方针，培养德、智、体、美、劳全面发展的高素质人才是素质教育的根本目标，也是振兴民族经济，确保我国在世界高新科技和综合国力竞争中立于不败之地的根本策略。同时，在新形势下，人文精神、人本思想已全面融入了素质教育的内涵中，高校教育为学生的全面发展奠定了基础。

2. 确立大学生成长成才评价标准的现实依据

大学生成长成才评价标准的现实依据主要是高校的实际情况以及社会对大学生的需求。高校按照以教师教育为本，适度发展非教师教育的办学模式，随着教学改革的不断深化以及学生的实际情况的不断变化，制定了适合学生发展的大学生成长成才标准，使得教学质量稳步提高，为国家培养了一批批优秀毕业生，他们凭借扎实的基础、良好的品德、优良的综合素质，为教育事业、经济发展和社会进步奉献着青春和热血。

随着社会的进步和经济的发展，高校对人才培养的规格和质量标准也相应地发生了变化。新时代以来，党和国家根据社会的需要分别提出了明确的大学生成长成才目标。随着社会的发展，社会会对人才提出越来越高的要求，大学生成长成才标准的制定不是个人头脑的自由创造或主观判断，而是立足于现实基础，立足于我国所处的历史阶段、国际环境以及社会发展实际需要得出的结论，只有这样才能培养出适应社会发展的人才，才能促进国家的发展、社会的进步。

二、大学生成长成才的基本途径

在当今世界，知识经济已初露端倪，国力竞争日益加剧。因此，大力提升大学生的综合素质，特别是培养其创新精神和实践能力，不仅是全面推进我国现代化事业的必要举措，也是高等院校在人才培养方面所面临的紧迫任务，对于我国在全球竞争中保持领先地位，以及推动社会经济的持续健康发展，具有深远的意义。

（一）进一步加强师资队伍建设，大力提高教师队伍的综合素质

国家的未来系于教育，而教育的基石则在于教师。对于高校而言，教师队伍的整体素质无疑是衡量其办学水平的关键指标。通过完善教师聘任制度、建立健全教师考核制度以及完善教师培训制度，我们能够有效地提升高校教师队伍的整体素质，进而推动高校教育质量的提升和大学生综合素质的培养工作的发展。因此，构建一支高水平的教师队伍，不仅是提升高校教育质量的核心所在，更是培育具备综合素质的优秀人才的基础保障。

完善教师聘任制度。这一制度不仅是高校人事制度改革的关键环节，而且是优化教师资源配置、提高教育效能的重要途径。通过完善聘任制度，高校能够选拔出更多优秀的教育人才，让其为高校的发展注入新的活力。

建立健全教师考核制度至关重要。教师职业具有其特殊性和专业性，并非所有学识和教养达标者都能胜任。因此，高校需要制定一套科学、合理、公正的教师考核制度，以规范教师行为、明确教师职责，并激励他们在教学和科研中不断创新和进步。

完善教师培训制度。尽管引进优秀人才对于高校的发展具有重要意义，但师资培训同样不可或缺。持续的教师培训不仅能够提升教师的专业素养和教学能力，还能为高校的长期发展提供强有力的动力支持和质量保证。

（二）完善教学体系，进行学科、专业和课程结构的调整

社会需要高素质人才，而高素质人才必须具有全新和最佳的知识结构，这就要求高校在教学的内容上进行改革，把提高大学生全面素质作为人才培养的根本目标。

公共课、基础课要以学生今后的发展为出发点，努力提高教学质量，增加课堂的信息量，并注意教学内容的适当更新。在大学生成长成才的过程中，除思想政治理论课和部分管理课程以必修形式组织教学外，其他人文素质教育是以任选形式贯穿于各年级在校学生的教学中的。

技术基础课、专业基础课是决定专业发展和工作适应性的关键。要根据专业主干学科发展和实际应用的需要，拓宽、加强和更新技术基础课程，在宽口径的专业面上打好基础。在课时设置时要确保这类课程能够使大多数学生打下扎实的专业基础，进而为其将来发展做好准备工作。

专业基础课要改变部分内容偏多、偏窄、偏深和陈旧的状况，按照“低重心、

新知识、宽面向”的原则，实行综合改造。这类课程有较强的针对性和理论联系实际的特点，因此，这类课程的改革还要强调大量地做实验及进行实地训练。

学习实习、实训、实践类课程是大学生链接第一课堂和第二课堂的重要一环，是将课堂理论转化为实践操作的必要手段，同时也是大学生认识社会、了解社会的必经途径。与此同时，在实践过程中，大学生持续加深对专业理论的认识和专业发展的了解，该过程为学生未来精准确定职业发展，做好职业规划，实现平稳职业过渡有着至关重要的作用。

（三）开展丰富多彩的校园文化活动，营造浓厚的校园文化氛围

校园文化在培养和教育人的过程中发挥着特殊的功效，特别是在提高人才的素质、增强综合能力方面效果更加突出。部分西方国家在对大学生的教育中非常重视大学生生活环境的设置。这既包括宏观社会环境的优化，也包括微观校园环境的构建。当前阶段，特别是在党的十八大以来，在党和政府的正确领导下，我国社会科学发展取得了显著成效，国民经济稳步提升，国际社会地位日益彰显。然而，国内外环境依然复杂多变，诸多不确定因素交织，这导致我国发展中的积极因素与消极因素长期共存。鉴于此，高校应当着眼于构建有益于大学生身心健康发展的校园文化环境，这不仅是促进大学生全面成才的现实需要，更是提升人才培养质量的有效选择。高校通过优化校园文化环境，可以为大学生提供一个积极向上的成长氛围，这有助于他们形成正确的世界观、人生观和价值观，从而更好地服务于国家和社会的发展大局。

优化学校的物质文化环境，增强其育人功能。中外的教育家都十分重视校园物质文化环境的教育作用，重视以自然山水陶冶学生的情操、塑造学生的美丽心灵。校园文化环境使学生在不知不觉中受到熏陶、暗示、感染和启迪，即环境育人。

形成良好的精神文化环境，全力营造锐意进取、积极向上的健康氛围。在具体工作中，高校可从抓教风做起，以教风带学风，以学风促校风，帮助广大师生树立以社会主义理想道德为核心内容，以科学态度和高尚品格为主要目标的校园文化精神，进而形成团结、和谐、融合、民主、友好、合作的人际关系环境和客观、公正、宽容、抑恶扬善的集体舆论环境。

第三节 大学生成长成才与综合素质发展

大学阶段是一个人快速成长的重要阶段，也是一个人在走向社会的过程中各项素质全面发展、做好职业定位及规划，成为合格的社会人的准备期。大学生的成长，不仅是知识的学习和心智的锻炼的过程，还是思想品德、文化修养、专业技能、社会交往、人格心理、艺术审美、思维方法等多种素质和能力共同发展、相互影响的过程。

大学生社会性的成长，与个体在教育和环境的共同作用下发挥自觉的主体性是分不开的。因此，大学生的综合素质水平的高低也反映其社会化程度的高低。为了更好地衡量这种水平，我们可将大学生的综合素质分为三个逐次提升又彼此依存的层面，即基础性素质、专业性素质和创新性素质。

一、大学生成长成才过程中的生理与心理特征

（一）生理发育充分

大学生的年龄阶段对于男生来讲属于青春期的中晚期，而大多数女生已基本发育成熟。在此期间，尽管体格成长开始减慢，但各项器官和组织机能迅速发展，生理结构还在发生变化，身体的可塑性大，这一时期正是加强体育锻炼、提高身体素质的最佳时期。

体形发育。在经历了人生最后一个生长发育的高峰期之后，大部分学生的身高、头部、胸部、肩部、骨盆等的外部形态已逐渐转入缓慢发展阶段，骨骼完成发育，支撑能力增强。在性激素、甲状腺等内分泌激素的作用下，肌纤维变粗、横径加大，肌肉重量和力量都明显增加，接近成人水平。生理发育逐渐成熟，肌体能承受较大的负荷，为担负繁重的脑力和体力劳动、适应各种环境变化，也为心理素质的健康发展奠定了物质基础。

身体机能。大学生的心脏在形态结构和功能作用上均已达到成人水平。呼吸系统日趋完善，呼吸肌力量增强，呼吸频率减慢、深度加大。从生理学角度看，大学生这些器官已经达到健全程度，能进行旺盛的新陈代谢，这保证了在繁重的脑力劳动和剧烈的体育运动中能量的补充。

神经系统。大学时期正是大学生脑细胞建立联系的上升期，在专业学习和训练中，皮层细胞的活动量迅速增加，神经元联系范围扩大，脑回增加，第二信号

系统最高调节能力极大增强，第一和第二信号系统的联系不断完善，这为思维发展创造了良好的物质条件。这一时期的主要特点可概括为智力水平增高、记忆功能增强、抽象思维获得重大发展、分析综合能力明显提高，但大脑皮层神经兴奋过程与抑制过程不均衡，容易导致注意力分散。

生殖系统。大学生性发育逐渐成熟，性激素分泌量增多，第一性征充分发育且第二性征明显，男女之间的性吸引力增强。但有时性激素的分泌增多会提高大脑皮层的兴奋性水平，使青年人容易激动、失眠，或者扰乱生理平衡，从而引发心理问题等。

有关调查显示，在大学生所患的慢性病中，比例最高的是近视，其次是神经系统疾病，再次是消化系统疾病。也有不完全研究表明，超 85% 的在校大学生存在不同程度的慢性病致病因素，主要包括膳食不规律、运动不足、饮酒、熬夜、失眠、超重／肥胖、吸烟等。大学生群体中不少常见的疾病都与不健康的生活方式有关，而电脑、手机等电子媒介产品的过度使用也是主要原因之一。

大学阶段是个体从不成熟走向成熟的过渡时期。大学生在生理逐渐成熟的同时，其情感、意志、个性等也逐渐具有鲜明的特征。

（二）情感逐渐稳定

大学期间学习生活环境的变化，学习、交往、择业等需求的多样化和动机的强化，使得大学生的智力和情感得到快速发展，并在后期趋向成熟和稳定。但由于社会化未彻底完成，在走向社会的重大人生转折的压力下，他们又呈现出抗力弱、波动大等问题。很多大学生在情感的多样性、价值性、矛盾性以及情绪的强烈性、外显性、内隐性等特点上更为明显。①

情绪化现象仍较普遍。大学生办事积极、富于热情，行动迅速、奔放、果断，但由于生理和自我意识上的急剧变化，有时情绪上容易激动，缺乏足够的控制和调节能力，不能很好地克制、转移不良情绪，也不能根据具体场景对情绪进行适当的表达。出现这些表现的原因：一是朦胧的成人意识，即渴望独立自主、渴望被尊重的愿望与作为边缘人在经济上的依赖性之间，对社会认识不完整和相对不够完备的自理自控能力之间形成较大反差；二是强烈的逆反心理，即生理机能的增强，各方面能力和人格心理的快速发展使得他们的世界观、人生观、价值观正在逐步形成，他们渴求按照自己的意愿处理事务和进行选择，因此常与来自成人的管教和外在约束发生冲突。

---

① 王朝正. 90 后大学生的情感、情绪特点分析 [J]. 科教导刊，2014（13）：2.

情感内容日趋深刻。大学生的几种基本情绪（愤怒、恐惧、欢乐、悲伤和爱）的起因以及表现特点与儿童期或青春期早期都有所不同，已从对环境刺激的直接反馈发展为对某种规律性的体验，在感受上愈发深沉、稳定。同时，由于社会需要和智力的不断增长，大学生慢慢地形成了许多具有明确道德意识的社会性情感，如集体荣誉感、社会责任感、正义感和民族自豪感等，其深刻性和持久性明显提高。

自我调节和自我控制的能力提高。这一方面表现在大学生情感受外部情境的影响减少，持续的时间延长，情感不再像儿童时期那样容易转换；另一方面表现为大学生的情感类型正从外倾型向内隐型过渡，他们能根据需要在一定程度上支配和控制自己的情感。随着他们的知识文化水平、思想修养的提高，他们对社会角色有越来越充分的认知，如果再能有意识地提升情绪认知、情绪调控、自我激励、移情等能力，就可以在心理发展上有更好的进步。

（三）意志坚定而自觉

大学生的人格意志发展迅速，对自我有较强的把握，对目标有执着的信念，能有意识地承受外界的压力并主动克服困难。其特征主要表现为以下几点。

自觉性和主动性增强。大学生在遇到问题时，往往倾向于独立思考，以自己的想法为主来解决问题，不再轻易求助他人，表现出良好的主动性。对于已明确的目标或他们认为合理的要求，大学生能够不依靠外力的督促和管理自觉地采取行动，并且能有所坚持。

行动的果断性增强。由于认识能力的发展和逐渐提高，大学生在面对问题时，能够按照一定的观点、原则、经验比较迅速地辨明是非，作出合理的决定并执行。与少年时期相比，大学生的判断决策不再轻率，但也不久拖不决，各种动机间的纠缠和斗争过程逐渐内隐并促成结果的快速达成。

自制力增强。大学生控制和支配自己行为的能力逐渐增强，努力使行为服从于原定的目标和计划，能较好地调节自己的情绪，其行动的理智性比较强，当然有时也表现出某种冲动。

富于坚持精神。由于神经系统功能尤其是内抑制功能的发展，以及动机的深刻性和目的水平的提高，大学生在面对挫折和困难时能表现出较好的坚持性。他们勇于探索、内心坚强，凡事不肯服输，即便遭遇逆境也不肯放弃。

（四）个性趋于成熟

作为有一定倾向性的心理特征的总和，人的个性从少年时期到青年时期在逐步地形成。少年时期是个性形成的重要时期，可塑性大，但稳定性低；进入大学后，青年学生的个性在内外因素的影响下仍在进一步地发展变化，但相对来说已趋于稳定。主要表现在以下几点。

自我意识开始成形。随着知识的积累、智力的发展以及独立安排生活这一客观要求的迫近，大学生的自我意识日渐成熟。他们倾心于认识自己的身心发展状况及其社会价值，独立地评价自己和别人，并逐渐克服片面性，力求全面分析。在这些基础上，大学生稳定的性格特征开始形成，也能有意识地进行自我教育。

世界观初步成形。世界观的形成是一个人个性意识趋于成熟的主要标志。世界观一般萌芽于少年时期，初步成形于大学低年级，在经历就业选择并满足社会的种种要求后，进一步走向成熟。大学生世界观的成形表现在他们对自然、社会、人生和恋爱都有了比较稳定而系统的看法。这一过程与学校开展的各种素质教育和社会活动密切相关。

兴趣和性格趋于稳定。兴趣是个性倾向性的一个重要方面。大学生的兴趣广泛，在学习生活的陶冶中逐步稳定，且持久性较高。性格和能力是最能表现个性差异的心理特征。人的性格通常在大学阶段基本确定，此后的改变不大。能力有各种类型，不同类型的能力发展速度不尽相同，其中观察力、记忆力、思维能力、注意力、判断力、协调力等会在大学阶段的高强度的学习和实践锻炼中逐步成熟起来。

道德意识和道德行为水平提高。大学生开始进入自觉的道德水平阶段，形成明确的信念和价值标准，确知自己行动的原则，具体表现为道德意识在道德行为中的作用日益加强，其所掌握的道德准则范围更广、质量更高。直觉式情感在道德情感中的分量逐渐降低，伦理道德式的情感体验开始占优势。此外，道德理想更为现实，知行脱节的现象大大减少。

许多大学生开始质疑以前对肉体存在和身体功能的看法，在对自我进行重新评价的过程中，努力寻求“我是什么人？”和“我往何处去？”等问题的答案。他们超越对直接接触的小环境的依赖，在更大范围内感受他人对自己的看法和印象，力求更全面地发现自己并建立起对自己的认识，深化对自己与他人、与社会之间的关系的理解，以及全面地对自己的人生目标和自我实现的路径进行把握。特别是在现代媒介的帮助下，大学生可以实现与更多伙伴的交往，构建新的社会关系，扩大自我活动、自我探索的空间，增加认识世界、改造世界的可能性。

（五）言行表现强但自控力弱

尽管可能会受到本我的调控和伪饰，但外在的言语和行为整体上仍是人的内心世界的折射。因此，大学生在言行上的表现，也是他们心理活动和心理发展的一种结果。

成熟的语言表达能力。大学生对语言词汇有丰富的理解力，在内容上理解日渐深刻，表意上也更为准确生动；口语表达中的独白言语更加系统化，对话言语灵活多样，书面语言日益规范成熟，内部语言已达到简约化的水平。

行为表现成年化，但行为控制力不足。正在进行社会化的大学生有摆脱成人干预、独立行事的强烈愿望，希望社会承认自己行为的社会价值等。他们要求获得成人般的社会权利，平等地参与社会生活，但又往往不善于控制自己的行为。

二、大学生成才的规律与综合素质发展

人才是指那些具有良好的素质，能够在一定条件下通过不断取得创造性的劳动成果，对人类社会的发展产生较大影响的人。当今社会，科技、经济、文化等领域的发展日新月异，而这些认识世界、改造世界的创造性活动，都必须依靠高素质、高能力的人才来实现。作为接受高等教育的大学生，本身就在社会教育的“金字塔”中处于上层。对于大学生来说，无论是个人的人生发展目标，还是来自家庭和社会的期待，都是成长为合格有用的人才。大学是成才的主要准备阶段，青年学生要充分发挥主动性和能动性，通过接受系统规范的知识技能教育与进行丰富的实践活动，实现德、智、体、美等多方面协调发展，提升自己的综合素质和专业能力，这为进入社会后能有效地发挥才能、创造价值奠定了坚实可靠的基础。

应该说，当今大学生普遍具有强烈的成才愿望，希望在大学期间抓住机遇、努力学习、奋发进取、不断吸收知识、提高能力、积累经验，并拓宽和加深对社会的认识、培育良好的品德修养、建立完善和谐的人际关系，为更好地服务社会、实现自我的人生价值打下基础。

（一）成才条件与规律

在充满朝气的青年时期，大学校园为年轻人提供了良好的学习环境和发展机遇，大学阶段可谓是人生中最宝贵的时光。为使大学生充分把握绚丽多彩、激情充沛的青春时光，为使大学生在此期间能健康、协调地快速发展并不断进步，包括大学生在内的各方都需要共同努力，认真探究并遵循新的时代背景下的成才规律，为青年学生内涵式、跨越式的成长创造良好的主客观条件。

1. 成才条件

（1）积极的阳光心态

乐观向上、健康稳定的心理状态是大学生顺利成长的动力和精神保障，有助于其正确地认识自我、他人和社会，有助于充分发挥他们的智慧和创造力，帮其积极主动地选择成才目标，并通过持之以恒的学习、实践、交往和探索等逐步实现这些目标。阳光心态使青年学生较快地适应变化的环境，找到合适的定位和方向，并专注于现实的努力以到达理想的彼岸；阳光心态使青年学生对学习和生活充满热情，在知识积累、智力开发、能力发展上稳步而深入地前进；阳光心态使青年学生沉着冷静、坚守信念，抛弃虚无缥缈的幻想，克服一时的冲动或急躁，从小事做起、踏实进取，积跬步以至千里；阳光心态使青年学生自信豁达、敢于迎接挑战，在面对挫折和困难时不怨天尤人、不消极沉闷，始终放眼长远，肩负责任，认真总结和反思、分析有利和不利因素，在应对难题和走出逆境的过程中用辛勤的耕耘换来成长。

（2）科学的方法与实践学习

成才是一种较高境界的人生发展目标，大学生除具备积极的心态和执着的努力外，还必须掌握自主学习和研究性学习的能力，训练科学的思维方法，并在大量的实践锻炼中实现知行合一，为社会作出应有的贡献。大学生要在学习活动中更加主动和自觉，善于自主探索或参与到合作中来发现问题、解决问题；教育者则要转变观念，以学习者为中心，注重发挥学生的主体意识和能动性，加强对其实践和创新能力的培养，做好因材施教，提供个性化的指导及支持。大学生要重视对未知领域的探究思考和情景化、讨论式学习，强调批判性思维、创造性思维和团队协作等。大学生还要强化实践意识，提升实践能力。一方面可以通过参加实践课程、校园社团协会、志愿者服务、社会考察等应用和巩固所学知识，切实开眼界、得真知、长才干；另一方面，也可以在实践中加深对周围世界的理解，并从中磨炼意志、砥砺品格、找出差距、改进不足，提高成长质量、夯实成才基础。

（3）良好的成才环境和条件

人的成长总会受到诸多因素的影响和制约，正是这些因素在特定环境和条件下形成的综合体，决定了大学生的成长路径和成长方式，以及其所能达到的成才目标。从客观条件来说，宏观的自然环境和社会环境分别起到基础性的保障作用和关键性的生存养育、经验学习及社会化实践的作用。社会环境不但与自然环境一起提供着必要的物质条件，还从精神层面以思潮舆论、文化风气、社会心理的方式为大学生的成长成才提供文化营养，同时在制度层面建立起可预期的环境系统和树立起约束性的发展导向，规范大学生的成长行为。家庭和学校作为微观环境，对大学生的成长影响更为直接、具体，具有显著的可控性、选择性和示范引导作用。大学生成长的根本动力则是主体需要与其知识、能力和素质状况之间的矛盾，而这一矛盾的生成、发展与解决要依赖于人的主体性的发挥，包括以科学的世界观、人生观、价值观来指导和支持其成才目标，将强烈的求知欲望、个性化的兴趣、对自我实现的执着追求、创新精神转化为持续的成才动力，以高尚坚强的道德意志和品质来保证成才路径的正确性和成才过程的持续性。

2. 媒介时代的成才规律

一般来讲，大学生成才需要把握好三个基本规律：第一，从基础性的、结构性的视角出发，必须具备良好的成才要素和适当的成才条件；第二，要在客观条件的支持下，充分发挥主观能动性，将各种要素加以合理而有效地组合及运用，使其形成系统合力，在螺旋式的成长发展中，逐步积累成才资源、增大成才概率；第三，积极地创造条件、把握关键机会，促成量变到质变的飞跃，不断提升成才质量。媒介时代的最大特征就是信息成为人类社会的核心资源。善于进行信息的生产、传播、控制和处理成为人才的核心能力之一。媒介世界与现实世界一起，共同成为大学生成才的外部环境，通过巨量的符号信息影响大学生的认知、情感、思想和社会关系。在这样的媒介化社会中，大学生要达到健康成长和最终成为有用之才的目标，必须在技术、行为和心理层面积极适应媒介系统的特殊性，广泛、自觉地接触媒介以扩充自身的知识内容，提高解决问题的能力，准确、全面并批判性地理解媒介信息，通过媒介建立良好的交往关系，开展丰富的实践活动，提高学习工作效率及生活质量。在上述基础上，学会以媒介为工具、资源和平台，并将媒介与其他要素有机地结合起来，大学生可持续、高效地为社会创造更多的价值。

（二）综合素质发展

1. 思想政治素质

在现代科学技术突飞猛进，生产发展越来越依靠人的知识和智力的今天，劳动者科学文化和思想品质等素质越来越对经济社会的进步起决定性的作用。为此，大学生需要从多个方面培养系统性的素质。其中，思想政治素质是大学生综合素质的基石，它引领着大学生知识学习、人际交往、社会实践、道德意志等方面的发展，渗透于大学生的日常生活之中。

科学坚定的政治素质。政治素质不仅表现在具有一定的政治理论修养和对国家宏观战略、大政方针的深刻把握上，还表现在对政治事件的科学认知上。但更重要的是大学生需要树立坚定的政治立场和正确的政治信念，培养对社会发展趋势和政治事件的敏锐洞察力、鉴别力。当然，具备良好的政治素质的前提是要具有正确的世界观、人生观、价值观。

有情怀和责任感的思想素质。在社会化的生活中，大学生逐渐形成对社会和人生的基本态度，内化出一系列的行为准则、观点理念和价值标准。成才需要这些思想素质的指引和支持，为此，大学生应目标长远、胸怀大志，对他人和社会持有高度的同情心及责任感，同时热爱自己的学业和事业，积极进取，将乐于奉献、敢于担当的情怀融入具体的奋斗行动中。思想素质的培养，离不开大学生对各种问题的独立思考和实践检验，只有在知与行的互动中思想观念才能被不断明晰和坚定。

2. 道德素质

道德素质是指人们在道德品质、道德人格、道德智慧等方面所达到的水平。良好的道德素质能帮助大学生对自己及他人的行为和形形色色的社会现象进行符合伦理原则的价值判断，从而引导他们将个人的成才过程融入社会整体的发展进程之中。

遵守社会主义道德规范。大学生应以社会主义核心价值观为准则，自觉遵守符合社会主义核心价值观的道德规范，遵守“爱国守法、明礼诚信、团结友善、勤俭自强、敬业奉献”的公民道德基本规范。换言之，社会主义道德规范就是要以培养大学生良好的公德意识和道德责任为基础，以培养强烈的爱国主义精神、高尚的集体主义意识、坚定的社会主义道德信念为主导目标，并囊括崇尚真理、诚信友善、艰苦奋斗、务实自律等古今中外被普遍倡导的道德风尚。

弘扬中华优秀传统文化中的道德精神。博大精深、源远流长的优秀传统文化是我国在世界文化激荡中能够站稳的根基，积淀着中华民族最深层的精神追求。大学生不仅是在传统文化涵养下成长的受益者，也应是传统文化的传承者和发扬者，要永续维系并更新壮大民族的精神命脉。中华传统美德是中华文化精髓，蕴含着丰富的思想道德资源。作为未来的社会精英，大学生更应自觉地秉承讲仁爱、重民本、守诚信、崇正义、尚和合、求大同等代代流传的道德精神，并将其发扬光大。

较高水平的道德认知和道德实践。道德既需要内化情感和意志，也需要理性的认识和思考以及外在的行动实践。为提升自身的道德修养和道德智慧，进一步巩固已有的良知德性，大学生应不断拓宽和加深对道德原则、道德规律、道德哲学的认知，并将其在积极的实践中外化为具体而生动的道德表现和行为，同时通过反馈、调整、检验、反思的循环，辨析真知、强化理念、升华境界。

3. 心理素质

大学生成才是一个创造性的复杂过程而不是一项机械性的、重复性的劳动。在其中，心理系统能否给予有效的支持和疏导是至关重要的。在多元、多变的媒介社会中，心理素质对大学生成才的重要性越来越凸显。

明确恰当的自我意识。自我意识就是对自我的认知和评价以及如何对待、理解他人和社会对自己的评价，同时也是对自己和周围关系的全面认识。心理健康的大学生能够恰当地分析自己、评估自己，客观了解自己的气质、性格、兴趣和能力，既能恰如其分地接纳自己，自信心和安全感足够，也能正确地意识到自身的不足并努力改进，也能制定明确的、可实施的人生目标。

较强的自控力。良好的心理素质还要求有较强的自我控制能力，既善于调适自己的情绪，做到行事张弛有度、稳重有序，又能抗击压力和挫折，在自尊自强中不断进步。

进取向上的人生态度。大学生应以正确的人生观和理想信念为核心，把需要、愿望、目标和行为统一起来。面对任何环境和遭遇，大学生都能冷静对待、积极乐观，始终做到胜不骄、败不馁，对未来充满憧憬和激情，在现实中奋发有为、朝气蓬勃、积极向上。

和谐的人际关系。成才是自我价值在社会中获得认可的过程，也是大学生作为社会人走向成熟的标志。因此，和谐的人际关系无疑是心理健康的重要保证，也是能否成才的关键资源。大学生要学会和不同角色、不同性格、不同利益诉求的人打交道，处理好与父母、师长、同学、网友等各类相关者的关系，并在这种关系网络中，认识自我、了解社会、寻求有益的身份认同和归属感。

4. 智能和知识素质

智能素质是大学生成才的基础性条件，也是能否创造出高效价值的关键因素。科学技术的日新月异、经济社会形态的创新发展对大学生智能素质提出越来越高的要求。智能素质可分为知识系统和能力系统两大部分，包括科学素质、人文素质、专业素质、学习素质、劳动素质等内容。

广博精深的知识储备与合理的知识结构。现代社会的大分工、大协作和价值链重组，新生产方式应用等，都要求高层次劳动者的知识结构更系统化、更有活力。他们不仅要具备宽口径的通识修养和扎实的基础知识，还必须在专业知识和技能上更加精深，同时还能有计划地进行大量的新知识储备，从而更好地满足变化中的岗位需求，迎接充满机遇的职业挑战。

科学精神和科学方法。为努力创造更多的社会价值，实现成才目标，大学生要坚守求真务实的科学精神并掌握科学方法，能够在学习和实践中运用科学知识和客观规律来正确、有效地参与决策、执行计划、应对意外，高效率地完成各种任务。

终身学习和更新知识的能力。这是一个信息和知识大爆炸的时代，不但原有领域的知识和技能在不断被充实、更新，而且还有许多新学科、新行业、新模式涌现出来。大学生要提高自主学习、终身学习的意识和能力，把握住各种机会给自己充电，使自己始终立足前沿，实现可持续地成长成才。

5. 身体素质

身体是生命的物质载体，是大学生各种素质的基础，也是成才的根本保障。身体素质指身体内在的体质、各器官系统的功能和活动能力、整体的身体状况和生理作用的发挥情况。

健康的体质体能。身体健康是一个人进行正常生活与工作的基本条件，而成才过程更需要付出长期高强度的脑力劳动和必要的体力劳动，这就离不开健康的体质和比较强健的体魄。在此基础上，大学生还要具备良好的感知和运动能力、动作记忆和协调能力、大脑和神经系统快速反应及进行复杂思维能力等。

坚持良好的运动和生活习惯。大学生正处于身体发育的巩固期，培养运动兴趣、坚持体育锻炼是保证身体健康的重要方式。积极进行体育运动能促进大脑等器官、组织的进一步发育，能促进新陈代谢和各系统的协调发展，能平衡和提高身体机能，能宣泄情绪、舒缓心理等。同时，大学生要保持良好的生活习惯，特别是要保证充足的睡眠，注意饮食，了解一定的健康知识，重视和预防各种疾病，坚决拒绝烟酒，杜绝吸毒和进行危险行为等。

6. 媒介化与素质发展

大学生的素质发展是在一定的现实条件中进行的。当今社会的一大趋势就是媒介化正在全球经济一体化的格局下加快、加深步伐，并渗透到社会生活的各个领域，使大学生全方位地沉浸在由媒介信息、媒介工具、媒介应用等组成的媒介环境之中。这必然会影响到大学生各项素质的发展，进而影响大学生的成长与成才。

社会媒介化对大学生素质发展具有双重影响。媒介化的直接效应是社会信息量剧增，其数量之大、变化之快已远远超出个人所能承受和处理的极限，即使借助最新的技术工具也常常力不能及。这种现象首先影响到大学生的智力系统，是否具备较高的素质和能力来应对已常态化的信息超载问题成为一大挑战；其次会影响大学生的心理系统。思想素质或道德素质的高低也与来自媒介信息的认知和基于媒介的交往密切相关。媒介所塑造的世界图景深刻地影响着大学生的价值观和道德观。种种媒介使用行为会直接对大学生生理机能和身体素质造成负面影响。同时，媒介化会带来许多积极的影响，比如，网络为大学生的知识拓展、能力训练、创新实践带来更多的机会和便利条件；丰富的社会关系增加了大学生情感和心理的体验以及人际支持；网络的开放性和较高的自由度强化了对道德自律和道德智慧的要求，同时也拓宽了大学生参与政治的途径，提高其政治社会化水平。

媒介社会对能力发展提出新要求。在媒介化的推动下，社会变革和创新的节奏日益加快，这使得大学生的成才不仅需要既有知识和技能的传承式学习，也需要培养其在实践中发现问题和解决问题的能力。大学生的成才还须依赖于其内在的心理调适和自我肯定，使学生在人生发展中做到与他人、与社会的和谐相处和对长远目标的规划与坚持。由此可知，大学生成才是综合性能力和相关因素共同作用的结果，是在各项素质全面发展并形成系统合力的条件下实现的，这些能力至少要包括良好的口头表达能力和媒介表达能力、完善的社会交往能力、处理各种关系能力、具备强烈的协作意识和团队组织能力、熟练的信息处理和决策判断能力、积极的应变和调适能力、沉着冷静的心态和自控能力、能坚持长期目标和坚守基本原则的意志力等。

媒介素养促进大学生素质发展。随着人和社会的媒介化程度逐渐加深，媒介素养也理所当然地成为大学生成长成才的必备素质。媒介素养不仅是一种功利性的素质，意在正确理解和使用媒介，可能因为其所蕴含的认识论和方法论上的意义，而表现出更广泛和深远的影响。在媒介素养的体系结构中，位于基础支撑地位的是媒介使用行为、媒介知识和媒介能力，也就是说，媒介素养有助于更好地帮助大学生获取信息和开展学习，也因此有助于直接提升大学生的知识素质、专业素质、劳动素质等，并在他们大规模地处理缺乏规范性框架的多义信息的过程中帮助其发展自己的智能素质，提高处理复杂问题和突发问题的能力。媒介素养的核心目标之一是学会批判性地理解媒介文本，透过表面的符号来发现其背后所联系和承载的意识形态，这将保证大学生不被误导，建立正确的认知，并以此为基础建立起真正的世界观和价值观，确定自己的道德原则和政治立场。媒介素养也是具有文化气质的素质，媒介所折射出的超真实的社会共识和规范，与媒介世界里独特的游戏规则和运行机制相互交融，重新组合并创造出新的语言文化、行为文化、关系文化、情感文化、制度文化、价值文化等。媒介素养还是身心健康和人格完整的“防火墙”，让大学生避免因过度沉迷而损伤生理机能、破坏心理机制，或因对虚拟世界的沉迷和崇拜而扭曲、分裂自己的人格。媒介素养是帮助大学生与媒介和谐相处的动力性支持系统，是有生命力的成才素质，可随信息“空气”渗入到其他素质之中，并在大学生与媒介共同成长的过程中对各类素质进行媒介化整合与提升。

第三章　高校德育教育发展趋势

本章主要介绍了高校德育教育发展趋势，共分为三节，分别为高校德育教育的内涵与历史发展、高校德育教育发展趋势与问题、高校德育教育的构成与框架结构。

第一节　高校德育教育的内涵与历史发展

随着经济全球化的加速和信息化时代的到来，德育面临新的机遇和挑战。一方面，全球范围的文化交流与融合，对地域主体文化产生了不可避免的冲击；另一方面，信息化的去中心化进一步消解了传统话语体系的权威性。在德育理论研究和德育工作实践上，我们既要积极吸纳各类文明中的有益成分，不断与时俱进，与现代社会相协调，解决当今时代共性问题，也要立足我国独特的历史、文化和国情，坚持自己的发展道路。

在人类文明的发展历程中，道德规范在维系国家稳定、促进社会进步等方面始终起着至关重要的作用，衍生出的道德教育也备受历代思想家和教育家的关注。春秋时期的政治家子产便已朴素地认识到："德，国家之基也。有基无坏，无亦是务乎？有德则乐，乐则能久。"[①]《四书》当中也对道德进行了论述，相关内容并不只局限于道德的功用，而是构建了一个涵盖仁、义、礼，从国家层面到个体层面的宏大道德世界。其中关于德育部分，《大学》做了高度的总结，具体阐释了从格物致知到治国平天下的逻辑链，而道德修炼则是个体与社会所建立的积极联系。在同时期的西方，苏格拉底开启了探讨美德和知识关系的先河，在他看来，如果知识包括了一切的善，那么我们认为美德即知识将是对的。这是西方关于德育思想的早期萌芽，奠定了德育的科学性基础。其后柏拉图在《理想国》中建立了完整的德育理论体系，认为国家需要采取一定的方法引导和教化公民，让其获取知识、体现正义、具有德性。

① 左丘明. 左传[M]. 北京：中华书局，2007.

东西方文明对德育的定位虽然在具体内涵和表现形式上有所不同，体现了不同的文化观和价值观，但都是国家政治意识形态的衍生，是对各自国家话语体系下真善美的内在统一的追求，是对公民有意识的道德规范和行为引导，本质上都是解决“培养什么样的人、如何培养人、为谁培养人”这一根本问题。德育既包括道德教育，也包括政治教育和思想教育，政治性是其固有的本质属性之一。因此，德育的发展与地缘政治的发展息息相关，地缘政治直接影响德育的大环境，进而影响德育目标、德育内容、德育载体、德育方法和德育评价等，也间接地对德育的发展产生积极或消极的影响。

一、高校德育教育的本质内涵

在西方理论背景下，德育专指道德教育（moral education)。但在我国，在传统思维方式、苏联教育学和中国革命特殊历史等因素的影响下，学者普遍认为教育学中的德育与伦理学体系中的德育概念不同，教育学中的德育是相对于智育和美育的划分，涵盖范围更广，包括培养学生的思想品质、政治品质和道德品质。

随着教育思想的不断发展，学术界和教育界都引发了许多的关于德育的本质内涵的讨论。这些大致可以分为广义和狭义两个层面的综合认识观，前者是从德育的功能性角度出发，后者则是从德育的词源学以及可研究性的角度出发。

德育的直接目的是塑造人，促进个体人格的完善，使个体获得自我的提升。教育者通过德育改造受教育者的主观世界，促进其形成健全人格，推动个体从自然人转变为社会人和道德人，使其在社会群体中与他人形成良性互动的关系。因此，德育不仅仅是单纯的教育行为，而是在政治、经济、文化等因素影响下的国家公民整体素质提升工程，因而，在各国的战略发展中德育也一直被摆在突出位置。

不同国家和地区的德育具有显著差异性。无论是广义还是狭义，德育的发展必然扎根于其所属地域的文化基础。文化是一个国家、一个民族的灵魂，没有高度的文化自信，就没有文化的繁荣兴盛，就没有中华民族伟大复兴。我国文化的核心是中国特色社会主义文化，其源自中华民族五千多年文明历史所孕育的中华优秀传统文化，熔铸于党领导人民在革命、建设、改革中创造的革命文化和社会主义先进文化，来源于中国特色社会主义伟大实践。我们可以看到中华优秀传统文化、革命文化和社会主义先进文化是德育在中国背景下实践的三大底色。

教育、科技、人才是全面建设社会主义现代化国家的基础性、战略性支撑。我们必须坚持科技是第一生产力、人才是第一资源、创新是第一动力的理念，深入实施科教兴国战略、人才强国战略、创新驱动发展战略，开辟发展新领域新赛道，不断塑造发展新动能新优势。高校要全面贯彻党的教育方针，坚持立德树人，就要持续加强社会主义核心价值体系教育，完善中华优秀传统文化教育体制。随着全面深化改革不断取得重大突破，党对意识形态工作的领导持续加强，党的理论创新被全面推进，马克思主义在意识形态领域的指导地位更加突出，习近平中国特色社会主义思想和中国梦深入人心，社会主义核心价值观和中华优秀传统文化获得广泛弘扬，群众性精神文明创建活动实现扎实开展，德育进入了全新的历史发展阶段。而学校作为实现德育系统化和专业化的核心场所，将在青年人生观、世界观、价值观的培育和发展中起着越来越重要的作用。

大学阶段作为青年学生进入社会的关键发展时期，该阶段的德育是德育体系中的重要环节，是教育者遵循大学生身心成长的客观规律，教育引导大学生将外在社会道德准则与规范内化为自身的道德品质，促进大学生道德品质的理性成长并将其外化为良好的道德行为习惯的过程。与其他阶段的德育相比，高校德育承担着保障实现中华民族伟大复兴的中国梦的历史责任。

党牢牢掌握意识形态工作领导权是前提保障。意识形态直接决定了工作的前进方向和发展道路。高校德育本身就是推进马克思主义中国化、时代化、大众化的过程，是推动习近平新时代中国特色社会主义思想深入人心，凝聚和引领全体人民在理想信念、价值理念、道德观念上紧密团结的实践方式之一。意识形态工作内容：一是深化马克思主义理论研究，为德育开展提供理论基础；二是高度重视教育手段建设和创新，提高德育的影响力和引导力；三是落实意识形态工作责任制，加强德育阵地建设和管理。

二、我国德育教育历史发展

（一）中华人民共和国成立前的德育

两次鸦片战争导致中国沦为半殖民地半封建社会，一方面与帝国主义、殖民主义的斗争加剧以及国内阶级、民族矛盾日益激化，另一方面国门被迫打开，西方资产阶级思想传入中国，这对传统儒家伦理道德体系造成了极大的冲击。而1894年的中日甲午战争，促使了中国人的觉醒，从洋务运动“中学为体，西学为用”的技术引进跃升至对封建思想和制度改革的思考。康有为在他所构筑的理想蓝图——大同社会中，对封建专制主义展开了批判。他认为，源于宋明时期的理学传统“存天理、灭人欲”有违人性，而要“去家界，为天民”，打破封建家庭束缚，实现男女平等、婚姻自由，最终解放个性。严复则主张教育救国、西学救国，要“鼓民力、开民智、新民德”。国民素质的高低直接决定了国家能否走向强盛，德育、智育、体育又根据国家形势的不同有各自偏重，在民族存亡时刻的智育重于体育，而德育又重于智育。这些启蒙思想家、教育家对封建制度的深刻批判，极大地推动了近代社会的思想解放，从而形成了超越传统的新德育思想体系。

1898 年，清政府推行维新变法，成立京师大学堂，于 1902 年颁布《钦定京师大学堂章程》，规定“外国学堂于知育体育之外，尤重德育”，并开设伦理学和教育学课程，这标志着现代德育教学制度的萌芽。1904 年，王国维在《叔本华之哲学及其教育学说》一文中提到了“知育”“美育”“德育”三词。于 1905 年开始的资产阶级革命派与改良派之间的三次大论战确立了革命派的领导地位，这使资产阶级革命派的德育思想成为中国主流的德育思想。1912 年，中国国民政府将“注重道德教育，以实利主义教育、军国民教育辅之，更以美感教育完成其道德”确立为当时的教育宗旨，表明“德育”一词从此时开始成为当时教育界通用的概念。十年后，留美归来的陶行知深受西方先进教育思想洗礼，痛感中国教育落后，将自己的数篇教育札记编纂成《中国教育改造》一书。书中对于学生自主学习有一段经典的论述“近世所倡的自动主义有三部分，智育注重自学，体育注重自强，德育注重自治。”在此之后，“德育”之说逐渐流传。

1949 年以前的德育内容，主要围绕反帝反封建斗争展开。1915 年陈独秀主编的《青年杂志》(《新青年》的前身)，拉开了新文化运动的大幕。这场运动有三个鲜明的追求：一是提倡民主与科学，反对专制和愚昧；二是提倡新道德，反对旧道德；三是提倡新文学，反对旧文学。陈独秀对共和制下的青年提出了“自主的而非奴隶的”“进步的而非保守的”“进取的而非退隐的”“科学的而非想象的”等具体要求，这荡涤青年的灵魂与认知，给他们的思想注入新鲜血液。1919 年“五四”运动爆发，“五四”运动为德育注入一股新的洪流，让思想革命之火燃烧得更彻底，用革命的新文化对封建的旧文化、旧礼教、旧道德进行了毫不妥协的批判。

近代史上进行高校德育改革最明确的一次实践，是 1917 年蔡元培就任北京大学校长时，他以“民主”和“科学”的精神对北京大学教育进行改革。在德育方面，他提出“公民道德教育”的主张，强调教育要“以道德为本”，提倡新道德并积极革除旧北大的不良风气。大学的重要宗旨是培养健全人格，培养良好的道德意识。大学应是纯粹的学问机构，学者当有研究学问之兴趣，尤当养成学问家之人格。同时，蔡元培还将美育培养也纳入改革内容，培养学生高尚的情操和审美力与创造力。蔡元培的主张与改革措施，不只是反映了西学东渐背景下高等教育观念上的更新，也为现代中国高校德育的探索做出了贡献。

（二）现代德育探索阶段

德育是特定时代的产物，其内涵会随着社会历史的更迭、社会形态的变化而改变。中华人民共和国成立后，中国社会由半殖民地半封建社会经新民主主义社会进入社会主义社会，社会形态发生质的改变，社会文明发生了重大的替代更新，其中德育的更新有着举足轻重的作用，高校德育自然因时而变，焕发出新的生机。

中国人民政治协商会议第一届全体会议通过了具有临时宪法作用的《中国人民政治协商会议共同纲领》。这一纲领第一次向全国人民提出了具体的思想道德建设目标，创造性地提出了新民主主义文化教育纲领，并将“为工农服务”作为教育方针的主要内容，树立了“为人民服务”的文化教育思想，并明确提出了“五爱”的国民公德规范，即“爱祖国、爱人民、爱劳动、爱科学、爱护公共财物”。① 同时期，随着“一五”计划开展，学校德育也要为“一五”计划服务。“把青春献给党”“一切为了社会主义”的口号正嘹亮，学生们有着高度的爱国主义精神、高度的政治热情和政治觉悟，怀着一颗赤忱之心昂首向前。

1957—1966 年，我国经历了社会主义建设初期的发展阶段。在这个阶段，毛泽东提出“我们的教育方针，应该使受教育者在德育、智育、体育几方面都得到发展，成为有社会主义觉悟的有文化的劳动者”，这一思想，强调了德育在教育工作中的重要地位。

在这一时期，德育工作得到了高度的重视和广泛的实践。学校通过开展各种形式的思想政治教育活动，引导学生树立正确的世界观、人生观和价值观，培养他们的爱国主义情感和集体主义精神。同时，德育工作也注重培养学生的社会责任感和公民意识，帮助他们树立正确的道德观念和养成良好的行为习惯。

1961 年 9 月，教育部对高校的培养目标做出了明确而具体的规定，其中特别强调了学生应具备爱国主义和国际主义精神，以及共产主义道德品质，这不仅反映了当时党和国家对高等教育的期望和要求，也体现了德育在高等教育中的重要地位。爱国主义和国际主义精神的培养，旨在引导学生热爱自己的祖国，关心国家的前途和命运，同时也要具有国际视野，尊重和理解不同国家的文化和价值观。这种精神的培养对于培养学生的社会责任感和跨文化交流能力具有重要意义。

学校对共产主义道德品质的培养，则是要求学生具备无私奉献、集体主义和

① 中央教育科学研究所．中华人民共和国教育大事记[M]．北京：教育科学出版社，1984.

为人民服务的精神。这种品质的培养有助于塑造学生的道德观念，培养他们的道德情操，使他们能够成为具有高尚品德和崇高理想的社会主义建设者和接班人。

改革开放前，我国的高校德育建设发展经历了一系列重要的变革。高校德育内容与措施是积极的，并与当时的社会发展以及计划经济相适应。这一时期，高校德育功能得到了较好的发挥，德育工作取得了明显成效。学校组织学生参与社会政治活动，对学生进行思想政治教育，并强调教师对学生的全面发展负责。这些措施为高校德育良性发展奠定了坚实的基础。

（三）现代德育发展阶段

1976 年之后，中国进入了新的发展阶段，各种各样的全国大讨论让人们的思想重新活跃起来。德育开始成为高校的中心任务。邓小平多次强调，学校应该永远把坚定正确的政治方向放在第一位，必须坚持四项基本原则。面对新的时代要求，高校德育工作产生了新的变化，我国长期存在的重智育轻德育的现实状况开始改变。《德育原理》《学校思想政治教育》等书刊相继问世，各种思想政治教育研究会相继成立，这些为推动高校德育理论研究提供了指南和交流平台。

在改革开放的背景下，高校德育以“三个面向”（面向现代化、面向世界、面向未来）为精神引领，努力培养“四有新人”（有理想、有道德、有文化、有纪律的新人）。1980 年《关于加强高等学校学生思想政治工作的意见》明确了学校的思想政治工作必须紧密结合为“四化”（四个现代化，即工业现代化、农业现代化、国防现代化、科学技术现代化）培养人才这个中心，四个现代化的核心内容就是实现国家经济建设的振兴。由此，高校德育确立了为经济建设服务的导向。1985 年 8 月，《中共中央关于改革学校思想品德和政治理论课程教学的通知》要求各级学校以“面向现代化、面向世界、面向未来”为指导思想，认真改革思想品德课和政治理论课的课程设置、教学内容、教学方法。同年的《中共中央关于教育体制改革的决定》明确提出要培养“四有”新人。

1982 年教育部下发通知，要求我国高校逐步开设思想品德课程。1985 年国家又对高校思想品德和政治理论课的课程设置、内容改革做出具体的要求和部署，要求高校将“中共党史”更改为“中国革命史”，并将其与“马克思主义原理”“中国社会主义建设”一起作为新设置的三门政治理论课。

20 世纪 80 年代中期至 90 年代初期，随着萨特的“存在主义”、马斯洛的“需求层次论”、弗洛伊德的“泛性主义”等西方思潮大量涌入，大学生面对的思想文化更加多元。因其个性肆意张扬，一些大学生进而寻求自我价值的实现。但高校德育主流是健康的，只是在一定程度上存在与德育改革和社会形势的发展变化相脱离的问题。

以邓小平 1992 年南方谈话和党的十四次代表大会为标志，我国改革开放和社会主义现代化建设事业进入新的发展阶段。原本的社会价值观念随着社会生产关系的发展和调整呈现出多样化的趋势。在文化建设系统中，高校德育的反思与巩固紧锣密鼓地进行，其主要表现在多元文化背景之下高校德育的转型和重构。

1993 年 2 月，国家颁布的《中国教育改革和发展纲要》明确了学校的思想道德教育目标，即用马克思列宁主义、毛泽东思想和建设有中国特色的社会主义理论教育学生，把坚定正确的政治方向摆在首位，培养有理想、有道德、有文化、有纪律的社会主义新人。教育部关于高校德育目标的定位，标志着高校德育发展进入崭新的阶段。

此时，德育对个体价值的关注度增加，德育生活化的理念开始深入人心。1994 年 8 月，《中共中央关于加强和改进学校德育工作的若干意见》明确了德育要与关心指导学生的学习、生活相结合，与加强管理相结合。德育工作者要到学生中去，通过谈心、咨询等活动，指导他们处理好在学习、成才、择业、交友、健康、生活等方面遇到的矛盾和问题。这种对个体的关注直接推动了两年后“素质教育”理念的提出。1995 年国家教委发布《关于开展大学生文化素质教育试点工作的通知》，1998 年教育部确定 21 个大学文化素质教育基地，1999 年 6 月中共中央、国务院作出《关于深化教育改革全面推进素质教育的决定》。

中国特色社会主义理论体系随着时代的变迁而不断完善和发展。特别在课程设置上，也体现着马克思主义理论中国化成果的与时俱进。1998 年的“两课”提出马克思主义理论课和思想品德课课程设置的新方案。

（四）新时代的德育发展

随着国家对精神文明建设的日益重视，高校德育工作的内涵也不断被丰富，逐渐形成了以理想信念教育、爱国主义教育、公民道德教育和素质教育为主的四大内容体系，其教育重心向受教育者转移，以提高人才培养能力为核心点，形成教育者、教育内容、受教育者三者的良性互动的局面，实现思想政治统一性与个性发展多样性的有机结合。

2012 年，党的十八大对社会主义核心价值观做出了高度概括，确立了社会主义核心价值观的主要内容，这标志着国家开始重新建构和表述立国价值，我国高校德育工作发展进入了新时期。一方面，教育理念将以人为本和全面发展提升到战略高度，现代德育在本质、课程与评价方面均发生转变：教育主体上，由教到学，学生成为德育主体；课程内容上，道德绝对性转向道德相对性；行为评价上，教学更关注对行为动机的评价。另一方面，技术的进步推动了教育手段的革新，为德育工作能贯穿教育教学全过程，为实现全程育人、全方位育人奠定了技术基础。当今世界国与国之间的知识竞争日益激烈，高等教育的发展水平已成为衡量一个国家发展水平和发展潜力的重要标志。2016 年召开的全国高校思想政治工作会议，研究部署了高校思想政治工作和党的建设工作，进一步指明了我国高校所处的历史方位和承担的职责使命，指出了时代发展对高校思想政治工作的新要求。

党的十九大报告提出，加快一流大学和一流学科建设，实现高等教育内涵式发展。党的二十大报告中指出，统筹职业教育、高等教育、继续教育协同创新，推进职普融通、产教融合、科教融汇，优化职业教育类型定位。加强基础学科、新兴学科、交叉学科建设，加快建设中国特色、世界一流的大学和优势学科。新时代，高校思想政治工作的关键是明确发展方向。方向决定道路，道路决定命运，道路问题是关系事业兴衰成败、能否薪火相传的根本问题。我国独特的历史、文化、国情决定了我国必须走自己的高等教育发展道路，扎实办好中国特色社会主义高校。在互联网信息爆炸，全球化思潮冲击，经济发展进入新常态，改革进一步深化的社会转型期，高校思想政治工作更要旗帜鲜明地坚持这一原则，自觉服务于国家发展的现实目标和未来方向。

新时代，高校思想政治工作的核心是全面提高人才培养能力，落实立德树人的根本任务。随着改革的持续深入，国内环境发生了广泛而又深刻的变化，高校思想政治工作发展面临一系列复杂的矛盾和挑战。这就要求高校要有强烈的问题意识，以重大问题为导向。立德树人是高校发展的立身之本，国无德不兴，人无德不立，道德之于个人、之于社会都具有基础性意义。理想信念是个人成长的总开关，是政党组织精神上的“钙”，更是国家民族的灵魂支柱。高校牢牢抓住“立德树人”这一中心环节，就能不断推动高校思想政治工作创新发展，不断巩固马克思主义在高校的指导地位。

新时代，高校思想政治工作的基础是创新工作方法。思想政治工作本质上是做人的工作，这就需要因事而化、因时而进、因势而新。一方面遵循工作规律，推进思想政治工作理念现代化、手段科学化；另一方面精益求精，与时俱进，不断改革创新，更好地服务学生成长，实现人才培养的目标。思想政治工作要用好课堂教学这个主渠道，要加快构建中国特色哲学社会科学学科体系和教材体系，要更加注重以文化人、以文育人，要运用新媒体、新技术使工作活起来。

新时代，高校思想政治工作的保障是强化队伍建设。历史实践证明，社会主义事业的发展关键在党、关键在人。关键在党，就要确保党在各项事业建设历史进程中始终是坚强的领导核心。关键在人，就是要建设一支规模宏大的高素质人才队伍。一方面，要坚持党对高校的领导，保证高校正确办学方向，掌握高校思想政治工作主导权，保证高校始终作为培养社会主义事业建设者和接班人的坚强阵地。另一方面，要加强教师队伍的师风师德建设，高校教师要努力成为先进思想文化的传播者、党执政的坚定支持者，最终形成一支兢兢业业、甘于奉献、奋发有为的高校思想政治工作队伍。

新时代，高校思想政治工作正在推动高等学校形成事实上的德育共同体。德育共同体满足新时代德育发展要求，建设德育共同体成为中国特色社会主义大学的本质要求。一方面，要坚持将“三全育人”理念贯穿高校教育教学的方方面面，高校育人的不同主体围绕立德树人的共同目标而协同实践；另一方面，要充分发挥共同体中不同育人主体的主体性，使“立德树人”成为所有主体的自觉意识和自觉行动。

第二节　高校德育教育发展趋势与问题

中华人民共和国成立以来，我国高校德育逐渐走出了一条中国特色高校德育的新路子，为保证高等教育改革发展、服务党和国家工作大局做出了重要贡献。各地区各有关部门、各高校采取有力有效措施，积极主动开展工作，积累了丰富的宝贵经验。大学生思想政治教育成效显著，教师思想政治素质明显提高，各类思想文化阵地建设和管理不断加强，中国特色社会主义理论体系进教材、进课堂、进头脑工作扎实有效，社会主义核心价值观建设持续推进，高校意识形态领域主流积极健康向上，广大师生对以习近平同志为核心的党中央信任拥护，对党中央治国理政新理念、新思想、新战略高度认同，对建设中国特色社会主义和实现中华民族伟大复兴的中国梦充满信心。高校德育呈现出以政治为引领、以服务国家发展为导向、以课堂为主渠道等特点。

当前，世情、国情、党情正在发生深刻变化，高校德育面临着新形势下的巨大机遇和挑战。面对复杂多变的教育环境和社会背景，高校德育始终坚持党的领导，结合新时期大学生的思想特点和德育工作遇到的新情况，在教育理念、内容、方法、载体、环境、评价等方面都取得了突破性的进展。“以人为本”的教育理念已经达成共识，德育内容和体系逐渐完善，德育方法不断创新，德育载体不断丰富，德育评价更趋科学合理，德育机制不断健全，大德育的框架已逐渐形成。

一、高校德育的基本走向

（一）内容与时俱进

党的十一届三中全会以来，国家从确保中国特色社会主义事业兴旺发达、社会主义中国长治久安和实现中华民族伟大复兴的战略高度，明确了“学校教育育人为本、德育为先”的内容，强调高校德育的目标在于培养中国特色社会主义事业的合格建设者和可靠接班人。围绕这一根本目标，历届中央领导集体提出了具体的目标，从邓小平提出的培养“四有新人”的培养目标，到江泽民对大学生提出的“五点希望”（希望大家增强创新意识，在推动理论创新、制度创新、科技创新方面不断取得新的成绩；希望大家深入改革开放和现代化建设实践，努力对全局性、战略性、前瞻性的重大课题作出科学的理论回答；希望大家既立足中国又面向世界，努力继承和弘扬中华民族的优秀文化、积极学习借鉴各国人民创造的有益文化成果；希望大家坚持严谨治学、实事求是、民主求实的学风；希望大家坚持用马克思主义的立场、观点和方法来指导哲学社会科学的发展）的目标，到胡锦涛鼓励青年做四个“新一代”（理想远大、信念坚定的新一代，品德高尚、意志顽强的新一代，视野开阔、知识不断丰富的新一代，开拓进取、艰苦创业的新一代）的目标，再到习近平总书记对当代大学生提出的做“德才兼备、全面发展”的人的具体要求。党中央对德育目标的重视一脉相承，并不断具体、创造性地回答了学校“培养什么样的人”的问题。而对于“如何培养人”的问题，邓小平提出教育要实现“三个面向”，江泽民强调当代大学生要坚持“四个统一”（坚持教书和育人相统一，坚持言传和身教相统一，坚持潜心问道和关注社会相统一，坚持学术自由和学术规范相统一），胡锦涛对广大青年学生提出“三个结合”（惩罚管制与思想改造相结合，劳动生产与政治、文化、技术教育相结合，严格管理与教育、感化、挽救相结合）的成长希望。党的十八大以来，习近平总书记提出教育要以“立德树人”为中心，让思想政治工作贯穿教育教学全过程，寄语青年学生要“勤学、修德、明辨、笃实”。党的十九大报告明确提出要培育青年一代成为“有理想、有本领、有担当”的时代新人。党的二十大报告再次强调，青年强，则国家强，全党要做青年朋友的知心人、青年工作的热心人、青年群众的引路人，广大青年立志做有理想、敢担当、能吃苦、肯奋斗的新时代好青年。

高校德育内容不断丰富完善，逐渐形成了具有中国特色、中国气派的德育内容体系。这一德育内容体系要求高校把理想信念教育放在首位，切实抓好习近平新时代中国特色社会主义思想教育，广泛开展中国特色社会主义理论体系学习教育，深入学习习近平总书记重要讲话精神，引导师生深刻领会党中央治国理政新理念、新思想、新战略，坚定中国特色社会主义道路自信、理论自信、制度自信、文化自信。高校德育重在培育和践行社会主义核心价值观，把社会主义核心价值观体现到教书育人全过程，引导师生树立正确的世界观、人生观、价值观，加强国家意识、法治意识、社会责任意识教育，加强民族团结进步教育、国家安全教育、科学精神教育，以诚信建设为重点，加强社会公德、职业道德、家庭美德、个人品德教育，提升师生道德素养。高校德育强调弘扬中华优秀传统文化和革命文化、社会主义先进文化，实施中华文化传承工程，推动中华优秀传统文化融入教育教学，加强革命文化和社会主义先进文化教育，深化中国共产党史、中华人民共和国史、改革开放史和社会主义发展史学习教育，利用我国改革发展的伟大成就、重大历史事件纪念活动、爱国主义教育基地、国家公祭仪式等组织开展主题教育，弘扬以爱国主义为核心的民族精神和以改革创新为核心的时代精神。这一体系以社会主义核心价值观为统领，贯穿教育教学全过程。

（二）方法日趋多样

20 世纪 80 年代初期，高校德育基本确定了高校思想政治理论课等为高校德育主渠道和基本方法，结合学科进行德育教育，让学生更好地了解社会建设和改革开放的实际，组织学生参加社会实践活动，充分发挥校园文化育人的作用等。随着改革开放的不断深化，经济全球化和现代化的世界进程引发了社会结构的深刻变革，网络与大众传媒的高速发展正在深深地塑造今天的中国和中国青年。为了适应学生思想观念、心理方式、行为变化的新特点，学校德育方法有了新的发展。

首先，针对当代青年学生自我意识较强的特点，高校德育注意引导和发挥学生在德育过程中的主体作用，通过讨论交流、对话等生动活泼的教育方法，有效实现了教育与自我教育的结合。其次，针对学生兴趣广泛、知识面广但缺乏实际社会经验的特点，高校德育强化社会实践育人。组织师生参加暑期社会实践“三下乡”、研究生支教等实践活动，完善科教融合、校企联合等协同育人模式，加强实践教学基地建设，建立健全国家机关、企事业单位、社会团体接收大学生实习实训制度，开设创新创业教育专门课程，增强军事训练实效，建立健全学雷锋志愿服务制度。最后，针对我国学校德育曾经有一度忽视学生思想品德形成发展规律、过分偏重政治学习和单向灌输等倾向，创造了全方位、全天候的渗透式德育方法，变说教式的直接教育为隐性课程教育。隐性课程是指这样一些教育实践及成果，它们在学校政策、课程计划上没有明确规定，然而又是学校实践中常规的、有效的一部分，是一种既非学校教育又非教授传授的东西，这些东西无须在课堂中教授，也无须在集会中灌输，它蕴藏在优秀的任课教师、进步的课程设置、高层次的办学模式和良好的教育环境之中。学生在这种良好的参与中，在潜移默化的熏陶中，领悟出生活的价值和真谛，端正学习态度，谨慎审视人生。我国高校的德育工作在近几年的实践基础上，汲取国内、国际有关经验，也开始重视将灌输教育与渗透教育相结合。

环境是由人来改变的，而教育者本人一定是受过教育的。高校德育工作环境包括自然等物质环境，也包括社会等精神环境。环境对人亦有潜移默化的作用。如古人云：入芝兰之室，久而不闻其香；入鲍鱼之肆，久而不闻其臭。好的环境能够感染人、鼓舞人，净化提升人的身心，反之则不然。当前各高校逐渐认识到校园文化环境育人的重要性，在强化校园物质环境建设的同时，积极构建良好的精神环境。在网络德育工作阵地建设上，各高校可谓各出奇兵，从被动应急到积极出击均有表现。在大是大非问题面前，敢于亮剑。同时也加强了对课堂、讲座、论坛等校园思想文化阵地的规范管理，防范各种错误思潮在高校里的传播，逐渐赢得了青年的信任，校园环境总体上干净明朗、风清气正。

（三）载体日渐丰富

当前高校德育工作载体类型丰富，既有传统的语言文字、活动、文化等载体，也有现代传媒网络载体。马克思曾深刻指出，理论一经掌握群众，也会变成物质力量。理论只要说服人，就能掌握群众；而理论只要彻底，就能说服人。所谓彻底，就是抓住事物的根本……青年大学生理性思维比较成熟，知识背景较好，对图表和文字的综合表达容易接受。如今，综合运用文字、图表和图画等载体是一个发展趋势。[①] 随着互联网时代的到来，各高校积极加强互联网思想政治工作载体建设，运用大学生喜闻乐见的形式开展思想政治教育，其中，学生互动社区、主题教育网站、专业学术网站和“两微一端”（微博、微信、新闻客户端）已经被创建。根据德育工作对象和内容选择不同的德育工作载体，避免千篇一律。在坚持运用中国特色的载体基础上，保证德育工作的政治主导性，在确保德育工作载体丰富性的基础上，积极运用现代网络载体，深化德育工作的感召力和吸引力。

① 郑永廷．思想政治教育学原理[M]．北京：高等教育出版社，2016．

二、高校德育的若干共识

经济基础决定上层建筑，社会存在决定社会意识。道德作为思想上层建筑、社会意识形态的一部分，与经济基础、社会存在密不可分。高校德育作为一个整体的系统，德育环境的变化对德育目标、内容、载体、方法和评价具有非常重要的影响。高校德育的演进与当地社会的发展密切相关，带有强烈的时代色彩。各个地区的历史、经济、政治、文化不同，高校德育演进的路径所呈现出的形态也不同，但归根结底始终面向是“培养什么样的人、如何培养人、为谁培养人”这一根本问题。

新时期的高校大学生面对纷繁复杂的外在世界，在大是大非面前更趋理智，能够做出正确判断，敢于同敌对势力做斗争，积极维护国家利益和形象，民族自信心和自豪感日渐增强。随着社会主义核心价值观建设工程等道德教育的持续推进，社会整体风气好转，高校学生积极把个人的成长成才梦和国家民族的梦结合起来，这足可以说明当前高校德育工作总体而言是成功的。总结这段时期的高校德育，主要有以下几项共识。

（一）政治导向是核心

纵观古今中外，传递主流核心价值观始终是政治教育主题，德育更是如此。西方一贯奉行自由主义、个人主义的价值观，推崇资产阶级的民主人权和自由、平等观念，在德育过程中偏向鼓励、培养学生的个性张扬。而我国高校的德育要同我国发展的现实目标和未来方向紧密联系在一起，为人民服务，为中国共产党治国理政服务，为巩固和发展中国特色社会主义制度服务，为改革开放和社会主义现代化建设服务。《中国普通高等学校德育大纲》要求，把坚持正确的政治方向放在学校德育工作的首位。能否自觉引导大学生始终坚持正确的政治方向，直接关系到中国特色社会主义事业的前途和命运，关系到我国高等学校的性质和发展方向，关系到高校德育的成败。历史经验告诉我们：高校德育引导大学生坚持正确的政治方向，就能取得巨大的成效；偏离正确的政治方向，就会遭受巨大的挫折，给党的事业带来重大损失。

当前，高校德育的政治性主要通过课堂教育的形式表现出来，思想政治理论课是其主要呈现形式。尽管有一些人质疑课程德育的实效性，但实践和现实表明，课程德育是有其存在的重大意义和价值的。从现实条件看，不是要不要办思想政治理论课的问题，而是如何办好、如何加强的问题。高校要切实推动中国特色社会主义理论体系进教材、进课堂、进头脑，要建设学生真心喜爱、终身受益的高校思想政治理论课，实施高校思想政治理论课体系创新计划，全面深化课程综合改革、编好教材、建好队伍、抓好教学，切实办好思想政治理论课。高校要着力增强大学生思想政治教育的政治性，启动大学生思想政治教育质量提升工程，深入开展中国特色社会主义和实现中华民族伟大复兴的中国梦教育，加强党史、新中国史和形势政策教育，把社会主义核心价值观融入高等教育全过程，要着力构建核心价值观教育长效机制，积极推进其融入课堂主渠道、融入社会实践、融入文化育人活动、融入师生日常行为，让核心价值观内化为广大师生的价值追求，外化为自觉行为。习近平总书记再次强调，要坚持把“立德树人”作为中心环节，把思想政治工作贯穿教育教学全过程，实现全程育人、全方位育人，要办好高校思想政治理论课。由此可见，高校德育工作要始终以政治性为主，坚持思想政治教育的导向性。

（二）以人为本是趋势

高校德育始终是做人的工作，坚持促进人的全面发展、遵循人的发展规律、尊重人的主体地位是高校德育的基本原则。法国著名启蒙思想家、教育家卢梭认为，人生来具有善性和良心。道德教育就是在承认人性善和自爱基础上进行的。因而，在其道德教育思想中，贯穿的两条主线是“以人为本”的自然主义道德教育观和旨在培养具有国家整体向心力的“爱国公民”思想。换言之，“自然人”和“文明人”的培养，是道德教育的重要任务，也是题中应有之义。

不管是国内还是国外，有生命力的教育、有生命力的高校德育，其最重要的价值都在于关注和促进人的全面发展，这一价值的实现离不开对个体需要及时、深刻的关注。“人本思想”是马克思“人的全面发展”理论在高校德育实践中具有创造性应用价值的产物，也是中国共产党“全心全意为人民服务”的核心价值在高校德育领域的具体表现。高校德育坚持“人本思想”，以学生为中心开展德育实践，对高校德育的发展和学生自身的成长都具有重要意义。

为人民服务的发展定向、促进人的全面发展的目标定位、努力遵循人的发展规律、尊重人的主体地位的活动展开，构成了我国高校德育发展的主脉，形成了高校德育可贵的人本追求。高校德育中也曾存在忽视人的发展的现象，存在不能科学准确地理解人的全面发展的具体内涵与实际要求等现象。但是，应当看到的是，这既不是我国高校德育历史发展的全部，也不是主流，更够不上称之为“传统”，也不能以之为“传统德育”的特征。同样应当承认的是，在主导性的理论主张、思想认识与政策引导上高校德育始终强调坚持为人民服务、促进人的全面发展、遵循人的发展规律、尊重人的主体地位等。[①]“为了人的发展”既是高校德育目标的追求，更是高校德育目标的题中应有之义。中华人民共和国成立以来，我国高校德育始终围绕人的全面发展和国家对人才的需要展开。习近平总书记在全国高校思想政治工作会议上强调，高校思想政治工作就是做人的工作，必须围绕学生、关照学生、服务学生，不断提高学生思想水平、政治觉悟、道德品质、文化素养，让学生成为德才兼备、全面发展的人才。思想政治工作宏观上是回答“培养什么样的人、如何培养人、为谁培养人”的问题，微观上是为学生解答“人生应该在哪儿用力、对谁用情、如何用心、做什么样的人”的问题，以促进学生德才兼备、全面发展。

（三）主体实践是共识

随着人本思想与人的全面发展理论的兴起，主体性德育得到了现代社会广泛的接受与认同。“主体性德育就是要确立受教育者在整个教育目标和教育过程中的主体地位和主体人格，发挥其能动性和创造性，以达到培养有道德的人的目标。”[②]同时，德育实践教学的关系性和主体性特征要求在实践过程中促进教师和学生双向主体性的发挥。“双向主体性德育方式”是一种要求教师主体根据社会要求和学生身心发展规律，有目的、有计划地组织各种德育实践活动，引导、激发学生主体的能动性、自主性、选择性和创造性，通过教师引导，师生双方平等交往、交流、对话，学生自我体验等形式，促进学生现有思想道德品质和社会能力的自我加强、自我发展，从而实现具有社会主体意识的人——自由自觉的人的目的的德育实践活动。

“德育共同体”是多元主体集体实践的产物，实践性也是高校德育题中应有之义，只有在实践中才能检验德育的效果。德育实践既是德育的目的，又是德育的手段。作为目的，是指进行社会主义道德生活或使学生形成一种道德的生活方式应当成为高校德育追求的最高境界；作为手段，指教育者应当把实践作为个体道德发生、发展以及实现的源泉来理解并作为促进道德发展的手段加以运用。中华人民共和国成立以来，高校德育实践工作从内容和形式、理念和机制、方法和标准等方面进行了三次大的改革，初步形成了体现时代趋势和反映中国特点的高校德育实践的新局面，德育实践的主体性愈加突出。当前，高校德育不断拓展活

① 沈壮海，论高校德育教育的人本追求[J]. 思想理论教育导刊，2009（11）：88.

② 刘志坚. 论主体性德育对传统德育的超越[J]. 华南理工大学学报（社会科学版），2006（1）：14.

动内容和范围，从班级、学校到家庭、社会，从班团活动、实习调研到社会实践、志愿者活动等，用多种形式助力学生成长。高校思想政治课虽然以课堂为主，但也越来越注意到实践的重要性，在教学环节中提高实践比重，让学生在动手实践和亲身体验中收获道德和政治启迪、感悟德育魅力、践行德育认知。

（四）德育工作循规律

任何事物都有其形成和发展规律，高校德育亦然。在中华人民共和国成立以来的高校德育工作实践中，把握德育规律日渐成为主流。党的十八大以来，习近平总书记立足党的人才培养基本要求，深刻把握国内发展大势和国际社会环境趋势，就事关高等教育建设和改革的方向做了多次重要指示和讲话，其中重点围绕“培养什么样的人、如何培养人和为谁培养人”这一根本问题进行了战略部署，为高等教育的发展，尤其是高校德育教育发展的方向性、根本性和战略性做了顶层谋划，以此形成了高校立德树人创新实践的创新逻辑和理论体系。高校德育工作要遵循思想政治工作规律，遵循教书育人规律，遵循学生成长规律，不断提高高校德育工作者工作能力和水平。高校德育工作者要从三大规律出发，聚焦以德育为党育人、为国育才的根本目标，推动德育体系创新。

首先，遵循思想政治工作规律。“思想”是人的大脑的产物，但人的大脑不会无缘无故产生某种思想。马克思主义认为，社会存在决定社会意识，思想是客观事物在人的大脑的能动反映，思想产生的基础是各种客观存在和人们的社会实践，做好德育工作，不能仅拘泥于思想表现层而，还要挖掘思想现象背后的原因。其次，遵循教书育人规律。“教”是为了“育”，“育”依托“教”而实现，“立德树人”作为高校教育的根本目的，“育”不仅仅是传授书本知识，还要不断提高大学生思想水平、政治觉悟、道德品质、文化素养，让大学生成为德才兼备、全面发展的人才。最后，遵循学生成长规律。高校德育工作是做“人”的工作，大学生既是德育工作的客体，也是主体，大学阶段是他们世界观、人生观、价值观形成和确立的重要时期，大学生走好人生第一步至关重要，高校德育工作要提高针对性，符合学生成长发展需求和规律。

三、高校德育的现实矛盾

（一）德育行为有部分失范的现象

当前，高校不再是与世隔绝的“象牙塔”，但人们对高校的期待仍然是作为有理想、有坚守的“伊甸园”。新时代以来，我国高校德育的总体发展呈现出坚持以马克思主义为指导和以社会主义意识形态为主导的一元主导与继承民族优秀文化传统和借鉴国外有益文化成果等多样发展相结合的格局，同时也存在着各种失衡现象，德育的概念化、教条化、书本化、功利化陋习仍然存在，生活化、实践性内容缺乏，德育行为在一些方面存在失范现象。有些德育工作者常常打着反对僵化、追求创新、冲破传统、崇尚现代的旗号，有些人用自己的主观想象来设计历史发展，有些人习惯用适用西方的理论来推断中国的实际，这些行为比较容易获得一些缺乏社会生活经验学生的共鸣。还有一些情况容易导致学生对西方文化产生盲目崇拜，如不顾我国与发达国家的具体国情、发展历史的差异而盲目赞赏西方的繁荣。所有这些现象，都会导致德育产生消极作用。

高速发展的网络技术和多元人生观、道德观、价值观的并存导致一些新的大学生伦理问题出现。在互联网领域，德育工作者亟须建立网络阵地意识，借助新媒体丰富德育渠道，营造积极良好的网络舆论氛围，引导学生的网络道德良性发展，使网络成为高校德育的新型阵地。

（二）德育过程有流于形式的情况

当前，高校德育工作中存在重形式轻实质、重形式轻实效等形式主义现象。有的高校片面注重和追求德育工作的表面形式，不按德育的客观规律办事，不顾及德育过程中受教育者接受教育的可能性，存在运动式、突击式、消防式、包办式等为德育而德育的现象，德育工作的实际效果大打折扣。

在日常教学环节中，还存在将思想品德仅当成知识来学习的现象，刻板地预先限定知识内容，试图让学生接受这种静态的、抽象的方式。从某种程度上讲，虽然完成了技能和知识的教学任务，却存在一定的问题：笼统的品德教育不能让学生产生共鸣，改变不了学生的态度情感，不能完成意义构建；在德育方法上，重德育理论灌输，轻视德育实践并存，导致知行脱节，而有些德育工作者则走向了另一端，运用现代网络手段试图创新，但过分依赖课件和多媒体，因而学生看完、听完之后，认识上深化不多，思想上留存甚少。

（三）德育体系有因循守旧的惯性

当前，高校德育工作中存在的最大问题就是因循守旧的惯性。虽然新的时代已然来临，德育工作对象、环境已经非旧德育体系时代的情况所能涵盖，但新的德育体系却仍待建立。信息技术的发展对教育者的媒体应用能力提出新要求：掌握新媒体特点和基本操控技能，把握网络语言特点与网络交流技巧等，同时借助网络等新媒体创建多样化的思想政治教育形式。

在信息化时代，随着新媒体介入程度的深化，这种建立在教育双方理论与知识信息不对称基础上的相对优势格局被打破，教育对象获取信息的方式由定格式被动接受转变为动态式主动搜索，由单一传递变为多向获取。对于教育者来说其网络素养的培育是塑造其新形象的首要选择。在当下思想政治教育实践中，部分教师能运用新媒体和网络信息手段获得学生的认可，在某种意义上在于教师的网络媒介素养，教师熟练运用学生所认可的网络语言与他们沟通才能拉近师生间的距离、促进师生情感交融，以无声的网络语言赢得学生的信赖。但遗憾的是，不少德育工作者仍未很好掌握并运用新媒体技能，有的仍是“新瓶装老酒”。面对新生事物、面对新的对象，他们缺乏拥抱学习的姿态，而依然习惯于过去的德育工作方式方法。

新时代对高校德育提出了新要求，我们必须改革以适应时代的需要。作为一个有着五千多年历史的大国，历史实践证明，中国德育工作的改革和创新，并非只进行激进的或者是突发式的变革，也可以在旧的德育工作体系上进行渐进式的革新。为此，德育体系中的每个组织和个体需要保持清醒与自觉，敢于打破旧的体系，进行自我革新，共同打造一个全面育人、育全面人的高校德育新体系。

第三节　高校德育教育的构成与框架结构

一、高校德育的构成要素

（一）构成高校德育的五要素

比较传统的观点认为，高校德育的构成要素就是道德教育，理由是德育就是道德教育或品德教育。也有人认为德育是思想教育和政治教育的合一。这种观点把德育只理解为思想政治教育。还有人认为德育就是政治教育、思想教育、道德教育和法纪教育的融合。事实上，随着社会改革和市场经济的发展，青年学生在升学、择业和人际关系方面出现了新的困惑，一些学生的心理承受能力和适应能力不足。这些问题不仅仅是政治教育、思想教育、道德教育、法纪教育可以解决的。此外，由于现代教育还在一定程度上存在着对知识和能力过分强调、智育过程中的德育因素被淡化的现象，在追求成绩的同时往往忽略了学生的道德、情感和心理问题，而这些问题是德育所不能忽略的，必须纳入德育的范畴。因此，高校德育的构成要素，除了政治教育、思想教育、道德教育、法纪教育，还应包括心理健康教育。

政治教育就是要引导学生坚持中国共产党的领导，形成坚定正确的政治方向，具有爱憎分明的政治态度和立场等品质。政治品质反映的是一定社会政治规范下的思想意识和行为方式，是作为一个社会成员必须具有的素质。在中国社会，每个社会成员都是国家的主人，都必须能够正确处理个人与集体、个人与国家的关系。社会主义核心价值观中个人层面的要求也明确提到“爱国”，其中国家主要由三个要素构成：以土地、山海、湖畔等为基础的空间实体，以血脉联系、民族历史为基础的社会群体，以道德品质和思想文脉为基础的精神文化实体。在对学生进行德育教育时，首先要求他们爱国家和人民，爱社会主义，把国家的利益当作至高无上的利益。只有这样，才能把他们培养成为社会主义的合格建设者和可靠接班人。

思想教育就是引导学生逐步树立科学的、正确的人生观、世界观和价值观。人的思想品质是在生活实践中、在一定的社会意识影响下形成的，是一定社会思想的反映，是个体行为的内驱力。对学生进行思想教育，主要是帮助学生客观认识自我、充分认识党和国家事业布局、充分认识个人成长的“小我”和国家发展的“大我”之间的紧密联系，对人生的目的和生活的意义形成正确的认识，将自身的前途命运同国家和民族的前途命运紧紧联系在一起，帮助他们明是非、走正路，以良好的生活态度健康成长，以积极乐观的态度面对挫折和挑战，培养坚韧不拔、迎难而上的坚毅品质，成为堪当大任的时代新人。

道德教育就是引导学生逐步掌握一定的社会道德规范，履行道德义务，形成符合社会规范的道德品质的教育。道德品质是社会道德规范的思想意识和行为方式在个体上的反映。人类社会经过长期发展，必然会逐步形成和积累一定的道德行为规范，这些规范是人类社会得以维系和发展的基本条件。因此，人在社会上存在和生活，必然要遵循这些规范。在进行道德教育时，要培养学生爱父母、爱同学、爱他人、爱老师，自觉遵守社会道德规范，不做有损于社会和他人的事情的品质。

法纪教育是引导学生充分认识社会主义民主法治对保障社会发展的重要性，培养自觉遵纪守法的良好行为习惯的教育。2021 年 3 月 5 日，《中华人民共和国国民经济和社会发展第十四个五年规划和 2035 年远景目标纲要（草案）》提出，加强社会主义民主法治建设，健全党和国家监督制度。法纪品质是个体对社会主义法治纪律的精神实质的反映。在社会文明不断进步的同时，一些灰暗、消极的现象还在一定程度上存在，影响着社会环境的净化。仅仅依靠人们自觉的思想、道德约束是不够的，国家必须不断健全法治和纪律等强制措施，对学生进行法纪教育，就是要帮助他们知法、懂法、守法，自觉维护法治和纪律的尊严，减少乃至消除青年违法犯罪现象发生。

心理健康教育是培养学生健全的人格和良好的个性心理品质的教育。品德是个性心理品质的一种特殊表现。良好的心理素质是新时代大学生身心健康、人格健全的重要标志和成才立业的必要前提。个体品德的发展与个性心理的发展是密不可分的。因此，个性心理品质的部分特征如性格、意志、品德能力等，实际上已成为品德的一部分内容。一个人具备良好的心理品质，有助于个人学习、生活和事业的成功。相反，如果青年心理品质不良，很容易导致品德不良，甚至违法犯罪。因此，心理品质教育在德育中也是不可忽视的，高校德育教育要从根源上了解当代大学生的身心需求和发展状况，及时干预、疏导和解决学生成长过程中遇到的实际困难，维护学生的身心健康。

（二）高校德育各构成要素之间的关系

1. 政治教育和道德教育的关系

从政治与道德的关系看，如下。

第一，政治与道德作为社会现象，共同属于历史的范畴，而二者产生的时间和在人类社会中生存的时间是不同的。道德与人类社会共生共存，马克思主义认为，政治是阶级社会的产物，是在一定经济基础的上层建筑。

第二，政治是一定社会阶级利益的最直接、最集中的反映，道德只是通过教育、舆论等影响方式去维护这种经济利益。

第三，政治主要体现在政权、宪法、政策、制度等形式之中，有强制性；道德反映的是人与人之间的关系，主要依靠社会舆论、传统习惯和人的内心信念来维护，是人的自觉行为。

第四，政治与道德是相互影响、相互作用的。政治可以控制道德规范和道德信念的传播，道德则可以为维护政治稳定服务。因此，政治教育存在于阶级社会，在不同的阶级社会有不同内涵，更突出德育的阶级性目的；而道德教育存在于整个人类社会，在不同的阶段，道德教育的作用、内容和基本特征具有一定的共性，区别于政治教育。从二者的联系看，在阶级社会，政治教育和道德教育都是德育的手段，二者可以相互影响，相互作用。

2. 法纪教育与道德教育的关系

法律是一定社会阶级意志的表现，当人的言行触犯法律时，国家司法机关对其强制执行制裁；道德则具有永恒性，社会、团体、群众组织、家庭都对人的行为起着无形的监督、调节和约束作用。但法律和道德又是相互补充的。法律是道德规范的延伸和最后保障，道德规范则对法律起着注释的作用。法律是统治阶级意志的表现，是政治统治的工具，因此法律与政治关系更为密切，体现在人的思想言行中，它实际上是属于一种政治品质。

3. 政治、道德教育与思想教育的关系

人的思想的主要体现的是世界观、人生观和价值观。一方面，人的政治品质与道德品质都受一定的思想观点、立场和方法支配，即受一定的世界观、人生观、价值观支配。另一方面，作为个体的人，如果要适应一定社会的政治要求，具备社会所要求的道德品质，就必须加强自身世界观、人生观、价值观教育，使之符合全社会确立的占主导地位的共同目标、方向、信仰和行为准则。

4. 心理健康教育与政治、思想、道德、法纪教育的关系

在政治、思想、道德、法纪教育过程中，人的心理素质始终起着维持、调节和整合的作用，心理健康教育是德育过程不可缺少的要素。通过多种方式对不同层次的学生进行心理健康教育和指导，可以帮助学生提高心理素质，健全人格，增强承受挫折、适应环境的能力。因此，政治教育、思想教育、道德教育、法纪教育和心理健康教育五要素相互联系、相互渗透、互为条件、互相制约，构成了德育统一体。在这个统一体中，五要素处于不同的地位，各自发挥自己的作用。

首先，思想政治教育是德育的根本。思想教育是解决世界观、人生观、价值观等思想观念问题的教育。政治教育是解决立场、方向、道路问题的教育。道德教育是解决处理各种社会关系、人际关系问题的教育。有的学者把前者称为“大德”或“公德”，把后者称为“小德”或“私德”。必须把这两方面有机地结合起来理解德育。政治教育决定着德育的内容，它决定着德育的性质和方向，制约影响着其他方面。思想教育在整个德育中起导向作用，为其他教育提供世界观、方法论基础，对其他教育起直接的指导和促进作用。

中华人民共和国成立以来，我们党始终重视思想政治教育，把其定位为经济工作和其他一切工作的生命线，思想政治教育是团结全国全党各族人民实现党和国家各项任务的中心环节，是我们党和国家重要的政治优势。我们的党从“生命线”“中心环节”“重要优势”三个主要方面对德育的思想政治工作做了明确的、

科学的定位。思想政治教育在各级各类学校都要摆在重要地位。要说素质，思想政治素质是最重要的素质，不断增强学生的爱国主义、集体主义、社会主义思想是素质教育的灵魂。正因为我们党对思想政治工作的重视，才使我们党和国家克服了一个又一个困难和挫折，才使我们国家和民族形成强大的凝聚力。

但是，我们也不要认为德育就是思想政治教育。这种观点对德育的界定不全面。德育是一门综合性应用学科，不等同于党在各行各业的思想政治工作。把德育只理解为思想政治教育，容易忽视道德教育，这方面的教训是极其深刻的。

其次，道德教育是德育的核心。道德教育的内容包括对学生进行传统美德、社会公德、家庭美德、职业道德、环境道德教育。道德教育的目的是培养学生具有正确的道德认识、高尚的道德情感、坚强的道德意志和良好的道德行为习惯。

我国是一个悠久历史的有着优良道德传统的国家，在其长期的历史发展和现实变革中，逐步发展、形成了独具特色的道德文化。它表现为全体成员所具有的一种自我约束能力，一种个人对他人、对民族、对国家、对社会的责任感和无私奉献的精神。我国的道德文化中的“仁、义、礼、智、信”这一道德准则，至今仍有其强大的教育意义，只是内涵有了新的发展。还有颜回的仁、诸葛亮的智、关公的义、张飞的勇、杨家将的忠、包公的正直以及孔融的礼。更有雷锋、张思德、焦裕禄、孔繁森、邓稼先、钱学森、黄大年、杜富国、张富清等新时期的楷模。

那么，在以利益为出发点的市场经济条件下，道德教育应该如何操作，答案是以利他为前提。提倡奉献，提倡人与人之间的同情、友爱、理解、互助，反对政治上的权力交换等。

因此道德教育是德育的核心，特别是学校应对学生进行传统美德、社会公德、家庭美德、职业道德、环境道德教育，努力地增强学生的道德意识，不断地完善道德准则和道德规范，提高社会道德水平。但是，不能把德育单纯地理解为道德教育，这种观点对德育界定过窄。德育是学校性质和办学方向的体现，学校德育必须按照党和国家的要求，坚持以马克思列宁主义、毛泽东思想、邓小平理论、“三个代表”重要思想、科学发展观、习近平新时代中国特色社会主义思想为指导，高举中国特色社会主义旗帜，坚持正确的政治方向。因此，只有道德教育而没有政治思想教育的德育不是完整的社会主义德育。

再次，法纪教育是德育的保证。要坚持法治教育从娃娃抓起，把法治教育纳入国民教育体系和精神文明创建内容中去，由易到难、循序渐进不断增强青少年的规则意识。我们要建立民主法治的社会主义国家，就应当对青年一代加强法纪教育。实践的发展也需要法纪教育。

法律和道德作为上层建筑的组成部分，都是维护、规范人们思想和行为的重要手段，它们相互联系、相互补充。法治经其权威性和强制性手段规范社会成员的行为，德治以其说服力和劝导力提高社会成员的思想认识和道德觉悟。道德规范和法律规范应该相互结合，共同发挥作用。

最后，心理健康教育是德育的基础。心理健康教育的目的是培养学生具有适应国家改革发展和中国特色社会主义经济建设需要的心理。把对学生进行心理健康教育作为德育的一个构成要素。一是德育发展的需要，这是因为随着国家和经济的发展，青年在升学、择业和人际关系方面出现一些新的困惑，尤其是因社会外部环境变化快、就业创业门槛高、人际交往遇挫折等现实情况，青年出现不同程度的心理障碍，甚至出现心理危机等，所以有必要在德育中增加心理教育。二是提高大学生心理素质是培养全面发展的合格人才的现实需要。有着良好心理健康状态的大学生，在面对纷繁复杂和充满挑战的社会环境中，能及时调整心态，在重重压力和挫折之下能够积极应对、泰然处之，始终能够处于主动求变的地位，这也是青年处理各种发展事务的基础和前提，因此心理健康教育为其他方面的教育提供赖以生存的基础和平台。

总之，德育无处不在，无时不有，每一个问题的产生和发展，都蕴涵着德育的内因的推动。德育又无人不有，无事不在，每一个教育事件的发生，也都是德育思想和理念的引导结果。这就要求高校教育工作者要树立时时有德育、事事有德育、人人都是德育工作者的观念，也要求每一位教育工作者，不但要“教好书”，更要注意“育好人”，“教书”与“育人”都是高校教育工作者神圣的职责。

二、德育的体系框架

德育体系的构建不仅仅是在现代教育理论基础上整体地理解和把握“德育”这一概念，更是一种教育实践中制度化、规范化的社会系统工程。这需要以德性论、德育论、系统论为载体，以贯通古今、融会中西、继承借鉴、发展创新为指导原则，以德育目标、德育内容、德育途径、德育方法、德育管理、德育评价为要素系统，以小学、中学、中职、大学为层次系统。

事实上，除了从教育科学性的角度将德育看作是一个专业体系进行分析外，还可以从教育主体性的角度研究德育的行为体系，即特定的教育者、受教育者以及相关者之间的关系。教育者以一定的道德教育内容去要求受教育者，该内容与受教育者原有的品德基础发生矛盾，教育者通过不断解决这个矛盾，使教育者传授的外化德育内容经过受教育者发挥主观能动性而内化为受教育者自身的品德。从行为主体关系的角度出发讨论德育的内涵，主要有以下两种观点：一种是施加论观点，该观点认为德育是教育者按一定的社会要求，有目的、有计划地对受教育者心理施加影响，进而培养教育者所期望的思想品德；另一种是内化论观点，即认为德育是教育者通过教育活动，把社会意识和社会道德规范内化，变为主体的内在的意识、内在的心理境界，成为个人某些稳定的性格特征，而后在人的社会活动中表现出来。

同时，学校德育从来不是一个封闭的系统，无论从理论上还是实践上始终与当时社会的需求相一致，几乎从未超越过这些需要。一方面，社会环境对学校德育主要有决定、参与和补充三个层面的影响，决定作用指的是对德育范式和规模的决定，参与作用集中表现为政府的领导行为，补充作用则是德育在社会范围内的延伸。另一方面，社会不断转型和变革增加了学校德育与社会环境之间匹配的难度，两者的异向性开始出现，从而激发了受教育者的自我道德解约机制，降低了德育的效果。因此，学校德育的发展既要保持一定的独立性，抵御外来不良因素的侵蚀，又要正视社会、了解社会、融入社会和服务社会，最终达到两者的有机结合和平衡。

综上所述，我们将对中国高校德育的发展历史进行研究：一是以社会背景变迁作为德育发展阶段划分的参考依据；二是重点关注各阶段德育的要素和相关主体特征变化；三是识别变化的规律，从而得到相关的启示，以更好地指导未来高校德育工作的开展。

第四章　德育教育与大学生成长成才关系

本章对德育教育与大学生成长成才关系进行了介绍，共分为四节，分别为高校德育教育的实效、德育教育与大学生人格的完善、德育教育与大学生素质的发展、大学生德育教育过程与规律。

第一节　高校德育教育的实效

德育的实效性问题一直为高校德育工作者所关注。德育实效意识是针对德育工作中不讲实际效果的形式主义而言的。保障德育实效性是德育工作的生命，因此我们必须努力探索中国特色社会主义市场经济条件下提高德育实效的途径。

纵观世界，尽管对德育的诠释有所不同，但很多国家都十分关注青少年的思想品德教育问题。第二次世界大战以后，资本主义国家的物质文明获得高度发展，但是精神文明却产生了严重危机，沉浸于消费主义的人们、精神空虚，深感前途渺茫，人际关系冷漠，家庭趋向瓦解、变形，学校的情感纽带日益削弱。精神上得不到正当满足的青少年，为了寻求刺激，发泄不满，其行为愈来愈多地表现为玩世不恭，放荡不羁，表现为对传统的反叛，表现为对学校和社会的挑战。面对所有这一切，西方一些有识之士开始思考，现代化进程中的失误是什么？今天的出路又何在？他们从痛苦的思索中提出了“重整精神文明”，加强青少年思想品德教育的方法，而且他们还认识到德育对于发展经济的重要意义。日本学者认为，不能探究出精神危机的根本原因，也就不能找到一条摆脱危机的出路。只有重视德育投资，才能使日本经济得到高速度发展。英国、德国的企业界人士和学者也认为，只有不吝惜在品德教育上花钱，才能使智力更有效地发挥作用。

在经济改革不断深化、开放程度不断扩大的过程里，如何让新时代的中国不重蹈西方发达国家曾有过的“经济发展、道德下滑”的覆辙？现代化需要兼顾物质文明和精神文明，两者要齐头并进，以推动中国特色社会主义的发展。不断提升德育的首位意识，是中国特色社会主义进行建设发展的必然措施。

德育实效用于形容德育实际收获，具体指的是主体活动对德育对象产生的影响，这种影响可以是直接或间接的，可以是有形或无形的，也可以是短时间内或长远的，德育对象的思想品质会因此发生变化，德育也更容易完成预期目标，收获实际效果，人与社会的发展也会更进一步。德育实效要求德育活动要具备足够质量，然而实际情况中，很多人将活动次数、报告场数、参与人数、报道篇数等当作衡量德育工作成绩的标准，他们认为数量代表质量，这种观念是错误的。在这种观念下，“走过场”的情况会经常出现，德育原则、德育内容会出现偏差，所运用的方法也经常会出现差错，预期效果无法得到保障，甚至会收获负面效益。

一、德育实效的实质

德育实效是德育生命力的根本所在，德育工作要讲求实效，就要充分发挥主体、客体和环境等多种要素的作用，遵循科学的教育原则，选择正确的教育内容，采取灵活的教育方法，以求获取最佳教育成果，进而推进德育目标的实现。德育工作绝不能只满足于讲方向原则、不讲实际效果的“务虚主义”，也不能只顾搞具体事务、活动而忽视目标方向的“事务主义”，德育工作者必须强化德育实效意识，视实效为德育活动的生命，时刻用“实效”这把尺子衡量德育活动的成败得失，不断加强和改进德育工作，提高德育实效，实现德育目标。

（一）德育实效是德育实践活动的目标

德育是一项特殊的教育活动，其意义不在于德育活动本身，而在于对德育对象的塑造和培养，在于使德育对象“真知善行”“知行合一”。德育实效是德育实践活动在德育对象身上产生的思想品德修养效应，是人们可感知的客观精神现实。因为德育对象的思想品德状况是客观的，德育对象所获得的“真知善行”“知行合一”的品质是可以在实践活动中体现出来的。德育实效的突出特征是它的直接现实性。它可以作为一个客观的尺度反映德育目标的实现程度，进而调整德育内容、方法、形式、途径等各个方面。

德育实效的直接现实性使之成为德育实践活动的目标追求。德育活动的价值在于其实效性。求实效是一切有目的、有计划、有组织的活动所共有的价值取向。德育实效，特别是同我们所确立的德育目标相一致的德育效果是衡量德育工作成败得失的标准和表征。我们所进行的一切德育活动，诸如德育教学、社会实践、日常思想政治教育工作，无论我们在其中付出多少，如果落实到德育对象的转化上效果不佳，我们在这一过程中所付出的努力就价值不大或无意义。任何重过程而轻效果的做法，都会对德育活动产生误导。因此，德育效果评估、德育目标管理、大学生品德综合评价等做法，实际都会对德育产生积极意义，即对德育效果确认和肯定。它是把德育效果作为德育实践活动的目标追求的一种体现。

（二）德育实效是正确价值导向的具体体现

无论哪种社会价值体系，都是矛盾与统一并存的，也就是在价值理想、价值目标、价值取向、价值认同等方面，个人与社会主导存在矛盾统一关系。在为大学生提供思想政治道德教育时，高校德育肩负着一定的社会职能与职责，需要始终秉持充满正能量的价值导向。从本质上看，高校是一种服务于社会的教育职能机构，其德育的实施基础是社会主导的价值观体系。与校园以外的人相同，大学生也是社会成员，他们在价值目标、价值取向上同样会因社会价值理想、价值导向的变化而在形成中产生变化。要引导大学生树立正确的价值观念，德育工作者就需要厘清社会价值导向上的矛盾关系，在理论和实践上弄清社会进步所要求的人的思想品德修养的具体指向及其必然性，并用可接受的方式使学生对正确或合理的价值目标、价值取向产生认同，从而形成行为主体的良好思想品德素质认知。而大学生在这种认知水平上表现出来的符合社会、国家要求和思想道德准则及人自身发展要求的行为实践状态，正是德育效果成为正确价值导向的体现。

二、高校德育实效性

在我国高等教育中，德育占据重要位置，我国社会主义教育方针要求高校要重视德育教育。我们可以从两个层面来对高校德育于社会中的实效性进行考察，分别是高校德育的实际运用与所处社会系统之间的关系层面、高校德育的实际运作要素与德育目标之间的关系层面。

（一）高校德育实效性弱化

高校也属于社会组织。高等教育不断普及的今天，高校作为社会组织，与其余社会组织之间的互动越来越频繁，社会大系统因此产生着微妙的变化。所以说，大学生不仅是学生，也是社会个体，他们不可能脱离社会而存在，他们一定会受到社会环境的影响。高校德育的具体实施、高校德育与社会环境之间的互动与相互融合，为保障高校德育实效性提供了实现舞台。我们可以通过以下几方面分析德育弱化的缘由。

1．存在负面环境因素

第一，社会信息化不断发展，高校德育所处环境无时无刻不在变化，这使得德育摆脱了以往的校园孤立性，与外界社会之间的交往和实践性活动越来越多，造成高校德育对大学生产生的影响与社会环境因素对大学生产生的影响有所出入的现状，校园德育的正面效果受社会负面因素的干扰而有所降低，社会负面环境因素的离心力拉低了德育的向心力水平。

第二，在经济模式不断更新的现状下，高校德育面临更大的挑战。在社会主义市场经济体制不断完善与科学技术层出不穷的前提下，社会生活正在发生着巨大变化，生产力的不断提升让人们对于改造外部世界跃跃欲试，也使人们产生了一定的遐想，那就是人类可以通过科学技术解决所有问题，但容易忽视德育教育。德育在经济方面无法发挥立竿见影的作用，因此相比德育实践，大学生更青睐实用性高的技术。在这种情况下，高校德育无法有效地塑造大学生的思想品德。

2．道德观念有所差异

在改革不断深化、科技创新和现代金融不断发展的时代，人们在生活、思维、价值观念等方面表现得更加多元，其道德观念也发生着变化。理论上讲，经济的趋利特征与道德要求是矛盾的，经济全球化不仅讲究国际合作，坚守本土文化、坚守民族传统也是其必要职责。此外，在当今时代的要求下，人们不仅要不断提升知识储备量，从而为社会做贡献，还要通过对知识的否定进行创新，进而让人生更加丰富。一个人的道德观念必然会受其所处客观生活环境变化的影响。将这个道理放大至社会，道德观念在经济关系变化的影响下，会经历从依附到主动、从重义到重利、从封闭到开放、从单元到多元的变化过程。在这个变化过程里，对德育实效性影响最大的因素包括道德的世俗化、道德的多元化。

第一，道德的世俗化。这种变化首先发生在经济领域，表现为经济生活的实用性与多变性不断冲击着我国传统意义上的道德理想主义与道德绝对主义等观念，并且产生这种冲击的源头是人们的实际感受。在这种前提下，一些大学生会动摇接受高举中国特色社会主义伟大旗帜的高校德育教育的信心与决心。

第二，道德的多元化。道德多元化与道德的世俗化是密不可分的，世俗化是产生多元主义的基础。当今的中国社会是比较多元的，具体表现为这四点：第一点，经济成分多元化。我国的经济体制是以公有制为主体，多种所有制经济共同发展，其中非公有制经济是社会主义市场经济的重要组成部分，国家鼓励、支持其发展，非公有制经济包括个体经济、私营经济和外资经济等。第二点，社会组织多元化。我国科技水平、生产力水平不断提高，社会分工越来越细化，拥有不同职能的组织机构可谓层出不穷。第三点，利益关系多元化。无论是组织机构，还是不同个体，都拥有不同特性的利益趋向。第四点，个性、生活方式多元化。由于这些多元化要素，个人主义、享乐主义、功利主义、实用主义等多种类型的道德同时存在于现如今的社会，以往单一的社会道德选择正面临着不同种类的道德直觉与道德理解相互交杂的局面。这就导致在对大学生进行德育教育时，高校无法提供认同感高、共识性强的道德环境。在道德多元化统治社会精神世界的形势下，价值观念的选择就显得极为关键。

3. 德育运作过程不成熟

高校德育不具备应有的实际定位。在高校德育发展的过程中，各领域对其定位的认识始终无法得到统一。如今，理论上讲，各高校承认德育的首要位置，但始终存在德育教育教学的过程中注重内容教授、价值传递，但忽视其育人效果的矛盾现象，这对于高校德育的长久发展是不利的。

在实践过程中，高校德育更倾向于注重社会价值，大学生的个人需要与发展需求并没有受到足够重视，这使得德育毫无温情可言。传统意义上的高校德育具备过于理想化的目标，而不具备时代性、层次性特征，不能很好地适应社会环境的变化，脱离了大学生的发展实际。传统德育在方法上呈现出来的刻板陈旧，无法激发大学生的积极性，其对大学生的引导、激励作用也就只能停留在纸面上。

德育内容的设计过于绝对、保守。就实际情况看，高校德育在内容上与中小学德育并没有进行合理衔接，内容相似的情况依然存在。在科技不断发展的时代里，德育内容显得格格不入。传统意义上的德育要求与经过网络、信息、经济等方面全球化的趋势加工过的德育要求有所出入，高校德育教育很难跟上时代发展的脚步。此外，对民族优秀传统德育资源的利用不够充分。对于我国高校德育而言，国外的先进经验是值得借鉴的，但这并不意味着照搬国外的德育教育经验，重视中华文明是不可或缺的原则。德育涵盖范围过广的现象使得高校德育没有在划定的范围内稳步开展，其过于庞杂的现状阻碍了德育教育事业的发展。

高校德育脱离智育化方向单独发展。高校德育主要通过专业课、思政课、德育课开展，而思政课是教师高效进行德育教育工作的主要平台。但从实际看，教师在专业课等相关课程课堂上更偏向于对德育知识的讲授，而不重视德育的精神陶冶作用，德育考核方式也与其他知识类学科类似，只考专业知识，不去衡量学生的真实德育水平。在大学生群体中，大部分都高分低能，能够做到知行统一的学生更是少之又少。

高校德育政治化特征明显。德育具备政治性特点，但在特定历史原因的约束下，我国高校往往过于强调德育的政治功能，将德育视作政治教育，弱化了德育的其它功能，使得德育在发挥作用的过程中更为艰难，也不能收获预期实效。

高校德育过于形式化。大多数高校德育工作者在开展高校德育教育时，都抱着“不求有功，但求无过”的心态，单纯将完成工作视作目标。他们的思维困于教育经验，或者对国内外知名高校的德育实践方式进行简单模仿，所实施的德育教育工作没有特色，其德育过程不涉及问题意识、研究意识、创新意识，相应的效果可谓微乎其微。

除了上述问题外，软件、硬件搭配不当或有所缺失也是高校德育的显著不足。在软件方面，德育的最终任务是塑造大学生的灵魂。具备一定知识量和思辨意识的大学生对德育教育是挑剔的，其要求层次较高，而一些德育工作者的近乎“填鸭式”的教育模式让这些能够进行思辨的大学生十分反感，致使师生之间并不存在足够的良性情感互动；在硬件方面，高校德育缺乏实施环境，教育体系也不够成熟。没有物质基础的德育教育不具备足够的刚性。事实上，高校忽视了重要的一点，那就是德育需要充足的物质投入与足够的制度建设。德育无法发挥充分的约束性影响，其德育有效性自然不理想。

4. 学生自身素质原因

当今时代，大学生普遍展现出敏捷的思维和开阔的视野，这无疑体现了他们高度的智慧与潜力。然而，由于个人经历和家庭环境的千差万别，不同大学生所展现出的性格、心理及认知观念等自身素质也参差不齐。这种差异性在德育工作中影响尤为显著，使得德育效果的发挥面临一定的挑战。因此，高校在德育工作中需充分考虑大学生的个体差异，因材施教，以更加精准和有效的方式引导他们树立正确的价值观，培养良好的道德品质，从而实现德育工作的效果最大化。

部分大学生在处理事务时，会以自我为中心。他们习惯以工具化的原则来应对各种情况，善于从个人视角解读外部环境。无论是独立学习还是与同学协作，他们都展现出了强烈的个人意志和独特的评判标准。然而，这种过度强调个人利益的倾向，有时可能导致他们难以融入团队。因此，高校在德育工作中应加强对大学生的集体主义教育，引导他们树立正确的价值观，实现个人与集体的和谐统一。

部分大学生过分追求物质利益，忽视了社会与精神层面的实际需求。他们往往将个人发展、需求、利益及价值实现置于首位，而对于社会层面的需求、道义和价值则显得漠不关心。这种狭隘的视野和短视的行为不仅限制了他们个人的成长，也阻碍了社会整体的发展。因此，高校在德育工作中应加强对学生社会责任感和集体精神的培养，引导他们树立正确的价值观和人生观。

部分大学生甚至对道德规范和理想追求持怀疑态度，在他们看来，恪守道德准则显得与时代脱节，不合时宜。这种心态导致他们往往对传统的道德观念产生抵触情绪，不愿接受道德教育的引导。然而，我们必须认识到，道德和理想是社会文明进步的基石，对于个人的成长和社会的和谐稳定具有不可或缺的作用。因此，高校在德育教育中应针对这一问题加强对学生逆反心理的疏导，帮助他们树立正确的道德观和理想观，促进他们全面健康的发展。

5.德育队伍建设

高校德育工作者的综合素质提升问题是当前德育工作中亟待解决的重要课题。目前，我们不难发现，部分德育工作者在理论素养方面存在不足。他们未能深入理解和掌握正确的世界观、人生观和价值观，更未能坚守信仰，这在一定程度上影响了德育工作的深入开展。高校德育队伍的稳定问题，无疑是当前德育工作面临的一大挑战。德育工作者往往因为地位不被重视而感到困扰，同时，晋升渠道的有限性也使他们难以看到职业发展的前景。这种状况直接导致了德育工作者职业素养的下降和上进意识的不足，对德育工作的热爱和投入严重不足，这不仅影响了德育工作的质量和效果，还制约了德育队伍的整体发展和进步。

思政课教师教学素养的不高，是当前高校思政工作中亟待解决的一个重要问题。在一些人的观念中，思政课似乎并不需要太多的专业性和太高的教学难度，任何老师都能够胜任。然而，这种错误的认知导致了真正意义上的思政课教学效果与德育效果无法充分发挥出来。事实上，思政课是一门涉及广泛、内涵深刻的学科，它要求教师具备深厚的理论素养、敏锐的思辨能力和丰富的实践经验，也只有具备这些素质的教师，才能够将思政课的精髓传授给学生，引导他们树立正确的世界观、人生观和价值观。

综上所述，高校德育的定位模糊、针对性不强以及教学方式方法的落后等问题，都是导致高校德育实效性有限的重要原因。此外，师资队伍的不稳定以及物质保障的不足，也对高校德育实效性产生了一定的影响。在这样的背景下，高校德育难以发挥出其应有的实效性作用，无法有效引导学生树立正确的价值观，难以提升其道德素质。因此，我们必须正视高校德育存在的问题，加强对其的重视和投入。高校通过明确德育的定位和目标，提升德育的针对性和实效性；通过改进教学方式方法，激发学生的学习兴趣和主动性；通过稳定师资队伍，提高德育教师的专业素养和教学水平；通过增加物质保障，为德育工作的顺利开展提供有力支持。只有这样，我们才能推动高校德育工作不断发展，培养出更多具有高尚道德情操和强烈社会责任感的优秀人才。

（二）增强高校德育实效性的逻辑

对高校德育的实效性进行考量，需要一定的衡量标准。我们认为，高校德育的实效性指的是在特定的历史背景下，高校德育的实际操作满足大学生成长需要的程度以及对高校德育任务的完成程度。换句话说，想要对高校德育实效性进行衡量，不仅要对高校德育目标的定位进行审视，也需要对其适应大学生成长进步需要的程度进行审视，更需要对高校德育进行过程的科学程度、有效程度进行考量，这要求高校要兼顾德育认知与德育实践，妥善处理“知道”与“体道”之间的关系。高校德育足够有效的表现是大学生实现“知道”与“体道”的统一。

1. 确定对象意识

明确针对性是增强实效性的有效措施。对于德育实效性的增强而言，能从对象的思想实际出发，仔细分析对象的思想特点、思想趋向、思想障碍，并从客观角度看待德育对象等都是重要基础。德育对象具备客体性，他们不仅是生物意义上的“人”，也是社会意义上的“人”，其思想道德基础、身心发展规律能够将社会关系、社会存在、文化、政治客观反映出来，且不随德育工作者的意志变化而变化。因此，让德育的导向功能彻底发挥出来的关键是围绕对象及其思想认识发展规律、发展特征展开德育工作。仅凭主观臆断、不在客观上承认客体状况的做法，会导致行动对应的实际结果脱离预期，甚至产生截然相反的结果。因此，确定对象意识、增强对象意识是非常重要的。要使德育工作有所成效，德育工作者就要掌握对象特点，正确、客观地看待学生思想发展规律。

德育对象的思想状况能够将时代特征反映出来。在改革开放不断推进、社会主义市场经济不断发展的大背景下，当代大学生具备敏锐的思维、丰富的现代科学知识、高度的求知欲以及勇于开拓的精神，他们务实、自立，希望现代化建设不断推进、国家不断发展，但对社会主义的方向的认识不够透彻。这些特点，德育主体都要考虑，不能随意地忽视。

随着德育对象日益增长的年龄，其思想政治状况在不断变化，具体表现为思想、心理的快速发展以及接触面变得越来越广泛，进而由单纯、与其他人类似转变为丰富、多元，并且其层次不断提升。从理想信念角度看，德育对象胸怀强烈的爱国之情，对社会主义大加拥护，以共产主义为信仰；从道德品质角度看，德育对象的品质层次愈发丰富。此外，德育对象的人生态度、道德认识、行为选择、价值信念的层次都变得丰富。大学生的年龄与所处年级变化，他们会更加深入地思考思想倾向，也越来越有选择地接纳来自课堂的思想道德教育，其思想排他特征会愈加明显。面对这种规律，德育工作者不仅要不断对德育思路、德育方法进行总结改善，还要提升自身的德育素养。

地区不同德育对象的思想道德水平也就不同。学校所处地理位置可分为内地与沿海、大城市与小城市，学生的生源地也不尽相同。因此，不同的大学生的思想道德水平差距较大。面对具备不同特点的德育对象，德育工作者要为其提供侧重点不同的德育教育。

2. 确定背景意识

无论何时，德育都散发着时代的意味。在规划德育目标时，要从时代实际情况和具体需求出发，要选择能够呈现时代特征的内容；德育教育的途径与方式要符合时代特征；在确定德育功能时，要考量时代的发展前景。德育教育本质上也是一种社会运动形式，受社会中诸多方面的约束，无论是从时代中脱离，还是被时代所淘汰，德育都将失去其真正的意义。严格来说，德育要与现实情况相结合，不仅要具备足够的针对性，还要围绕中心工作展开，进而满足时代的发展要求。确定背景意识，是德育工作得以顺利开展的重要基础。德育工作要从客观环境的特征出发，明确时代约束下的德育对象的发展方向与发展前景。

在当下的社会主义初级阶段，我国正在不遗余力地缩小与发达国家之间的差距，并大力推动中华民族伟大复兴的进程，此阶段也是我国转向社会主义现代化的必经阶段。在社会主义初级阶段，以公有制为主体、多种所有制经济共同发展的经济体制是一大亮点，经济、政治、文化等方面都能将社会主义初级阶段的发展特征呈现出来，而德育自然不应落后。德育要以社会主义初级阶段的发展特征为基础，正视不同的人具备不同的思想道德水平与不同的价值观念这一客观事实，从大学生具备的思想道德出发，规划不同层次的教育目标，并通过妥善科学的方式，将先进性要求与广泛性要求进行巧妙融合。

百年大计，教育为本。习近平总书记深刻把握国内和国际发展大势，以及新时代我国面临的新发展机遇和挑战。尤其是在党的十八大以来，我国的高等教育事业在人才培养、科学研究、服务社会、文化传承创新和国际交流合作上取得质的飞跃。高校持续推进“国之大计”和“党之大计”有机整体建设，将其统一于党和国家伟大的社会主义建设当中，统一于实现中华民族伟大复兴的中国梦当中，这也充分凸显了高等教育在党和国家发展历史全局中的至关重要的地位。

大学生在耳濡目染中更加深刻地认识到党的基本理论、基本路线、基本纲领的正确性，更加拥护和热爱中国共产党，更加坚定了走建设有中国特色社会主义道路的信念。社会主义市场经济的发展有力地促进了大学生新思想、新观念的形成。然而，在不断深化改革、发展的条件下，经济环境、社会发展、社会生活习惯、社会组织形式以及就业岗位和就业方式等方面的多样化带来了一系列的多变性，如大学生思想认识的多变性、价值观念的多变性、思维方式的多变性等。多变性既有有利的一面，也有不利的一面；既有向积极健康的方向变化的可能，也有向消极颓废的方向变化的可能。这些都为德育提出了新的课题。

国际重大背景以及我国社会主义现代化建设对当代大学生的要求表明德育工作既面临机遇，又遇到挑战。面对错综复杂的国际形势与国际政治争端，高校要不断强化德育，要通过德育让受教育者正视人类社会发展的必然变化，积极面对各种挑战，明确社会的前进方向，坚定社会主义、共产主义理想信念。面对改革开放带来的新问题、新矛盾，高校要引导大学生认清主流、正视发展，以改革创新的精神加强和改进德育工作，一切从实际出发，积极研究新方法，探索新途径，保证大学生思想始终朝着积极健康的方向变化。

3. 确定德育内容的建构原则

德育内容以弘扬主旋律为建构原则。弘扬主旋律不仅表明时代在进步，也呈现出思想文化建设的规律性，能够有效提升德育实效性水平。德育内容可以将德育的时代性、实效性、针对性特征表达出来。德育目标和德育对象的思想品德发展决定德育内容，而德育内容本身也随着社会发展不断被充实调整。德育的效果主要靠德育内容来实现。社会性质及其所处的历史阶段通过对德育目标的规定而规定德育内容。德育内容从根本上说，是由一定的社会经济政治制度决定的。德育内容的确定必须服从和服务于社会的政治、经济、文化发展要求。德育内容的建构既要符合德育规律和德育对象的身心发展规律，又要符合社会发展规律。弘扬时代主旋律是推动我国社会发展的客观要求，也是建构德育内容的重要原则。

如果一个时代呈前进趋势，那么必然存在某种积极向上的精神以及开拓发展的主体意识。我们可以将主旋律视作一种时代精神，它可以让人们寄托美好愿望。通过德育内容的建构将时代精神呈现出来，是德育促进大学生成长、促进社会进步的必要前提。

主旋律具备范围颇广的内涵，是一种能够将思想进步、人民精神、群众意志、民族凝聚力、社会精神力等方面内容呈现出来的时代精神。党的十八大以来，党把弘扬社会主义核心价值观和社会主旋律工作摆在全局工作的重要位置，作出了一系列重大决策，实施了一系列重大举措。在党中央坚强领导下，各战线积极作为、开拓进取，全面推进党的理论创新，中国特色社会主义和中华民族伟大复兴的中国梦深入人心，社会主义核心价值观和中华优秀传统文化被广泛弘扬，文化自信得到彰显，全党全社会思想上的团结统一被进一步巩固。

现阶段的特定历史条件客观地要求我们在弘扬主旋律的同时，要注重多样化，把先进性要求和广泛性要求结合起来。为受教育者提供马克思列宁主义、毛泽东思想、邓小平理论、“三个代表”重要思想、科学发展观、习近平新时代中国特色社会主义思想等方面的内容是德育的首要任务，以为人民服务为中心，以爱国主义、集体主义为中心是社会主义道德教育的关键原则。德育的重要内容包括社会主义道德思想和道德原则教育、校园文明礼貌和行为规范养成教育，中华民族传统美德教育和社会公德、职业道德、家庭美德和环境道德教育。大力弘扬爱国主义、集体主义、社会主义精神是德育的主要内容。同时，还要加强世界观、人生观、价值观教育，以及纪律教育，民主法治教育等，进而帮助青年学生构建建设有中国特色社会主义的共同理想和精神支柱。

4. 激活对象的德育需求

德育对象的德育需求是增强德育实效性过程中必须面对、不可逾越而又必须予以解答的关键性问题，满足德育需求也是经历多年德育实践沉淀和反复理论思考而提出的一个德育理念。

通常情况下，每一个社会人都有德育方面的需求，不仅德育对象如此，德育实施者亦如此，而德育的内在核心正是建立在这种基础之上的。根据大量的实践研究证明，德育需求的解决效果关乎德育的教学效果。就目前来看，我国社会的德育工作并不是完美无瑕的，最明显的不足在于忽略对象的具体德育需求。如果说需求从内部驱动着一个人的行为实践活动，那么可以说实际意义的德育工作是以满足德育对象的具体德育需求为基础展开而来的，这是由于德育需求能够从本质上表现出一个人的社会性。德育是一个人进行社会化必不可少的方式，而大学生则更加需要德育教育。只有德育教育足够到位，高校对大学生的自我实现、综合素质的提升、健康人格的培养才能稳步进行。

整体而言，人从事任何社会活动，都离不开德育，重视德育也就意味着重视自我，因为德育需求在人的所有需求中处于层次较高的位置。一个人的德育需求会伴随其社会化程度、个人认知结构、心理健康程度等方面水平的提高而不断丰富，拥有较高德育需求的人也会拥有更加自觉、更加稳重的处事态度。当个人德育需求与社会核心德育观一致时，个人德育需求就开放、就活跃、就积极，反之就封闭、就逆反。当社会环境健康向上、社会生活趋于平等、德育理念进步民主时，个人的德育需求就呈现出多样性与主导性相统一的态势。同时，德育需求又是个体德性修养的内在条件和动力，但也须与外界不断交流能量和信息，不断接受社会规范。因为潜在的德育需求要转变为现实的需求，只能通过德育活动才能实现。随着社会的进步发展，当代大学生的德育需求更加科学、理智和深沉。

我们应该尊重每一个德育对象的合理的德育需求，同时德育工作者也有责任指导德育对象进行理性的德育需求选择。因此，我们需要从以下几点入手：第一点，掌握德育对象不同层次的具体需求；第二点，提升德育对象德育需求的自觉性；第三点，不断对德育需求的环境加以更新；第四点，妥善处理社会要求与德育对象需求之间的契合程度。此外，仔细研究德育对象的具体需求，并构建易于接受的德育机制。

第二节　德育教育与大学生人格的完善

一、品德与人格

德育本质上是一项致力于人的品德塑造与提升的活动，同时也是一个精心雕琢人格的过程。在这个过程中，品德与人格是人的素质中不可或缺的两个要素。品德作为人的道德风貌与行为准则的集中体现，是人在社会生活中形成的稳定而持久的品质特征。而人格则是个体在心理、行为和态度上表现出的独特性与一致性，它反映了人的内在特质与外在形象的统一。

在德育的实践中，品德的培育与人格的塑造往往相互促进、相互渗透。一方面，通过德育活动，我们可以引导个体树立正确的道德观念，培养良好的行为习惯，从而不断提升其品德水平；另一方面，随着品德的提升，个体的人格也会得到进一步的完善与升华，表现出更加积极、健康、向上的精神风貌。

（一）关于品德

品德作为个体道德素质的核心要素，不仅深刻影响着个体的行为选择，更从侧面折射出人格的良劣。在道德评价的天平上，品德扮演着举足轻重的角色，它是我们判断一个人道德水准的重要依据。在日常生活中，人们往往习惯于将人格与品德等同视之，认为人格低下即意味着品德不端。这种观念，虽然在一定程度上简化了对人格与品德的关系，但从狭义的角度看，确实揭示了两者之间的紧密联系。然而，我们也应认识到，人格与品德并非完全等同，它们各自有着更为丰富和复杂的内涵。

（二）品德结构

任何一种品德都包含一定的品德认识、品德情感、品德意志、品德习惯等基本要素。品德认识是人对社会品德现象与品德行为规范的理解。品德情感是人在社会生活中对别人或自己的行为是否符合自己已掌握的思想道德标准和自己的思想道德需要而产生的内心体验。品德意志是指人在道德行为过程中所表现出的意志水平。品德习惯是指一个人无须外在监督，以自己意志努力即可自动实现的思想道德行为。这四种要素构成一个人的品德结构系统。这四种要素是互相联系、互相渗透、互相影响的。品德认识是品德情感、品德意志、品德行为及品德习惯的基础；品德情感影响品德认识的形成发展，并且与品德认识结合构成品德行为的动机，调节品德行动。品德意志行为是品德认识与品德情感的具体表现，同时品德认识和品德情感又是在品德行为实践中形成和发展的。品德习惯则是在品德认识与品德情感、品德意志的支配和影响下，通过品德实践而成。品德习惯一经形成，便会引起相应的品德情感，从而成为品德行为的动力。

品德结构是四种要素共同发生作用、互相结合、协调发展的过程。一个人的思想道德品质水平取决于这四种要素能否协调、和谐地发展。当然，四者各自的发展水平总是有差距的、不平衡的。但是，如果差距太大、比例失调，就会造成品德结构上的缺陷，阻碍学生品德的健康发展，甚至让其形成不良品德。

（三）关于人格

1. 人格的内涵

希腊语中的“persona”指的是面具，也就是舞台演员道具之一，不同的面具代表不同的角色与身份。经过发展，该词演变为人格，不仅表现于外，也包含品质与内涵，代表一个人的真实自我。对于人格，各个学科、各个研究领域都有不同的解释与关注点。无论是哲学家、伦理学家，还是法学家、社会学家、心理学家、教育学家，从本领域出发为人格扩充内涵的结果都是不同的，这也推动了人格概念的丰富与不断发展。

从哲学角度看，在古希腊哲学家赫拉克利特眼中，一个人的守护神是他的性格。法国人格主义领袖莫尼埃于《人格主义》里强调，人格作为精神实质，是一种稳定又独立的存在。人格的稳定性决定于人格与价值体系的结合程度，而价值是在经历正确引导、正常改造后，通过自由获得、同化、体验等方式获得的结果。从心理学角度看，来自美国的信息学家阿尔波特强调，人格是个体于心理物质系统中的动力组织，该组织影响着人对环境顺应的程度。在我国，心理专家和学者们将人格视作个人比较稳定的、重要的心理特征，如能力、兴趣、气质、倾向等，这些心理特征的基础是生理素质，形成于社会实践。另外，还有一种论调是人格即性格。从伦理学角度看，人格就是人品，能够集中体现道德品质。研究人格的标准是道德评价。道德人格包括个人的尊严、价值和品质，集人的主体性、目的性、社会性等特征于一身。换句话说，道德人格将人的性格与品格相结合。伦理学界认为，人格涵盖两方面内容：第一，可以从道德角度对人格进行阐述，人们可以根据道德规范和道德标准对一个人的人格进行考量，并在评价人格时兼顾道德品质；第二，可将人格视作理想人格，它可以是个人的道德修养目标或理想。

2. 人格的本质

在人格不断形成与发展的过程中，我们要从马克思主义理论出发，仔细分析人格本质。

首先，人本身具备自然属性与社会属性。人类是如何起源的？关于这一问题，存在很多种传说与观点，学术界也没有给出统一的论调，但可以肯定的是，包括生物学家、人类学家、考古学家、哲学家在内的很多领域的专家都曾深入探索过这一问题。生物学家达尔文于 1859 年在英国出版《物种起源》，这本著作很大程度上帮助人们了解了生物的起源问题，也为人们解释了人类所具备的生物属性。马克思和恩格斯对达尔文的理论观点予以充分认可，同意“有生命的人是人类历史诞生与不断发展的首要前提”这一论调。因此，人们需要先将个人的肉体组织明确出来，再厘清在肉体组织的约束下，人类与自然界保持的联系。人类与动物都来源于大自然，时刻接受自然规律的影响，这种现象也属于达尔文强调的人类具备的生物属性。

但是，达尔文对于人的自然属性的解释也只是处于生物学的角度。人本质上是动物，但是比低级动物高出很多层次。这是因为人可以从主观意愿出发改造世界，不仅能改造人类所处的自然环境，也可以改造人类“内部的世界”，也就是人类社会。人和动物得以区分的表现之一是人类可以自发地生产生活资料。长期以来，人类在不断地对世界加以改造、不断地生产物质与文化的过程中构建了人与人之间的复杂联系。在马克思眼中，人本质不是个人固有的抽象物。而从现实角度看，人与人之间的关系是社会关系的总和。对于人们而言，对人格形成和升华产生认识的基础是马克思主义人本论，人格属于人的本质特征，它的存在离不开人的身心。人格的存在基础与前提是人本身的实体性，这种特性决定人身心是一切现实物质活动与精神活动的载体。对人格形成过程中的身心依托性进行否定，等同于对人身心的客观存在进行否定，那么人格就会变得不符合现实，也不再存在。因此，人的自然本质原本就属于人格。当一个人的生理需要和正常机能有所缺乏时，他的性格必然会存在某种缺陷，且这类人的性格往往不够平稳，社交通常较为困难，无法与他人和谐相处。长期笼罩于这种压抑心态的人，会产生人格扭曲、心态不正的现象。

但与动物有所不同的是，人具备人格，而人格又不是动物本能。客观来看，一个人在诞生时，就已经步入特定的历史环境中，其人格必然受所处环境的各种因素的影响，这些因素包括风土人情、民族文化、经济变动、政治制度等。从一个人的人格上，我们或多或少地可以窥见其所处时代的某些特征。

除了家庭、学校、社会环境的制约，人格还受自我意识的约束。个体身处社会中，不同人之间的交往是个体生活的基础。婴儿时期的人是不存在独立人格的，也无法将自我与外部环境区分开来，这是因为婴儿无法开展社会交往活动。伴随身体和心理的成长变化，人类个体会慢慢思考“我是谁”“别人怎么看我”“我应该做出什么改变”等问题，而后在不断参与的社会交往活动中，反复思考自身的存在原则，寻找融入环境、被他人接纳的途径，进而不断成长，实现价值。因此，我们可以将个体的成长过程视作其融入社会的过程。根据马克思关于人是生物性与社会性矛盾体的理论，人格具备生物、社会等方面的本质，生物本质承载着人格的形成过程，而社会本质能够帮助不同个体塑造多样化的人格。

其次，以马克思主义时间管理为基础，我们可以总结人格的生成规律。人格以人的自然属性为基础得以形成，这种属性能够为人格提供形成环境。人格形成的外在因素是人的社会属性，这种属性能够提供人格形成的现实条件。个体的践行活动能够促成潜在人格向现实人格的转化。以社会实践为基础，个体自我可以融入社会，并与他人进行交往沟通，为社会构建社会关联体系，这种关联体系来自社会实践，能够对个体人格产生影响。从社会实践角度看，人发起社会实践，又参与社会实践。同是参加活动，动物只能按照本能进行生存与繁衍，但人可以利用自然，并对自然加以调整，也可以实现自我认同，改造社会环境。人认识和改造自然的过程，是不断提高自我意识的过程，在此过程里，人可以将主观能动性呈现出来。在人的精神世界里，处于最顶端的是人的意识，其能够以直觉、记忆、判断等多种形式存在，其生成源头是人的心理结构。我们可以将人格视作一种表现状态，这种表现状态的基础是个体的生理因素和遗传因素，并通过社会实践呈现出来。在个体与外部环境相互作用时，个体会从人格出发，在行为上实现内外的稳定融合。

3. 人格的层次

按照心理学，人格即人性（personality），它指的是“一个人的整个精神面貌，即具有一定倾向性的心理特征的总和”①，它具备多层次、多侧面的结构，是心理特征经特定结合组成的一个整体。

不同于天赋，个性以先天生理结构为基础，受后天环境所影响，也受社会历史条件和一个人的社会地位的约束，具备民族性、阶级性、团体性特征。在社会历史条件相同时，人们会经历不同的生活，进而产生与他人不同的特征。信念、理想、世界观等都是具备核心意义的个性组成部分，并在不断变化的生产关系、社会制度的影响下缓慢改变。

（四）品德与人格的关系

品德与人格在它们形成过程中是相互依存的。品德是个人的道德品质，它是个人依据一定社会的道德原则和规范行动时所表现出来的稳固的心理特征和倾向。它是个体与外部环境相互作用的产物，离开了个体的气质、性格等人格因素，品德无法凭空产生。相反，没有相应的品德，人格的形成就会失去方向和灵魂。因此，德育所要培养的品德就不能仅仅局限于反映社会意识的道德品质；政治品质和思想品质，还必须包含个性心理品质，如气质、性格等。德育的核心作用在于塑造受教育者完善的人格。

二、德育与人格的形成

在前面我们讨论的人格（个性）结构的诸多因素中，气质主要是由遗传决定

① 朱智贤. 心理学大辞典[M]. 北京师范大学出版社，1989.

的，具有相对的稳定性，它处于人格的基础地位。性格则是以一定的气质为基础，是在个体与外部环境相互作用过程中的稳定的态度和行为方式。性格处于人格的中心地位。德国哲学家康德早在 18 世纪就指出，德性只有在人格的准备下才能形成。因此，培养青少年的思想品德就不能仅仅着眼于社会意识的灌输，更要着眼于人格的培养，着眼于有效地促使社会主流影响与学生人格的融合。

（一）健康人格及当代大学生健康人格

1. 健康人格及其特征

最早围绕健康人格提出的观念是人格心理学家阿尔波创造的“成熟人格”。在部分学者眼中，健康人格与和谐人格含义相似，是用于形容自觉、和谐地综合自身所有内在素质与外在条件所产生的可以和谐地进行生活的最优人格，能够将个体内部健康向上、完整稳定的心理因素呈现出来，也可以将个人和他人、社会与自然等外在环境因素之间的关系对应的行为倾向调整好。从人格结构角度看，健康人格是良好的人格特征作用于一个人的具体表现，它包括稳定、完整、积极、健康等多种类型的人格，且不是一蹴而就的，需要长时间的积累，在形成后，人格的各个组成部分都会相对比较稳定、比较完整。衡量一个人的人格健康程度，不能只关注某一部分的人格构成要素，要从宏观层面对人格的气质、理想、道德品质、性格、人生观进行考量，研究其在特定标准下的有机整合程度。

2. 当今大学生健康人格的特征

美国心理学家、人文主义心理学代表马斯洛于 20 世纪五六十年代开始对健康人格的特征进行研究。马斯洛从人的需要出发，调查研究了包括爱因斯坦、林肯在内的很多名人的人格特征。研究表明，这些享誉盛名的人物在人格的特征上具备一定的共同点，包括稳重务实、富有主见、善于交心、尊重实际、推崇创新、刻苦勤奋、积极乐观、胸怀坦荡、宽容大度、性格幽默、受人依赖等，并且他们还善于取悦自己。而后，马斯洛又在大学生群体中对上述的人格特征进行验证，结果表明具备这些品质的大学生，大多具有活泼的性格、优良的学业成绩。

根据马斯洛对历史名人的人格特征的研究以及当今大学生的特点，结合我国社会的实际情况，我们可以发现当今大学生健康人格的特征包括以下几点。

第一，能够对自己产生正确认识，也就是大学生可以坦诚、客观地看待自己、肯定自己、接受自己。正确认识自己，不仅意味着接受自己的优点并因其感到欣慰，也意味着接受自己的短处，勇于接受自己包括相貌、家庭条件、智商才华及其影响等各个方面的短处。此外，明确掌握自己有什么、没有什么，能够坦然面对理想中的自我与实际生活中的自我之间的差距。

第二，具备坚韧不拔的意志。从古至今，无论是成大事者，或是天赋异禀的人，他们都具备坚韧不拔的意志，这也能够证明坚强的意志对于人格是十分关键的。个人意志发展的成果可以是坚强的，也可能是软弱的。

第三，具备高水平的社会环境适应能力。大学生要想具备这种能力，首先，要处理好学习与生活的关系，在不断拓宽生活范围的基础上，培养更多的兴趣爱好，并提升参与社会公益事业的积极性；其次，要将人际关系处理好，在与他人正常交往、正常沟通方面，不仅能与他人产生共识，也要能取悦自己、待人和善，要正视自己与他人在信念和价值上的差别，取人之长补己之短，勇敢面对失败挫折。

第四，具备事业心与创新能力。其一，要保持对事业的热情，将自己的事业内化为自己生活的重要组成部分，并积极主动地解决自己在学习和工作中的难题；其二，对于事业，要兼顾竞争与协作态度，通过集思广益的方式，在遇到问题时妥善解决，又不失坚韧、自制的品质；其三，要具备创新能力与创新意识，大胆开拓、勇于探索和实践。

第五，具备成熟、合理的智能结构。能够在认知事物时，突破认知上的限制，具备记忆、思维、注意、判断、想象等方面的优秀能力，能够合理融合各种认知能力，并激发其蕴含的巨大能量。

（二）人格的培养

人格的形成过程，不是一种自然增长的过程，而是矛盾运动过程。人格内部诸因素之间以及个体与社会影响诸因素之间存在着纷繁复杂的矛盾。例如有的学生在学校里被评为“劳动积极分子”，而在家里什么活也不愿意干。为什么同样的学生，在不同的情况下会有完全不同的两种表现？客观地说，这不是什么“双重人格”，而是人格形成过程中，内外诸因素之间矛盾的表现。学校对学生进行劳动教育，要求学生热爱劳动，积极参加劳动的学生会受到老师的表扬和同学的称赞，会获得荣誉。而有些家庭，家长却只要求学生读书，从不要求学生劳动，不让他参加任何家务劳动，学生的一切日常生活都由家长侍候。当这样两种相互矛盾的影响同时作用于一个学生身上，在他还没有真正形成劳动观点和劳动习惯时，他在学校为了得到老师和同学的赞扬，就积极参加劳动，回到家里，激发他争取表扬的外部条件不存在了，他对劳动自然就不积极了。这个事例说明，塑造学生完善的人格，学校必须深入细致地分析人格形成过程中内外诸因素的矛盾，有针对性地采取各种措施，促使矛盾向积极方面转化，也就是要促使学生自觉地接受和内化外部的积极影响。

对人格的培养可以巩固已形成的品德心理特征，也可以改造或矫正品德不良行为。个体所形成的道德品质的好坏与稳定与否，是主观与客观、内部与外部等多种因素综合作用的结果。人格特征是其中一个重要的影响因素。如果一个人形成了积极的、良好的人格特征，那么他的言语举止、待人接物的形式就能为社会所接纳、为他人所欢迎。于是他的行为对社会产生积极的有意义的效果。在客观上，这为其形成良好品德创造了优良的环境条件；在主观上，着对其已形成的良好的道德品质是一种强化，一种积极的反馈，这就可以达到巩固所形成的良好品德心理特征的效果。

因此，我们说个体的人格特征反映了一个人对人、对物、对社会的心理倾向。这种倾向性以及与之相应的行为方式在个体的社会生活中可以起到道德动机的作用，成为推动个体从事某种活动的动力。

（三）德育对人格形成的作用

总的来说，影响人格形成的因素：一是外部环境（社会、学校、家庭的培养教育）的作用；二是学生自我感知、自我教育的能力。人在与客体的交往过程中能逐渐认识自己、认识自己与客体的关系，并能据此对自己的思想行为进行自我观察、自我评价和自我调节。正因为人都具有这种自我意识和自我教育的特性，加之每个人的主观内心世界各有不同，所以每个学生都以自己的方式对待外部影响，或者持肯定态度、积极应对，或者持否定态度、抵制排斥，或者持中立态度，淡漠处之。以上两个因素中第一个因素就是德育过程，而第二个因素就是自我教育能力的提高也是德育的结果，是进一步塑造人格的条件和内部动力。学生自我教育能力的增长，就能提高他们的上进心和自律的能力，使其“择其善者而从之，其不善者而改之”。可见德育对人格形成与完善具有催化的作用。

同一年龄阶段学生人格的形成，既有共性，也有独特性，而每一个个体又存在着不同发展阶段上的差异。由于人格形成过程中存在着这种变动性与差异性，因此，德育并不是机械地用同一个方式向所有的学生传播社会意识，而是要深入细致地分析受教育者矛盾的普遍性和特殊性，有针对性地进行工作。

综上所述，德育本质上指的是教育者从社会要求出发，将社会意识内化于受教育者的思想道德中的活动，它属于教育，也是教育的首要任务。经过德育培养的受教育者的品德包含反映社会意识的道德品质、政治品质和思想品质，也包含个性心理品质。因此，德育的实质是塑造人格。

第三节　德育教育与大学生素质的发展

应试教育向素质教育的转变，是我国教育在思想、观念、模式等方面迈出的重要一步。素质教育的目标是培养德才并举、特长发展、素质全面发展的人才，而德育是素质教育中负责重要使命的存在。

一、德育在素质教育中处于核心地位

从本质上看，素质代表人的基本品质，具备高水平的复合性特征，集品格、知识、能力、智慧于一身，知识与能力都是它的组成要素。此外，素质代表着人的内涵与做人的根本。一个人的思想政治素质的高低决定了他目前与日后的发展路线正确与否，也决定了其发展动力的强弱，更决定了其科学文化素质水平的高低。因此，素质教育在不断向前推进时，必须以德育为核心。学校要始终在正确的政治方向中前进，并要发挥德育的导向作用与保证作用，并使其成为智育、体育、美育、劳动教育的动力源泉，进而全方位发展学校教育与学生各方面的素质。智育、体育、美育、劳动教育之间存在良性互动也是十分重要的，学校将德育渗透到这四种教育当中，促进其正向发展，进而为德育提供坚实基础。

提高学生综合素质是德育的核心目标，包括政治、理论、思想、道德、心理等方面的素质。而学校想要提高大学生的综合素质，需要先让他们具备一定的思想道德素质、综合能力素质与适应性特征。在素质教育的发展过程中，将德育确立为核心任务是具备里程碑式意义的举措。在此之后，我国的教育思想跨越了一定的层级，为更深层面的教育改革的实施提供了舞台，也让人们重新对德育的教育功能与教育价值进行仔细审视。德育核心地位的确立，意味着我们要将目光放在人们整体素质的提高与各方面的发展上，也意味着我们要开拓视野，从非智力领域看待德育教育，全方位地发掘学生的潜力，提升他们的创造性意识，帮助他们塑造顽强的意志、培养艰苦奋斗和团结协作的精神、提升他们对社会生活的适应能力。另外，我们要将传统意义的知识、技能、专业渗透到大学生的精神世界里，让他们坚持正向的理想信念，发展健全积极的道德人格。

（一）从素质教育角度出发实践德育

思想道德素质要以基本政治观点、道德行为、道德认识能力等形式呈现出来，即对问题加以认识、解决的能力，这些能力也能够促进良好行为习惯的养成。近年来，高校德育在学生的思想道德教育方面做了大量的工作，进行了较大的投入，取得了一定的成效。但实效与预期的目标尚有一定的差距，原因之一就是科学、规范的素质教育体系的建立比较滞后，这使德育游离于素质教育体系之外。这种状况一方面抑制了德育在素质教育中的核心作用的发挥；另一方面导致大学生对德育在其人生发展过程中的重要意义认识不清，无法整体把握素质教育的含义，也没有将培养思想道德素质放在首位。在不重视全面素质培养的情况下，大学生或多或少地忽视了对道德认识、心理调节等方面的能力的提升。所以，学校要从“素质”角度出发，仔细考量、研究、践行德育，让青年学生具备正确的素质德育观，全方位发展思想道德素质，以推动两个文明建设，让学生适应社会对人才素质的要求，并主动肩负做“四有新人”的重要使命。

（二）德育在素质教育中的整合功能

随着我国经济建设的快速发展和文化生活的不断丰富，高校德育必须适应新形势的要求，扩大功能范围，拓宽服务领域，以全面提高人的素质水平为基础，使其导向作用、动力作用、保证作用发挥出来，从而向智育等其他各育输送精神能量，进而保障学校教育的实施与学生的全方位发展。因此，高校要保证智、体、美各育之间存在良性互动，并将德育融入各育之中，在推动智育、美育、体育等的稳定发展的同时，让各育为德育提供稳固的发展基础。

除了为青少年健康成长和工作提供正确的导向、充足的动力、良好的保证作用外，高校德育还要始终关注时代形势变化下人才素质要求的变动，并担负特定义务。

学校德育对智、美、体等方面的教育在学生成长过程中产生多种影响，包括统一、调整、综合等，并实现提高学生综合素质的目标。德育将大学生的专业知识转变为大学生的实际能力，让知识与非智力因素有效融合，进而推动生产力的不断发展，这是新的历史背景下德育创新发展的必要任务。

我们知道，生产力不能脱离人的思想道德素质而单独发展。对于人类个体而言，以思想道德素质为核心的德育，决定了其智力与体力所发挥的具体作用。良好的思想道德素质是个体发展积极性、创造性以及健康稳定地成长的必要基础，它也是推动生产力发展的重要因素。在高校素质教育体系里，德育主要负责通过组织道德实践、劳动教育、学风教育、心理调适、劳动教育、咨询等方面的活动，让学生将政治、思想、道德、心理等方面的素质与所学的专业知识有效融合起来，进而既拥有足够量的理论知识储备，又拥有足够高的社会实践能力，并且能够适应社会主义市场经济的发展环境，规划未来的工作与生活。

二、德育在大学生素质发展中的作用

人才的成长和发展需要崇高的理想、高尚的品德、坚定的信仰作为坚强后盾，缺乏崇高理想和良好品德的人极易陷入急功近利的泥沼。因此，在人的发展过程中，德育水平具有决定性的意义。人与动物之间最大的区别就是人具备思想，它可以控制人们的行动，帮助人们规划行动目标、明确行动方向。因此，思想道德素质是德育教育内容中的先导部分，能够帮助人们解决人生观、价值观等方面的问题，并让人们发展的其他素质发挥正向社会价值。

德育发挥的作用影响了它在素质教育中所处的位置，这种作用即保证高校对青年大学生综合素质进行德育培养的质量良好与方向正确。

（一）坚定正确的政治方向的作用

高校培养的青年大学生的素质包含着多方面的内容，其中思想政治素质居于主导地位。正确的政治方向、理想信念能够帮助青年大学生明确学习方向，也能够帮其坚定信念，帮助大学生增强团结协助、努力进取的精神力量。此外，拥有正确的政治方向，大学生可以更加健康地成长。习近平总书记指出，青年是国家的未来、民族的希望，必须树立正确的世界观、人生观、价值观。他强调，青年要坚定理想信念、志存高远、脚踏实地，把个人的理想追求融入国家和民族的事业之中。在拥有正确政治方向的前提下，青年大学生可以勇敢地面对各种挑战和困难，从容地置身于复杂多变的政治环境之中。

在这里，我们所说的拥有政治素质的人才，具体地说，应该是有理想、有道德、有文化、有纪律的社会主义新人。他们热爱社会主义事业，具有为国家富强、民族昌盛和人民富裕而艰苦奋斗的献身精神；他们不断追求新知，具有实事求是、独立思考、勇于创新的科学精神。

普通的知识传授不是德育角度的马克思主义理论教育的关键，为观察问题、分析问题提供观点、立场、方法才是其关键所在，其教育任务是让学生将接受的理论内化为自身的价值取向与人生目标，并树立正确的理想信念。当下，在中国共产党的领导下，全面建成小康社会目标的实现，不仅体现了爱国主义情操、共产主义理想、社会主义信念，也反映了人民群众的根本利益，促进了中华民族伟大复兴事业的发展。因此，让大学生树立正确的“三观”是十分关键的，只有这样，他们才能以战略思维对国内外错综复杂的环境加以审视。在经济全球化不断发展的当下，大学生要时刻保持清醒的政治头脑，时刻认识时不我待的形势。高校要引导大学生始终以为人民服务为安身立命之本，当大学生将为人民服务作为自身发展的价值取向时，他们会自发地拥护国家、拥护人民、拥护社会主义民主建设，也会主动推崇围绕公有制建立的经济体系，更会以集体主义为原则处理事务，进而主动肩负深入建设社会主义事业的使命。

（二）开发人才智力素质的强大动力

随着现代科学技术的突飞猛进，人的智力因素和非智力因素对社会进步、个人成长的作用表现得十分突出。反过来，社会进步对人才的智力素质和非智力素质的要求也越来越高，越来越迫切。一个社会的发达程度同它的社会成员的智力素质有着直接的关系。我国正处于社会主义初级阶段，对人才智力素质的要求更有特殊性和紧迫性。在我国经济、科技、文化比较落后，世界范围内新技术革命日趋激烈条件下，建设具有中国特色的社会主义的伟大事业，急需要我们培养具有开拓精神和创新能力的人才，急需要我们全面提升国民智力素质。而思想品德素质正是开发智力和非智力素质的一个重要的驱动因素。

思想道德素质可以促进人才智力素质水平的提升，并帮助人们处理科学技术与长远目标、崇高理想之间的关系，让人们勇于探索、勇于追求，并为人们提供充足的精神力量，让人们不惧艰难险阻，最大程度地发掘潜在能力，帮助人们开发智慧。人才的思想境界直接影响着其智力素质，不断拼搏、自强不息是人才实现人生价值的必备精神要素。

拥有乐观的心态和坚强的意志，是一个人提升智力素质水平的基础。根据现代人才成长理论，智力水平是主体开展活动的基础，但不是决定性因素。包括智力因素和非智力因素在内的创新人格在人才的培养过程中能够产生巨大影响，这些因素与人的创造力密切相关。思想品德素质中的人生观念、意志等非智力因素在人生发展中具有重大意义。德育的人格教育、意志品质教育和对学生的自我意识及自我塑造的教育强化了学生“天生我辈必有才，天生我材必有用”的信念，增强了人们不惧困难、不怕挫折、勇于实践的信心，这一方面有益于大学生智力的开发，另一方面增加了大学生获得成功的机会。因此，对于高校德育而言，个性品质能够在人才接受创新培养的过程中发挥巨大作用，而发展个性、培养创新精神是高校德育需要完成的时代任务。高校要发掘德育的影响潜能，让大学生规划崇高理想、坚定正确信念、提高情感丰富度、强化意志、发展浓厚兴趣，进而为他们日后为社会做贡献奠定基础。

人文素质对人才智力的支持。思想道德观念的基础是文化底蕴，价值观念存在于人文意识，人文素质能够体现出思想道德素质。此外，人文素质对于提高思想道德素质是相当关键的。文化基础和文化修养比专业知识更能将人才质量反映出来。面对处理中西文化差异、传承古今文化，尤其是传承中华民族优秀文化的重任，以及促进人们的现代化发展等任务，符合时代发展趋势的中国文化理念和精神是必不可少的。对于青少年而言，博大精深、历史悠久的中华文明是能量巨大的精神源头。人文素质本质上需要处理如何为人处世、树立何种“三观”、如何调控精神世界等问题。

当今的大学生是新时代发展和建设的栋梁，因此，通过德育途径提高大学生的人文素质，倡导优秀传统文化，打造新的具有时代特征并在实践中不断升华的人文精神是高校德育的重要任务。

（三）树立现代思想观念的必要条件

素质教育本质上要求让学生具备正确的世界观、人生观、价值观，并不断提高创新能力和实践水平。学生在大学阶段最重要的任务是获得终身受用的知识财富，并塑造正确的思想观念，力求具备不凡的精神境界与缜密的思维逻辑。在接受德育教育后，学生能够坚定信念及收获为人处世的准则，这些都可以为学生提供源源不断的精神动力。

树立现代思维观念。培养高素质的人才，不仅要提高学生的现代科学技术和现代管理组织的能力，而且必须让其树立现代的思想观念。人的思想观念现代化是社会现代化的组成部分和实现条件。与现代化相悖的思想观念、文化心理、行为方式、思维方式等都是社会现代化进程的巨大阻力，必须解放思想，实事求是。可见，提高人才的思想品德素质，树立现代思想观念尤为重要。通过提高思想品德素质，人们可以清除封建思想和小农意识的影响，科学地继承祖国优秀的文化遗产，形成符合社会主义现代化建设要求的思想观念，可以抵制资产阶级腐朽思想的侵蚀，正确地对待西方思想文化，形成具有中国特色的新文化，成为既有民族气质，又有时代风貌的时代新人。

树立科学奋斗的观念。科学奋斗的思维方式能够发挥巨大的能量，也能提高学生的智力水平，帮助他们更加深入地掌握科学文化知识，这是学习某一种专业知识技能所无法达成的。不断发展的社会要求人们增强的创新意识与能力，人们更加善于思考，以更进一步地实现对理想的追求。

（四）对大学生创新精神的价值导向作用

导向正确，创新人才的培养才能产生理想效果。大学生的潜能需要被开发出来，以便其将自身智慧运用于价值的创造中。根据相关研究，从思想观念角度看，创新人才具备多元价值观、民主政治观、重视自我实现的人生观等多种特征，他们并不以个人利益、个人需要、个人权利为目标追求，思想比较开放、先进。正确的价值观导向能够使青年大学生在社会主义思想道德教育的熏陶下，自发地热爱祖国、热爱人民，并关心周围的环境与全球动向，进而成为具备高水平创新素质的新型社会人才。

要提高大学生的创新能力，激发大学生的创新热情。创新精神代表时代精神，具体包括进取、求真、探索、冒险、挑战、献身等方面的积极精神。在当今世界范围内，每个国家都将培养人才的创新精神视作开展教育的最终目标。所有的创新活动都离不开人类对未知领域的艰苦探索，人类做出创造发明的前提便是具备足够的创新意识。在强烈的主体意识和创新欲望下，创新活动才能成功，而这二者的来源是个人追求事业、热爱国家、热爱人民的内在精神。在缺乏事业心、时代责任感的情况下，一个人是无法对创新产生热情的。由此看来，在对民族创新精神进行培养时，德育发挥了重要作用，因为创新精神不是轻而易举就能获得的。在创新人才的培养过程中，教育需要完成的任务是非常复杂的。想要提高大学生的创新能力，高校就要充分发挥德育的能量，帮助学生塑造积极进取、大胆创新的品格，并明确创新目标。

要提高大学生的创造水平，强化创新意义。创造感指的是主体从创造活动里感受到的一种特殊体验。创造活动的过程与结果可以为人们提供愉快、振奋、成就感等积极向上的情感体验。高校在对大学生的创造感进行强化时，要注重创新实践过程中的每一个环节对应的体验学习。对于学生而言，德育需要完成的任务包括引导他们对活动的过程与结果进行反思、对经验教训进行总结，让他们在这些过程中深入体会情感。创新本身具备复杂性，高校需要加强德育心理、道德、实践活动等方面的教育工作来塑造大学生的顽强意志，让他们在日常生活中更加独立，更加具有主见。

要增强大学生创业观念，建立创业信心。大学生创业包含两个层面：一是大学生自身职业策划，在社会上谋求一个适合自身发展的就业岗位；二是经过奋斗建立自己的事业。大学生应树立创业观念，既要树立合作精神，又要打破依赖心理，善于抓住机遇，克服困难，争取成功。

第四节 大学生德育教育过程与规律

高等学校的任务是提高学生的德、智、体等方面的素质水平，这个教育过程是有目的、有计划的，而德育在其中占据重要位置。德育过程既贯穿于学校一切教育活动的始终，又有相对的独立性，有着自身特殊性和规律性，我们必须把它作为一个独立过程来研究。关于德育过程及其规律的研究，既是确定德育方针、原则、途径、方法的理论基础，也为实现大学德育科学化提供科学依据。

一、影响大学生成长的因素分析

（一）值得注意的大学生思想与行为特点

不同社会条件和不同历史时期的青少年，特别是大学生，具有不同时代的特征。

当今社会，我国的中国式现代化进程不断推进，无论是政治、思想、教育，还是经济、文化、科技，各个领域的改革正在被不断深化，这使得社会生产力的提高与人们观念意识的更迭不断加快。在对外开放的大背景下，人们的视野不断拓宽，接触到越来越多的国外物质文明和精神文明。不断发展的经济建设与逐渐增多的信息传播方式突破了学校与社会之间的隔阂，也使得两者之间的距离变短。大学生的社会化进程也随之不断加快，时代特征在他们身上表现得愈发明显。在社会意识、群体特征、心理状态、生活习惯、价值倾向等方面，时下的大学生可谓在各个时代中独树一帜。

只有正确认识大学生的思想与行为特点，德育才能更接近于他们的思想实际，从而产生比较好的实际效果。随着社会主义市场经济体制的逐步确立，青少年的思想观念和行为方式发生了巨大的变化。这种变化在作为敏感的具有较高知识层次社会群体的大学生身上有更加明显的反应，并带有自身的特征，应该引起我们的关注。

1. 部分学生的政治观念有所淡漠

学生活动的政治性色彩呈现出淡化的趋势，而非政治性元素则逐渐凸显。部分学生认为只要掌握了知识和技能，就足以满足社会的需求，无需过分强调政治素质。然而，这种观念实际上是大学生将自身的标准降得过低，忽视了作为新时代的知识分子所应承担的历史使命和社会责任，缺乏应有的精神追求和担当。然而，我们也不得不正视一个现实，即大学生的政治辨析能力尚显不足。这也对我们的高校思政教育提出了新的挑战和要求。

2. 部分大学生价值观表现出实惠与趋利的倾向

社会上存在的拜金主义、享受主义、个人主义对一小部分在校大学生产生了不良影响。他们把求知看作是求富的手段。现阶段，大多数学生能够从社会与个人的双重角度来正确认识人生的价值，他们希望通过自己对社会的贡献来获得社会对个人的满足，从而在推动社会的进步中实现自我价值。

3. 大学生的社会活动增加，自我行为的控制能力有所减弱

在主观思想支配下和社会观念、社会行为方式的影响下，大学生行为表现出明显的发散性和释能性。他们与现实社会和网络社会的接触大量增加，情感活动、人际交往活动、经济活动、娱乐活动等频度和深度都加大了。从大学生的生理、心理特征来看，他们处在青春期，生理上的发展成熟，使其思维扩展、精力充沛、感情丰富。在心理上，他们自我意识、独立性增强。大学生的社会信息量大，社交范围广，这更促使自我意识的增强。另外，当代大学生处在社会改革的洪流中，与上代人相比，他们的思想更解放、更倾向于独立思考、民主平等的意识更强。大学生在表现出大胆开拓、勇于实践、敢冒风险等积极精神的同时，也表现出了盲目、草率等不良倾向，缺乏应有的理智。总之，当今青少年，特别是大学生，的思想品德在新形势下表现出不同于以往任何时期的新特点，这对我们提高德育的实效性既提出了新的挑战，又创造了新的机遇，为我们开展德育工作，提高德育的实效性提供了客观依据。

（二）高校德育环境分析

德育是一个科学的系统工程，它依赖于教育学、社会学、心理学等诸多学科理论知识的支持。同时，德育也受到社会大环境、校园小环境、教职工素质、个人成长经历和自我心理环境的诸多影响。要实现德育的实效、达到目的，高校就必须客观分析大学生德育的环境因素，并且通过遵循大学生品德发展的规律来实施德育。

1. 社会经济活动方式的新变化对德育的冲击

改革开放以来，我们国家实行了社会主义市场经济体制，由此形成了一些新

的社会经济活动方式，比如经济成分的多样化、分配方式的多样化，现在在公有制的基础上又出现了多种经济成分，分配原则由过去的按劳分配转变为按生产要素分配。我国长三角地区、珠三角地区等东部沿海地区经济发展优于西部地区经济发展，这导致部分地区人才过于集中，工作压力加大，面对这些新的社会问题，部分青年学生出现了理想、信念的动摇，甚至对思想政治教育产生一定的阻抗。

2. 社会信息活动方式的新变化对德育的冲击

在21世纪的技术浪潮中，计算机科学的飞跃与信息网络化的兴起与发展无疑是人类最为卓越的贡献之一。相较于传统封闭的校园环境，如今的大学校园已变得异常开放与多元，这使得大学生们能够便捷地接触到来自四面八方的信息，包括国内外社会经济、政治、文化等领域的内容。在这种信息的洪流中，古今中外的哲学理念、文化倾向、价值导向等如同潮水般不断冲击着大学生的精神世界。面对如此丰富的信息，当代大学生不再是被动的接受者，他们变得更加主动与独立，不再简单地接受某一种思想或观念的灌输，而是开始积极地思考、比较与选择。在这样的背景下，传统的思想教育内容与方式显得有些力不从心，甚至显得有些僵化与过时。

3. 社会文化活动方式的新变化对德育的冲击

随着科技的迅猛发展和经济的蓬勃发展，我们周围的文化生活产生着前所未有的变革，不仅数量上更加丰富，质量上也得到了显著提升。人们感受到多元化的文化活动方式和现代化的活动设施带来的愉悦，深切体会到了社会进步与现代文明的魅力。然而，西方腐朽、堕落的生活方式也对一些大学生产生了不可忽视的负面影响。

4. 大学生自我角色的变化对德育的冲击

人的不断成熟的过程就是社会性程度不断加深的过程，其社会性过程主要由不同角色交替衔接而形成的，对于大学生而言更加如此，其转变也更加显而易见，大学生通过转变和适应逐步提高社会性，由此逐渐走向成熟。在大学阶段，大一学生面对从高中走向大学的转变，大四学生面对从大学走向社会的转变。两次明显的转变过程对学生的心理健康、社会认知、人生发展、职业规划等各方面都会产生较大的影响和巨大的压力，而这一时期又是大学生个性成熟、价值认知关键时期，因此高校要深刻把握大学生不同阶段角色的变化，以及学生成长成才的需要，提升对学生有针对性教育和服务。此外，新中国成立以来，我国的高等教育也紧密贴合国家发展实际持续推进深化教育改革，从高校负责学生的分配到由高校指导、学生自主就业的模式转变，不断地冲击着大学生对身份、角色的定位和认知，尤其是新时代以来，社会经济的不断发展，人才市场对于高素质的综合性人才的需求日益强烈。高校如何做好人才培养和就业指导与服务是关键性的问题。同时学生独立意识和自主维权意识的增强，特别反感居高临下的管理者和教育者，对一些僵化的、脱离实际的思想教育则形成心理阻抗。对此，我们应进行客观的分析，在积极对学生进行引导的同时，也要看到传统的思想教育模式和教育内容已滞后于社会的发展，需要对其进行改革，以实现德育实效性目标的追求。

（三）大学生品德发展规律分析

德育科学是以学生的品德形成、发展规律及教育规律为其研究对象的，那么，研究德育过程及其规律，首先就必须研究学生品德的形成、发展过程及制约条件。我们应看到，品德的形成过程要比德育过程涉及因素广泛得多，它包括学校、家庭、社会对学生的影响，其中有可控的自觉的影响因素，也有广泛的自发的影响因素。德育过程是自觉的影响因素，不是自发的，而品德形成过程中却有自发的一面。学生的品德可以在德育过程中形成，也可以在其他社会生活条件影响下形成，可能与德育过程一致，也可能与德育过程不一致。我们应当充分发挥德育过程在学生品德形成过程中的主导作用，自觉地培养学生与社会要求一致的品德，去除消极的社会影响和与社会要求不一致的品德，将社会的要求同学生品德发展的要求统一起来，使德育过程和品德形成过程产生最佳综合效应。为此，也必须首先研究学生品德形成的规律。

品德是一个人建立在一定的心理素质基础之上的思想品质、道德品质和心理品质的总和，是一个人完整的精神世界。大学生恰值其一生中最重要的身心成长时期，也处于品德发展的关键期。大学生品德形成和发展具有其内在的规律。根据品德发展心理学的研究，人的品德的形成是一个动态的由低级向高级（心理发展—道德认知—思想观念）逐步发展的过程。高层和低层之间互相渗透成为一个统一的整体，构成一个完整的精神世界。

大学生品德是以活动和交往为基础，以化解心理内部矛盾为解决方式，通过不断积累、不断更新而得的。

1. 活动和交往是品德形成的基础

对于受教育者来说，其品德是受教育者本人在与外界进行相互作用的基础上，通过不断的活动与交往，最终获得的成果。人的品德是以活动和交往为基础形成和不断发展的。一个人的思想品德的生理基础是其遗传素质，但遗传素质不在品德体系中。我们只能通过客观的社会关系对其思想观念和道德举止进行调控，而客观社会关系是以互动交往为桥梁作用于人的。活动能够形成社会关系，而交往是社会关系具体化的成果。通过活动与交往，我们可以在社会关系中对思想政治观点进行把握，进而培养特定的道德习惯，因为所有人的活动与交往都是在特定的社会关系系统中进行的。活动与交往能够呈现人与事物之间、人与人之间的关系，活动的行为方式受其所处社会环境的道德规范与思想政治原则所约束。通过活动与交往，包括青少年在内的各种人类群体的成员能够掌握特定的社会思想与道德准则，进而从自身出发塑造良好的思想道德品质。

2. 品德的形成和发展是外界教育由内心矛盾运动转化而得

社会道德规范向个体品德的转化，需要受内外因素的共同作用。虽然外部教育影响对于德育对象的品德形成不可或缺，但外界教育影响需要与德育对象的内部心理发生矛盾。品德是一种个体现象，它既需要个体进行特定的心理活动，又需要个体进行内部心理矛盾，而这里所说的“内部矛盾”，指的是受教育者的现有品德与当前德育需求之间产生的矛盾。教育要以要求为开展基础，没有要求的教育是没有意义的，而要求需要超过现有品德水平。不同的人具备不同结构的品德，在接受外部教育影响时也拥有适合自己的独特方式，包括排斥、接受，即主体是有选择地接受外部教育。无论主体拥有何种结构的内部品德，在接受外部教育影响时，其原有的品德必然与外界教育之间产生矛盾，进而在心理上留下特殊的节点。在主体主动接受外界影响时，他们会将外部要求内化为自身要求，并在内心对适应行动的途径加以选择，进而改造原有的品德结构，构建出最终的内部控制体系。因此，主体能够将外部教育影响进行加工、内化，进而不断改善自身内部的品德结构。

3. 品德的形成与发展是长期地不断地进行塑造的过程

品德的形成需要历经活动与交往及其所产生的矛盾相互作用、往复前进的过程，在这个过程中，品德结构不断被改造，不断产生新结果。塑造教育即培养新的品质，也就是要形成某种稳定的心理特征，必然要经过长期的、反复的教育与培养。不能因为教育对象按照教育者的要求，接受了某一思想，完成了某一道德行为，就断定他已经形成相应的品德了。教育对象具备某种品德的标志是他不仅不断对某种思想加以巩固，不断做出某种行为，还从实践经验出发，肯定某种思想或道德规范的正确性，并能在日后的生活里根据这种品德思想养成稳固的行为习惯，矫正某一错误的思想观念或道德品质。品德形成发展的长期性，也可以从心理生理学上得到说明，即对有机体不止一次地重复一种系统的影响，才能形成动力定型。由于人们品德的心理结构是一种动力系统，并非一旦形成就固定不变，因此，每个人的品德结构只能是相对稳定的。由于整合作用，每个人的品德的心理结构总在不断地改变着、发展着。

综上所述，学生品德是在活动和交往的基础上，学生接受教育者有针对性的教育，并通过受教育者在心理层面进行内部矛盾运动，将外界教育影响内化为动机和内部动力，采取相应的行动措施，用实际言行将活动表现具体化，并不断巩固，以形成特定行为习惯，最终成功塑造个性特征，产生一定的品德，并在长期的塑造过程中，成长、发展，直到成熟。

二、大学生德育过程

德育过程作为教育的重要一环，它不仅仅是一个简单的教育流程，更是贯穿于德育活动的始终。德育过程具备独特的特性与演进规律，这些规律深刻影响着其发展方向。值得注意的是，德育过程与人的成长、发展紧密相连，它不仅是塑造个体品质的关键，更是推动个体全面发展的重要力量。

（一）对德育过程的理解

1. 德育过程的含义

德育过程是思想品德教育过程，大学德育基本任务被划分为政治观念、思想方法、道德规范，是教育者借助有目的、有组织、可实施、有计划的教育过程，是帮助大学生塑造个人思想品德的过程，这是一种交互性活动过程，德育工作者们与大学生群体保持交互的联系。德育过程主要负责这两种转化任务：第一，将社会主义的政治思想和道德要求转化为大学生的意识思维与真实需要；第二，以上一条任务为前提，帮助大学生将意识思维与真实需要转化为行为习惯，进而让他们掌握特定的政治观点，培养其思想觉悟与道德品质。从整体看，这是一个由外在客观要求转化为内在个体意识，再转化为内在思想品德，进而通过外在表现呈现出来的过程。

2. 德育过程的特性

（1）大学德育过程要求教育与自我教育互相统一

大学生形成良好的思想品德，不仅需要接受长期的合理教育，也需要大学生本人的努力。德育工作者在大学德育工作中扮演的是主导者的角色，但大学生并不单单是德育工作的接受客体，他们也具备一定的主动性，当德育工作者的主导性与大学生的主动性相结合时，大学生才能进行自我教育，并与德育工作者互相协调，进而收获令人满意的德育学习效果，并不断提高自身的思想品德层次。可以说，教育与自我教育统一于大学德育过程中。而作为外因的德育工作者的教育需要大学生亲自将其内化为自身意识，以解决实际需要，进而提升教育的整体效果。因此，在包括德育在内的教育过程中，大学生不仅是客体，也是一定意义上的主体。在受教育者主观能动作用发挥出来的情况下，教育和自我教育的协调程度将会变高，大学生会更加乐于接受德育教育，并会主动配合，进而使大学德育更具实效性。

自我教育在大学生思想品德的形成过程中发挥着重要作用。第一，从身心、能力的发展角度看，大学生已经具备基本成熟的生理条件，而其心理发展也已经大体趋于平稳。相比中学生，大学生更擅长自制，行为自觉性、思辨能力更强，能够在更高的层面展开思维活动，且大学生也可以从社会表象出发明辨社会本质，并具备掌握更深层次的科学理论的能力。第二，从社会环境和交往关系角度看，大学生要面对更加复杂的人际交往环境。在新环境里，大学生需要独自生活、自主学习，来自家庭的影响力逐渐降低。高校为大学生规划课程、安排课程，为大学生明确学习方向、提供学习目标，也让大学生努力提高支配时间、制定学习计划等能力。大学是缩小版的社会，其环境对于大学生而言较为复杂，而大学原本就人才济济，拥有不同阶层、不同特质、不同经历的成员。此外，大学生能够通过很多渠道获得社会中的各种信息。在知识储备量不断提升的同时，大学生的精神需求也在不断增加，在校内的知识库与特有的学术气氛的支持下，大学生能够大幅度提升综合素质，其与社会之间的联系也会愈加紧密。在大学校园里，大学生不仅可以通过参加形形色色的学生组织，也可以通过专业实习、社会调查、勤工助学等活动促进自身社会化属性的发展。第三，从社会实践角度看，大学生拥有水平较高的自觉性与社会目的性，他们可以自主地处理自身与社会环境之间的联系，并有条理地规划个人的理想，正视国家、社会的发展趋势，进而有计划地为未来的生活做打算。

上述三个角度的内容不代表教育在大学生的德育过程中毫无作用，但不可争议的是，自我教育的作用与影响力是巨大的。很多大学生在日常生活中，习惯将自我意识表达出来，习惯进行自我评价、自我监督、自我批评，并为自己制定奋斗目标，从主观意愿出发接受德育教育，并积极配合各项教育工作，他们往往被视作其他学生学习的楷模。由此看来，自我教育的不断深化，会对集体产生直接影响。而大学生集体中存在的文明、先进、健康、乐观的氛围，会让每一位大学生主动地进行自我教育，每一位大学生也能在此基础上将自我教育与集体教育结合，为学校创造良好的教育风气。这是德育工作者仅凭简单说教所无法产生的教育成果。

大学德育要以培养德才兼备、综合素质高的人才为目标，学校各级领导与各个德育工作者要善于帮助大学生进行自我教育，并明确大学生在德育过程中所处的主体地位，有效结合高校教育与学生的自我教育，从而尽可能地促进大学生的主观能动性于思想品德的培养与形成过程中的发挥，帮助大学生转化自身思想，从而满足社会的要求。

（2）大学德育过程具备社会性、可控性特征

在足够开放、错综复杂的社会环境里，作为社会成员的大学生能够通过多种渠道与社会构建联系，进而能够获得来自社会的各种各样的信息，也受各种各样的影响。无论是社会中不同的阶级、不同的政党、不同的团体的矛盾，还是某一阶层中的政治斗争，以及社会中各个领域的事业，大学生所处的政治环境、经济发展背景，都会对大学生思想品德的培养产生不同程度的影响。从家庭层面看，家长或监护人员的教育与态度、家庭的环境条件、物质文化生活的水平也会影响大学生在思想品德方面的成长。也就是说，大学生的思想品德的形成受社会、家庭、学校等多方面的影响，有正向的，也有负面的，有稳固不变的，也有瞬息变化的，有主动接受的，也有被动接受的。这缩短了高校在思想政治教育层面与社会环境之间的距离。因此，我们可以认为高校德育的过程所受影响是多方面、多途径的，具备很高的社会性。

鉴于高校德育存在的上述特征，高校需要将教育与社会生活结合，让来自社会与来自学生家庭的教育潜能和学校自身的教育引导作用发挥出来，并构建学校、社会、家庭之间的有效联系，让三者出于教育目的进行相互融合。这就要求高校要带领学生积极主动地参加社会实践活动，为他们提供接触工农群体的机会，并与家庭配合，为其提供良好的家庭教育。此外，高校要积极推动社会教育活动的发展，并利用现有资源和条件开展校外活动，让全社会提高对高等教育的重视程度，从而时刻关注大学生思想道德的培养状况，促进大学生全面发展。

作为专业的教育机构，高等院校无法脱离社会而独立存在，但可以通过对环境影响加以辨别的方式，为大学生提供良好的学习环境与学习条件，以保证大学生的思想道德积极向上地发展。此外，高校可以从环境中的积极因素出发，对大学生进行教育，也可以有针对性地削减环境不利因素对大学生的消极影响。高校

应将社会主义条件下的政治观点、思想结构、道德准则及社会、家庭等层面的影响与高等教育相结合，这也证明大学教育过程具备可控性特征，

在高等教育进行过程中，大学教育应充分发挥可控性特征的作用，保证大学德育领域中的所有活动具备系统的目标与规划，并从整体上协调课堂内外、学校内外等方面的教育。在当前改革开放不断推进的背景下，新事物不断出现，人们的思想也在不断更新，人们每天身处正确或错误的思想、高尚或不正的品德、积极或消极的影响充斥的社会中。因此，大学德育要不断提高大学生对对错是非进行辨别的能力，让他们主动抵制各种错误观念，并将学校、社会、家庭等方面的教育融入教育结构，让大学生树立远大的理想以及正确积极的人生观与世界观。

（3）大学德育过程具备实践性、交互性特征

在面对外部教育影响时，大学生不会被动地随意接受，他们具有独特的个体思维，往往通过参与各种实践活动来有选择地吸纳外部影响。当教育活动与大学生的实际需要、思想政治水平、认知水平、情感状况等相互契合时，教育者往往能收获满意的教育效果。因此，高等教育要从大学生的思想特征出发，将教育内容渗透到各种拥有真正意义的活动里。对于大学毕业生而言，其工作素质、品质往往决定其经济收入与其所产生的社会效益，而德育过程能够有效培养学生的素质与品质。例如，德育教育能够培养大学生实事求是的行为习惯与机智勇敢的职业品性，也可以帮助学生培养务实勤劳的工作态度与联系伙伴的协作精神，还能帮助学生培养严谨的治学态度，让他们在探索真理的过程中不畏艰难。

在学习专业知识的过程中，大学生难免会遇到思想、实践等方面的问题，这些问题同样需要通过德育教育进行处理。例如，大学生在进行专业学习时，对该专业的社会影响力、发展前景以及日后通过该专业获得的工作薪资待遇等方面的疑惑，对该专业的喜好程度、本身的长处与专业知识的契合度等方面不了解，都需要从德育出发加以解决。此外，德育教育开展时，大学生专业实习、开展学术活动、围绕专业知识开展社会调查等很多环节都会涉及与专业的配合，这些环节不仅在专业知识范畴里占据重要位置，也是开展德育教育的必然措施。

总而言之，大学生思想道德的形成与发展要以社会实践活动和教育教学为基础。社会实践活动能够检验大学生所受思想道德教育的质量，也能为大学德育教育提供源源不断的素材和传播渠道，从客观上推动高等教育的发展。简单来说，大学德育过程要具备实践性特征。

大学德育过程是以大学生群体为目标开展活动与交往的，其过程具备显著的

交互性特征。在大学生集体这个小环境的影响下，大学生思想品德的形成与发展在不断进行，良好的小环境的风气会很大程度地感化每一个集体成员，进而促进良好班风、校风的形成。大学生可以在这个集体里结交好友，不同同学、朋友之间互相产生特定影响。这有利于大学生提升处理个人与社会之间关系的能力，也能帮助他们客观地分析自身所处的社会地位与拥有的社会作用，以及自身的能力、品格、优点等，进而实现大学生社会性成熟的目标。此外，集体可以被当作德育工作者与大学生进行沟通的桥梁。通过这个桥梁，集体能够将特定要求渗透到大学生的日常生活中，以此收获预期效果；通过这个桥梁，大学生能够将各种意愿、建议反馈给德育工作者，让他们对自身思想和行为做出调整，并使得大学德育过程的沟通环节更加流畅。因此，优秀的德育工作者，都善于发挥大学生集体的作用，提高自身的教育力量与大学生集体的教育力量之间的协调程度，并从这种平行作用出发，事半功倍地完成大学德育教育工作。

（4）大学生德育过程具备自觉性、渐进性特征

客观来说，受教育者所接受的思想道德教育向个体思想道德转化的过程，充满复杂的内部思想矛盾运动。在这种过程里，受教育者在思想品德规范的认识上从不知转变为知，在所进行的矛盾运动性质上从旧的、错误的思想转变为新的、正确的思想，其思想品德的心理结构实现了从知向行的转化，并且由于其思想矛盾运动次数的累积，思想矛盾发生质变。我们可以发现，这个转化过程是相当复杂的，必须由受教育者本人亲自去完成，旁人无法取代，其原因是受教育者的进步程度受内因影响，并且事物的发展往往是其内部产生矛盾而后得以解决的结果。在受教育者塑造品德的过程中，教育者发挥主导作用，掌握着思想道德规范，需要充当学生的榜样，让教育的示范性作用发挥出来，进而将理论知识传授给受教育者。教育者能够洞悉受教育者在身心发展、思想品德形成等方面的规律，能够帮助受教育者主动地、有针对性地解决转化过程中出现的各种问题，进而提升德育工作的整体效益。然而，即便存在教育者的主导力，受教育者的进步依旧是无法被代替的，思想行为矛盾转化的关键是受教育者的自觉性与主观能动性的发挥。教育者要从受教育者的思想品德现状出发，全方位地分析受教育者的特征，提高其思想矛盾转化的速率，并尽可能地提高受教育者的主观能动性水平，这样才能让受教育者主动、积极地转化思想矛盾，让德育效果进一步得到提升。

对于德育过程而言，其所受的外部影响因素是十分广泛的，包括社会、家庭、受教育者所处环境等，并且这些因素产生的影响可以是积极的，也可以是消极的，对于受教育者来说，既是潜移默化的，又是不可控的。此外，德育过程也受学校

教育的影响。学校所开展的教育工作具备明确的目的，其针对性、目的性极为明显，扮演着主导受教育者思想品德的形成的角色，既积极又可控。教育工作者要善于通过有效措施扫除障碍，降低消极影响对受教育者思想品德培养过程中的积极效果的抵消与干扰，并化不可控为可控，让教育影响保持一致，进而让受教育者沿着社会所要求的正确方向不断提高自身的思想道德水准。

在德育过程的广泛外部因素的影响下，受教育者思想品德的形成呈现出反复性特点。与其他事物的发展类似，思想品德的形成也需要经历曲折的过程，呈现或波浪式或螺旋式的发展趋势，进而形成特定的思想道德。影响反复性特征的原因有外部的，也有内部的。其中，外部原因源自不可控因素的消极因素，甚至在某些消极影响下，受教育者的思想道德出现下滑的情况。对此，德育工作者要有充足的心理准备，正确、客观地看待受教育者的思想反复现象，并对此加以正向引导。德育工作者只有树立坚定的自信心，仔细分析受教育者的思想道德变化规律，并采取一定的教育技巧，才能让受教育者不断正向地提升自身的思想品德水平。

综上所述，我们可以发现，德育过程是十分复杂的，具备一定的规律。这个过程始终存在于教育者所要求的思想道德规范与受教育者具备的思想品德水平之间产生的矛盾中。从另一角度看，教育者通过德育过程对矛盾各方之间的关系加以把握，并促进基本矛盾的形成与发展，直到解决，以帮助受教育者培养良好的思想道德。这种认识是较为科学的，也是德育工作者在开展德育教育工作时所要秉持的认识原则。

3.德育过程的阶段划分

德育过程包含教育者主动施加教育影响、被教育者主动接受教育影响两个层面，且教育者与被教育者之间存在互相影响、互相作用的关系。可以将施教和受教的过程划分为以下三个阶段。

第一个阶段是符合社会需要的思想体系、政治观念、道德规范对受教育者产生一定影响的阶段。在这一阶段，教育者扮演主导角色，能够起到一定的支配作用，并构建教育机制，为受教育者提供学习环境，使之了解并掌握社会要求，进而让他们根据社会要求对自身思想道德素质进行培养与提高。

第二个阶段是受教育者从特定的交往活动中感受外部影响的阶段。其中，外部影响不仅包括来自教育者的积极影响，也包括来自社会环境的消极影响。也就是说，在这个阶段，受教育者既能感受到积极作用，又能感受到消极作用，既要经受干扰，也提升反干扰能力。

第三个阶段是受教育者在自身内部进行思想矛盾运动的阶段。在这个阶段，受教育者已经具备良好的思想基础，其心理环境也倾向于正向阳光，能够主动实施自我思想斗争，处理关乎思想认识的各种矛盾，并将个人思想中的认识与生活实践进行结合，达到知行统一。

（二）对德育过程的分析

1. 学生品德的形成受学校、社会、家庭等外在因素的综合影响

我们需要明确，对于人类个体而言，并非意识决定存在，而是其所处社会的存在决定其意识。人们自觉与否本质上是以其所处阶级地位对应的实际关系为依据的。人们对道德观念的选择与吸收，会受其所进行的生产与交换等活动之间的经济关系决定。我们可以将人的社会本质视作一切社会关系的总和，它决定着人们品德的形成与发展，即品德不是先天遗传所得，而是经过后天社会环境的影响所慢慢形成的，这种影响包括社会实践活动中的方方面面，如经济、思想、文化教育、政治等。社会关系及其对应的伦理思想包含的性质、内容决定了品德的性质，特定的政治原则、人生观、世界观、道德规范，与其对应的实际经济关系，是人们社会生活环境的构成要素，也是每一位社会成员发展品德的客观基础。个体品德能够将人脑活动的稳固心理特征表现出来，反映了个体所处的社会关系、所拥有的社会地位，它是人的社会性特征的核心内容。

同样拥有社会成员属性的高校学生，在学校、社会、家庭等多方面的影响下形成特定的品格。社会是学生赖以生存的环境，其经济状况、道德风气、政治走向都会在不同程度上影响学生的品德的形成。随着我国对外开放程度的不断提升，来自各国的政治、文化、经济等方面的信息潜移默化地改变着大学生的精神面貌。学校也是社会的组成部分，国家希望学校通过良好的教育环境，为社会培养出合格的综合性人才，但不同的学校有着不同的风气，不同的班集体也具备不同的发展状况，不同教师与领导干部的表率作用以及不同学生在衣、食、言谈、举止等方面的不同，都会影响大学生思想品德的形成。家庭是社会的构成分子，每一位学生都是从小到大接受家庭环境的熏陶的，初入大学校园还不能够完全独立，家庭会直接或间接地对学生品德的培养产生影响。无论是家庭、社会，还是学校，都通过各种形式影响着学生的品格，甚至存在一方的影响与另一方影响相互矛盾的情况。也就是说，影响可以是积极正面的，也可以是消极、负面的。我们中国特色社会主义办学方向和发展道路决定了对学生综合影响的主流是积极和健康的。同时，由于学生所处的具体社会环境（包括学校、家庭在内）的不同和学生

自身品德修养自觉性的不同，必然造成不同学生品德发展方向和发展水平的不同或同一学生在不同时期品德发展的不平衡，因此，就形成了不同层次的品德水平。因为大学生进入了社会化的最后阶段，独立性迅速增强，接触社会、接受社会信息更多。固然家庭教育的基础应该重视，但是这时家庭以外的因素如学校、班集体、社会交往、社会文化生活等，对大学生的影响已远远大于家庭因素的作用。

就学生的品德形成而言，它表现出从低级向高级转化的规律。品德观念是品德结构的核心，其主要包括世界观、人生观、价值观、道德观等组成部分，且这四种组成部分之间存在特定的联系，但不是同一时间段内成型的，其形成贯穿于学生的整个求学生涯，且有一定的顺序。通常情况下，最先形成的是道德观，它会对世界观、人生观、价值观的选择与形成产生影响；世界观在形成时，会反向作用于人生观、道德观的巩固与提高，并控制着品德的形成与发展。在经过中小学的学习后，大学生的道德观会进入巩固、提高与完善阶段。在这个阶段里，大学生的价值观念、哲学观念将会初步成型。世界观与价值观能够直观地反映社会关系。在中小学时代，社会关系尚未稳固，因此世界观、价值观的形成次序比较靠后。充满哲学思想的世界观与方法论与文化科学知识的联系更加紧密，而学生对比较系统、比较深入的马克思列宁主义基本理论知识的学习是在进入高校之后才实现的。因此，在大学阶段，大学生的世界观在拼的结构中的主导作用会越来越明显，这也意味着他们正在向更加成熟的层次前进。

2．学生品德的发展是个体知、情、意等内在认知运动的产物

一个人的所有行动，都受其头脑所控制，但在做出某种举动前，人们的头脑会根据多种情况加以运转思考。就实际来说，客观历史状况约束着世界上任何体系中的任何思想映像，这些映像主要由得出该映像的人的肉体和精神的实际情况所决定。也就是说，本质上属于个体现象的品质，从外部角度看，受社会环境、物质生活水平所约束，从内部角度看，受个体生理、心理等方面的发展规律的约束。学生在塑造品德时，并不是完全被动接受各种影响、被动地适应时代发展条件，而是以社会实践、学习为基础，主观地进行努力，进而辩证地发展自身的情感、信念、认识、意志、行为等心理因素，这些心理因素对于良好品德的形成缺一不可。对于学生而言，养成良好的思想道德是一种由低级阶段向高级阶段进行跨越的过程，这种过程不断地反作用于社会环境。

基于教育学、社会学及心理学的相关理论，我们可以将个体在学习、接受并实践某一理论或思想的过程划分为四个相互关联、辩证发展的环节：认知、情感、

意志与行动，即所谓的知、情、意、行。这四个环节彼此影响，共同构成了理论或思想内化与外化的完整过程。

德育的初始阶段聚焦于大学生的认知过程，这一阶段以大学生的理性思维为核心驱动力。大学生主要通过以“两课”为核心的课堂教学，系统学习政治理论知识，同时，通过参与课余活动，丰富自身的实践与体验，进而进行比较与选择，促使自身形成对德育思想的认同。在德育的起始阶段，教育者应精准把握“启动效应”，即借助生动的教学方式和对德育的科学阐释，有效激发学生的学习热情与积极性。

德育的第二阶段是大学生的情感反应阶段，是德育过程中不可或缺的一环。情感作为认知的深化与拓展，不仅丰富了认知的内涵，更在广度和深度上拓展了认知的边界。通过深入的实证研究，我们观察到，在大学阶段，学生的爱国主义情感、集体主义精神、社会责任感以及审美意识等情感要素正逐步成熟，并开始对人生、理想、社会、政治等议题进行理性审视与反思。情感的触发与塑造往往受到社会实践与外部环境的多重影响。然而，不容忽视的是，社会中存在的一些消极现象可能对大学生的情感状态产生不良影响，引发情感波动，进而干扰他们对德育的正确认知。因此，教育者应当承担起引导学生科学、辩证、全面分析问题的重任，通过引导学生将所学理论与观点转化为认识社会现象和关系的理性工具，进而指导其行为，从而确保德育目标的顺利实现。

德育的第三阶段聚焦于大学生信念与思想方法的形成。我国高等教育机构的核心任务之一便是通过高效的思想教育，协助大学生构建以科学方法论和价值导向为基础的正确理想信念与科学思维范式，进而推动实现德育内化于心这一根本目标。需要指出的是，实现德育的内化于心并非一蹴而就，它无法仅凭某一课程的考试成绩来简单衡量。大学阶段为这一目标的实现奠定了坚实的情感与理论基础，然而，真正实现德育的内化于心还需在后续漫长的社会生活实践中，通过知、情、意的深度互动逐步达成。因此，在这一关键阶段，教育者应着重引导大学生将德育所蕴含的科学方法论和价值导向与个人的成长与发展需求紧密结合，从而为大学生的人生实践提供有力的指导。

3. 德育过程的本质

在深入探讨了德育过程的定义后，我们得以一窥其本质。本质作为事物固有的根本属性，是区分此事物与彼事物的核心要素。那么，德育过程的本质究竟何在？本质往往是在不同事物相互对照中显现出来的。以智育过程为例，它聚焦于知识的传授、智力的开发和技能的提升，主要解决个体如何认识与改造世界的问题；而体育过程则致力于保障个体的身心健康，提升身体素质。与之相对，德育过程的核心在于引导学生掌握社会的道德规范、思想观念和政治原则，解决他们关于人生观、世界观、道德观和政治观的问题，并教会他们妥善处理个人与他人、社会及客观世界的关系，以及应持有的正确态度，这正是德育过程的根本特性，也是其本质所在。德育过程之所以成为德育过程，正是由这一本质所决定的，这也使得德育过程与其他教育过程不同。德育过程实际上是受教育者在教育者的引导和协助下，凭借自身的努力和基于生活、学习及实践中的真实体验，去领悟和实践既有的思想方法和道德规范等，达到德育目标的过程。

三、大学生德育的规律

规律即事物本身所固有的内在的必然的联系。德育过程的规律是什么呢？关于这个问题，应当说人们已经进行了很多研究和探索，提出了许多宝贵见解，值得我们学习、借鉴和参考。德育活动是有规律可循的。为什么有些德育内容、途径和方法会收到显著的效果，而另外一些内容、途径和方法则遭到学生的冷遇，陷入形式主义的泥潭？这说明德育活动确实存在着客观规律，德育规律确实支配着德育活动。只有对德育现象有了本质的认识，我们才能正确解释错综复杂的德育活动；只有把握了德育活动的客观规律，我们才能在德育实践中获得自由，收到预期的德育效果。我们研究德育实效性，就是为了更好地把握德育规律。用反映德育规律的理性认识来指导德育实践。在此，我们只想指出把握德育规律对提高德育实效性的重要意义。

对德育的规律，人们可以从不同的层次、角度和侧面进行揭示和探讨。即可以从哲学的最高层次进行概括和抽象，又可以从德育与其他教育之间的关系或德育自身运动发展的一般进程上进行探讨和研究。毫无疑问，用唯物辩证法的观点看，对立统一规律、质量互变规律和否定之否定规律当然是德育过程必须遵循的一般规律。但是，对于德育来说，我们所要探讨的应该是为德育所特有的特殊规律，而不是为一切事物所共有的一般规律。

（一）德育是教育者、受教育者和环境共同起作用的过程

德育过程是由诸多要素构成的，而其中教育者和受教育者及教育环境是构成德育过程的三个最基本的要素。因此，德育过程的规律，首先是这三个要素之间相互联系、相互作用的规律，或者三要素共同起作用的规律。

那么，教育者和受教育者及教育环境三者在德育过程中各自起着怎样的作用以及怎样起作用呢？

1．德育过程中，教育者处于主导的位置

教育者在德育过程中起到决定性的作用。不论在贯彻教育方针，保证实现培养目标和德育规格中，还是制定和执行德育计划中，把社会所需要的道德规范、社会思想和政治原则转化为学校的德育内容，以及根据实际情况组织德育的各种活动及采用灵活多样的手段，教育者都起着组织者和领导者的作用。可以说，没有教育者，就没有德育及其一切活动，因而也就无所谓德育过程。没有德育过程，当然也就无所谓德育过程的实现及德育的一切。这就是教育者在德育过程中决定性作用的充分体现。

2．大学生是德育过程中自觉的、积极的、能动的主体

大学生虽然是教育对象，处在被教育的地位，但是，这绝不意味着学生在德育过程中只能是完全处于消极被动状态的受教育的客体，准确地说，大学生是德育过程中自觉的、积极的、能动的主体。教育者所面对的是一群拥有独特思想的人，他们具备一定的知识经验、品德基础以及自我教育能力，会选择性地接受教育者的教育内容。根据实践，为大学生提供的德育教育内容与文化科学知识之间是有明显区别的，前者受道德规范、社会思想、政治原则等方面的约束，而大学生所接受的教育内容与教育程度，很大程度上取决于他们对自我发展的审视与具体需要。这充分体现了受教育者的自觉、积极、能动的主体作用。受教育者的主体作用发挥得怎样，直接关系着德育的质量和效果如何。提高德育质量，取得较好的德育效果，最终要把社会所需要的道德规范、社会意识和政治原则，落实到受教育者身上，使其转化为他们的信念、行为和习惯。因此，在德育过程中，高校在充分发挥教育者主导作用的同时，必须充分调动和发挥受教育者的主观能动性即主体作用。把两方面的作用结合起来，才能收到较好的效果，达到德育的目的。

只有在教育者采取有效的教育手段，激发起学生接受教育的主动性、积极性和自觉性时，德育活动才能充满生机与活力。德育活动如果得不到学生自我教育的响应、共鸣和支持，就从根本上失去了价值，而流于形式主义。学生在德育过程中的地位和作用是客观的，是不以教育者的意志为转移的。教育者绝不能任意抹杀它，只能认识它、利用它。

然而，学生的自我教育是无法取代教育者的直接教育的，也不能帮助教育者

降低教育难度。相比教育者的直接教育，教育者帮助学生进行自我教育，并对其加以指导更具难度，因为想要做到这一点，教育者需要具备高度的教育责任感与高水平的教育技巧。基于这种认识，在把握德育规律时，我们要深入研究学生品德发展的水平和状况，研究他们对待教育和教育者的态度和倾向，研究他们自我教育的能力和意向，研究自我教育和直接教育的结合点。

然而，不论教育者对受教育者施加教育影响，还是受教育者积极、主动地接受教育者对自己施加的教育影响，都需要经过一定的中间环节或借助于一定的中介手段（即学校、社会、家庭、党团组织、班、宿舍集体、教育内容、教育手段和方法等）。我们把这些需要经过的中间环节或借助的中介手段统称为教育环境。

3．教育环境在德育过程中发挥重要作用

事实说明，教育环境在德育过程中，在学生品德形成和发展过程中所起的作用是不容忽视的。比如社会生活环境，尤其是党风与社会风气，在学生品德的形成过程中，发挥着巨大作用。每个大学生所经历的社会生活、所具备的社会体验是不同的，因此他们所受社会生活环境的影响也就更加多元。党风和社会风气积极向上，学生的品德也就更加正向。全面从严治党是党的十八大以来党中央作出的重大战略部署，是“四个全面”（全面建设社会主义现代化国家、全面深化改革、全面依法治国、全面从严治党）战略布局的重要组成部分，党中央也提出要力戒形式主义、官僚主义，但仍有一些领导干部没有树立正确的价值观和政绩观，出现投机取巧、脱离群众、滥用职权等违法行为。此外，随着社会多元化发展，不良的社会风气对学生可能会产生潜移默化的负面影响。此外，在一定条件下，家庭对学生的政治思想、道德品质、性格爱好、职业选择乃至生活方式等都有影响，这种影响之大之深甚至有时能够超过社会和学校的影响。因此，我们决不可小看教育环境在德育过程中的作用。德育过程是教育者和受教育者以及教育环境共同起作用的过程。这里讲的起作用，就教育环境来说，是指它们起的积极的作用。

总之，德育过程是德育工作者、受教育者和环境共同起作用的过程，学生思想品德形成和发展是这三大要素共同发挥作用的结果。失去了哪一方面及其作用，德育过程都不能实现，学生的思想品德的形成和发展都将受到很大影响。

（二）德育是以循序渐进的方式促进大学生品德发展的过程

就高等学校来说，德育的目的不在于使学生具有某些道德伦理知识，而是培养他们高尚的品德和完整的人格。所谓人格，体现了人的一切品德的总的。品德的发展也就是大学生在德育过程中认知、情感、信念和行为这四种因素交互作用、辩证发展的过程。缺少其中任何一种因素，大学德育都难以使大学生形成完善的品德和人格。

大学德育的最终目的是培养完整的人格，这把它与中小学的德育过程及其目的区别开来。

1．德育的起步——大学生的认知

众所周知，认知是客观事物及其规律在人的头脑中的主观反映，是形成品德的基础。认知是人们对于是非、善恶、美丑评价的前提。人们要有良好的行为，首先要有正确的认知。认知的来源有两个，主要是实践，再就是间接经验。因此，在德育过程中提高学生的道德认知是很重要的。就青少年群体而言，在不熟悉社会公共生活准则、没有正确认识社会主义道德的情况下，部分青少年会做出不符合社会主义道德要求的举动；而对于大学生这个群体而言，他们的认识，除了来自社会实践以外，则更多的来自书本知识。无论是自然知识还是社会知识对大学生的品德的形成和发展都有一定的影响。特别是社会科学方面的知识、思想理论观点、社会现实和社会实践起的作用则更大。正如有人说过的，深刻的社会科学知识能够转化为明确的、坚定的思想政治信念。

大学生的认知不同于中小学生的认知，他们更多的或者说主要以理性思维为主导。他们通过学习马克思主义理论及各种社会科学知识，通过自身的实践和体验，逐步把所学习和掌握的知识理论、思想、政治、道德、观点转化为信念，变成认识各种社会现象和社会关系的依据，并进而指导自己的行为实践。列宁“没有革命的理论，就不会有革命的行动”的言论，就充分体现了理论认识对于人的行为实践的重大作用。

2．德育的媒介——大学生的情感

情感是一种体验，它源自人们对事物的真假、善恶、美丑的主观看法与态度。也就是说，情感的产生基础是客观存在的现实事物及其对应的客观意识，情感不能脱离这类客观存在的现实及其认识而存在。在人们对思想品德进行塑造时，情感能够推动认识向信息和行为升华，具备中介属性。在大学生进行品德体系构建过程中，情感属于非智力因素。

情感具有两极性或对立性，表现为肯定或否定的两极对立。如喜悲、爱憎等。情感的作用分积极和消极两个方面。积极的情感，如爱国的情感，可以促使人们为祖国而献身。消极的情感则使人消沉、颓废，不仅有害于己，而且于国家也无利。因此，激发大学生积极的情感，消除大学生的消极情感，是学校对学生进行德育的手段之一。

与中小学生不同，大学生的情感更加理性。在日常大学生活里，大学生或快或慢地对集体主义情感、民族自豪感、正义感、爱国主义感、美感等方面的情感进行塑造，他们也能从理性角度出发思考人生、社会、理想、政治等方面的内容。认识是情感的源头，而情感能够提高认识水平，并从深度和广度上对其加以深化。一个人如果没有情感，就不会产生追求真理的欲望。因此，情感对于大学生收获认识、积累知识、塑造信念是十分重要的，它必然存在于大学生品德的形成过程的各个阶段。

3.德育的升华——大学生的信念

什么是信念？信念在人的品德形成过程中的作用是怎样的呢？所谓信念，就是人们对一定的人生理想和社会理想的真诚信仰，是人们确信并自觉遵循的思想、观点和行为的准则。信念是认识和情感升华到一定高度以后产生的，是感情化了的认识。信念是一种精神力量，是人生观的基础。具有坚定的信念，是一个人思想、政治、品德、素质趋向成熟的一种标志。大学生的信念形成与人生观、世界观的形成是一致的，是同一个过程。马克思主义的辩证唯物论和历史唯物论的科学世界观，是社会主义和共产主义思想政治信念确立的基础。

大学生处在信念形成的重要阶段。信念是大学生品德发展中一个重要方面。大学德育的目的之一就是帮助大学生确立坚定和科学的信念。大学对大学生进行的一切教育，最终都应形成或转化为信念。尽管这种转化是十分艰难而不容易的。从当前来看，大学生应当确立社会主义事业必胜的信念，人类社会必然走向光明的信念。人的信念一经确立，就具有很强的稳定性。大学生有了坚定的信念，也就强化了意志，最后也就有了果敢而又正确的行为实践。这就是信念在德育过程中的重要作用。

4.德育的成果——大学生的行为

行为是在一定的认识、情感、信念和动机支配下所采取的实际行动。行为和实践是相通的，它所表现的是人对客观事物或外在世界所进行的改造或创造的物质力量。行为是构成人格素质的重要因素，可被用于对人的品质优劣进行衡量。对于一个人来说，其思想品德与言论的动听程度关系大不大，主要在于其行为是否被社会所接受。知与行、理论与实践的统一，是观察人、教育人都要遵循的原则。观察人，要听其言，观其行，不看一时一事的表现，要看各方面和一贯的行为表现。不同大学生对外界各种影响的选择、消化和应用的不同，从而表现出来的行为也有所不同。有人能言行一致，有人则不能。具体到每个学生思想政治品德的成熟过程，也是一个知与行一致与不一致的矛盾运动过程。道德行为的表现包括不稳定的、有条件的以及无条件的、自动的带情绪色彩的行为两种类型。前一种是不经常的道德行为，后一种则已形成了行为习惯。真正可以称之为道德行为的，应该是道德行为习惯。大学德育的目标就是引导他们完成从知到行的转化，不断地产生正确行为，并形成良好的行为习惯，进而形成良好的品德。

总之，德育的过程就是推动大学生认知、情感、信念和行为之间相互作用、辩证发展的过程。在这个过程中，认知是开端和基础，情感是从认识向信念转化的媒介和催化剂，信念是行为的动机和方向，行为则是德育的最终结果。认知、情感、信念、行为不仅是社会意识转变为个人意识的飞跃成果，也是大学生品德形成过程的飞跃结果，在诸多飞跃中最为关键。当信念成功转化为行为或外在表现时，知与行的统一、人格的形成都能实现。大学生品德的完善是实现内化和外化两次飞跃的完整过程。这也就是大学生德育的重要规律。

（三）德育是教育与实践紧密联系、相互作用的过程

1. 德育具有教育性

大学生的科学的世界观、人生观和道德观不是与生俱来的，必须伴随着系统的、严格的教育过程才能形成。我国社会主义德育贯穿在小学、中学、大学的全部学业过程中，学生进入大学学习阶段之后，高等学校有责任按照国家教育主管部门颁布的《普通高等学校德育大纲》对大学生实施德育，即通过“两课”主渠道由外向内输入，主要通过课堂教学、社会实践等各种教育形式，有目的、有计划地对大学生施以系统影响。因此，高校德育中的理论灌输是必要的，我们不能随意否定德育理论教育中的灌输原则。但是，强调灌输原则的重要性，绝不是把德育过程单纯变成学生接受、教育者说教的过程。关键在于高校德育工作者如何使理论教育更加生动和鲜活，更加贴近大学生的成长发展的实际需要，如何使教育方式更加新颖，从而使德育理论教育具备更好的发展空间。

2. 德育具有实践性

德育的实践性体现在德育必须符合社会的客观状况和客观要求，德育必须注重引导学生实际地践行社会道德规范。对某个人思想品德水平进行考量，不仅要看其掌握道理的多少，也要看其对思想品德认识进行实践的程度，这对于知与行

的统一是很重要的。有一种观点认为，由于学生阅历浅、比较单纯，其在参加实践活动时会被某些不良的社会风气所污染，因此应该把学生的实践活动严格限制在德育过程的可控范围内。不可否认，社会上确实存在某些消极影响，但德育过程完全排除这些消极影响是不可能的。我们认为，鼓励并创造条件让学生积极主动地参加社会实践活动，正是高校德育需要重点开发的工作领域。这是因为，实践活动既可以开阔学生的生活视野，丰富学生的知识和经验，又为学生提供了正确地比较、鉴别和选择吸收社会影响的条件。当代大学生不是生活在真空、与世隔绝的空间里，德育以及外界各种信息都会对其产生影响。学生只有通过实践，才能切身感受德育的教育引导价值，才能让德育将教育层面的积极作用发挥于更广阔的社会空间里。所以，我们在把握德育规律时，必须认识到，德育过程是受教育者在实践活动中接受教育的过程。我们不仅要注重对德育理论的研究，还要注重对德育实践的研究。

3. 德育具有社会性

德育过程不是脱离社会影响的孤立的封闭的过程，而是对来自社会的影响不断做出反应的开放的过程。随着经济全球化的深入发展，政治、经济、文化、教育等方面的相互渗透和融合，以及信息媒介的更新迭代，使得学生从来没有像今天这样多地接触社会、接触世界。可以说，德育过程越来越多地受到来自社会其他方面的影响，这些影响在学生思想品德形成过程中的作用也越来越大。德育过程是有目的、有计划、有组织的影响过程的一种特殊形式，从这种意义上说，它也属于社会影响，而且是积极的社会影响。积极的影响有利于学生形成正确的思想品德，有助于学校德育任务的顺利完成；消极的影响则干扰学校德育过程，对德育的教育起着阻碍的作用。在这种情况下，学校德育需要根据社会的各种影响进行反应、调节与选择，提高积极影响，削减消极影响，并尽最大可能调控影响的社会条件，使学生朝着社会所期望的方向发展。因此，要全面完整地把握德育过程的规律性，学校必须更新把德育过程封闭起来的传统观念，认真研究德育过程和社会影响的关系，考察制约学校德育效果的宏观环境和微观环境。

第五章　高校德育教育与大学生成长成才创新

本章主要内容为高校德育教育与大学生成长成才创新，共分为三节，其中第一节介绍了高校德育模式的调整与转变，第二节主要内容为高校德育教育创新与大学生创新能力培养，第三节重点阐述了新媒体视域下大学生德育教育方法创新。

第一节　高校德育模式的调整与转变

我们国家已经进入经济全球化的发展浪潮。经济生活的迅速变化，导致人民的生活节奏、生活方式也随之进行调整。近些年，我国的社会经济发展迅速，尤其是科技创新自立自强，逐渐探索出5G、高速铁路、新能源汽车等国际领先的技术。但是，随着改革开放的不断深入，我国和国际社会的融合和交流也越来越密切，各类不良思潮也迅速流入我国，对我国的思想道德产生不良的影响，我国高校德育工作也受到强烈的冲击，虽然高校德育的总体目标和实施内容并没有发生巨大的变化，但是德育的实际效果却出现了没有达到预期目标的情况。这一现象充分说明了，我国高校的德育模式受到了不良社会思潮的挑战。为了提升高校德育的实际效果，满足我国社会发展的需要，高校需要从经济发展的模式与体制上下手，并探索出适合新时代经济、社会发展的教育模式。

一、高校德育模式的分析

（一）高校德育模式和经济体制的关系

1. 德育模式及其功能

（1）德育模式的内涵

德育模式是人们对形成德育效果的内在机制的描述。德育模式是在德育实践中产生的，是德育经验的概括和总结。它集中体现了某一国家、地区、学校在一定时期内的德育经验、德育活动的特点。德育模式和德育理论是分不开的，它们都是德育经验的总结，都是对德育效果形成机制的说明。任何德育理论都可以概括、简化为相应的德育模式，任何德育模式又都可以扩展为相应的德育理论。

德育模式可以用文字来描述，也可以用图像来表示。用图像表示的德育模式也往往需要附加简短的文字说明。自然科学中的模式往往可以用数学公式来表示。德育模式所涉及的都是社会的、心理的、思想性的因素。就目前的研究水平而言，把德育系统各要素的变化以及由此而产生的系统功能加以量化，还存在许多困难，因而还不能用数学公式来表示德育模式。对德育模式的描述，通常包括德育目标、德育内容，德育要素及其相互关系、德育形式和方法、德育信息流向、德育效果的形成过程等。

（2）德育模式的类型

德育模式的类型是多种多样的，每一个模式都有自己的特点，都可以当作一种特定的模式。但是，不同的德育模式又往往具有某种共同点。这样，我们就可以从某一特定的角度，按照一定的标准把德育模式加以分类。比如，按照德育模式所描述的对象的特点，我们可以把它分为基本模式和特殊模式。德育的基本模式是指描述德育系统的各种因素和德育过程的各个环节，从整体上说明德育效果产生过程的模式。德育的特殊模式是指主要讲述德育系统的某一个因素或德育过程的个别环节的德育模式。按照德育模式所要说明的问题，我们可以把它分为结构型模式、行为型模式和功能型模式。结构型模式是指描述德育系统各要素的相互联结、相互作用及其对德育效果产生影响的德育模式。行为型模式是指按照德育系统各要素的行为方式和变化发展及其对德育效果产生影响的德育模式。功能型模式是描述德育系统对其他社会系统的作用的德育模式。德育模式还可以按其他标准来划分类型。

（3）德育模式的功能

德育模式具有认识功能和实践功能，德育模式的认识功能主要是以下几点。

第一，构造功能。掌握了德育模式就可以清楚地了解德育系统的各个要素之间的联结方式，把握德育系统的结构。

第二，解释功能。运用德育模式可以清楚地说明德育系统的运行机制，了解德育效果的形成过程，可以较好地解释德育过程中各种现象的前因后果。

第三，预测功能。运用德育模式分析德育活动的有关资料，可以预测某一德育过程可能产生的结果。

德育模式的实践功能主要是以下几点。

第一，指导德育领导机构设立和调整德育系统结构。

第二，指导施教者制定合理的德育计划、措施。

第三，指导施教者确定德育内容、选择德育形式和德育方法。

第四，指导施教者选择和调整德育行为。

运用德育模式指导我们的认识和实践，既有优点又有局限性。德育模式具有抽象性、简单性、明确性的特点，运用德育模式认识德育系统的结构和德育效果的形成机制，可以收到一目了然的效果，透过现象直达本质。因而运用德育模式可以有效地指导德育实践，引导人们在德育活动中集中力量，抓住主要矛盾和关键性环节，以收到事半功倍的效果。但是，德育模式舍弃了大量的非本质的东西和偶然性的因素，如果人们把德育模式当作现实的德育活动，把事物的本质当作事物的全体，就会犯简单化的错误，这会导致德育行为上的失误，收不到预期的德育效果。

2. 德育模式对经济体制的依赖性

（1）经济体制主要体现一种经济关系

经济体制亦称经济管理体制或国民经济管理体制，是现代经济科学和经济政策中广泛使用的重要范畴。对于如何理解经济体制，国内学者尚有争议。有的论者把经济体制理解为国家制定的一系列经济管理制度的总和，属于上层建筑。有的论者把经济体制理解为组织和管理国民经济的具体制度和方法的体系，是生产关系的具体形式。有的论者把经济体制理解为对国民经济进行组织和管理的方式，是生产关系的具体体现或表现形式，同时指出管理体制不能不涉及上层建筑。

一般而言，经济体制是指社会经济的基本管理制度、管理方法和运作方式的总和。经济体制作为经济关系主要体现在所有制、决策权归属、资源配置方式、供求关系的调节方式、产品分配形式、经济信息流动方式等方面。需要指出的是，经济体制与经济制度是有区别的。经济制度是根本的经济关系，是决定社会性质的因素；经济体制是非根本的经济关系，是第二层次的经济关系，它的变化不一定引起整个社会性质的变化。经济体制和经济制度又是相联系的，经济制度的改变需要从经济体制上下手，经济休制改变了，经济制度的具体形式也就发生了变化。

（2）经济体制能够决定德育模式的发展

社会中的思想关系和政治关系的变化也有赖于社会经济关系的变化，这些不仅是社会中的基本内容和规律，也是历史唯物主义中的内容。经济关系的内容决定了思想关系的内容，从而也就决定了德育关系的内容。详细分析之后，我们可以发现社会中的经济制度和经济体制共同决定了德育的模式。经济制度的变革必然导致德育模式根本性质的变化。这种根本性质的变化集中体现在德育目标的变化，特别是在政治方向的变化上。经济体制的变革是在经济制度保持不变的前提下进行的，由此引起的德育模式的变革通常不会从根本上改变德育目标的政治方向。但是，经济体制作为经济制度的具体体现和表现形式也是一种经济关系，不同的经济体制对人的心理素质、道德素质、政治素质、思想素质都提出了较高的要求，都需要一定的德育目标和德育模式与之相适应。新的经济体制一旦代替旧的经济体制，必然对人的素质提出新的要求，德育目标就会发生某些变化。为了适应新的经济体制的要求，我们必须在德育内容、德育方式、德育结构等各个方面进行相应的改革，用新的德育模式代替旧的德育模式。可见，德育模式的特点和变革，不仅是由经济制度决定的，也是由经济体制决定的。

3. 德育模式对经济体制的相对独立性

德育模式依赖于经济体制，是为适应经济体制的要求产生的。德育模式一旦产生，便取得了某种相对独立的地位。表现在以下几个方面。

（1）德育模式的变革和经济体制变革不是完全同步的

德育模式的变革根源于经济体制的变革，但是它们不是完全同步的。一方面，德育模式的变革具有滞后性。在经济体制改革刚刚起步时，德育模式的变革还未提到议事日程上来，只有当经济体制的变革发展到一定程度，只有当过去的德育模式受到了经济体制的较大影响，才会出现对德育模式进行变革与发展的要求，具有创新性的德育模式才能够得到完善和发展；另一方面，德育模式的某些要素、某些环节的变革也可能带有超前性。在经济体制改革之前，如果能够预见到经济体制改革的总的趋势，人们就可能对德育模式的发展趋势做出判断，设想出将要产生的新的德育模式的一般轮廓和某些方面、某些环节的特点，并对旧的德育模式进行适当的调整。德育模式变革的滞后性和超前性，都体现了德育模式对经济体制的独立性。但是，这种滞后性和超前性都是暂时的，都会在经济体制改革的深入发展中得到解决。因此，德育模式的这种独立性只具有相对的性质。

（2）德育模式对经济体制具有反作用

一种经济体制从它萌发之时起，就要求建立与之相适应的德育模式。一定经济体制之所以需要一定的德育模式，是由于德育模式对经济体制具有能动的反作用，表现在一定的德育模式只为一定的经济体制服务，帮助这种经济体制形成、巩固、发展，同时对异己的经济体制进行排斥、冲击、破坏。

德育模式对经济体制的反作用是通过德育效果实现的。德育效果也就是育人效果，集中表现为受教育者政治素质、思想素质、道德素质和心理素质的提高和思维方式、行为方式的改善。一般说来，如果受教育者的素质和思维方式、行为方式适合于某种经济体制，德育模式就能促进这种经济体制的发展，反之，就会对这种经济体制起破坏和瓦解作用。

德育模式对经济体制的反作用，表现了德育模式的独立性。但是，德育模式反作用的性质取决于它是否适应一定的经济体制，反作用的大小取决于适应与不适应所达到的程度。因此，德育模式的这种独立性同样只具有相对的意义。

德育模式和经济体制的相互关系告诉我们：必须随着经济体制改革的深入发展，变革学校德育模式；必须提高我们的预见能力，尽快解决德育模式的变革落后于经济体制变革的状况；必须努力探索和形成适合市场经济需要的新的德育模式，培养适合市场经济需要的新型人才，推动社会主义市场经济的发展。

（二）传统德育模式同市场经济的不适应性

1. 计划经济体制下学校德育模式的特点

我国传统的德育模式是在计划经济体制下形成的，高度集中的经济体制下产生的德育模式的主要特点如下。

第一，在德育目标和规格上，强调突出政治，突出阶级觉悟和路线斗争（主要指十一届三中全会前）；强调共产主义思想品德的高规格性和单一层次性；强调共性；强调对整体的绝对服从。

第二，在德育内容上，布局尚欠合理。社会主义和共产主义理想教育、道德教育、马克思主义理论教育、世界观和人生观教育、集体主义教育、形势与政策教育等都是必要的，不可缺少的，但爱国主义教育、国情教育、法治教育以及竞争意识和开拓创新精神的教育则稍显不足。

第三，在德育的方法途径上，着重单纯的说理教育，信息主要是自上而下的单向流动，缺少反馈；强调以学校教育为中心，以德育教学为中心，以教师为中心，忽视学生的自我教育。

2. 市场经济对传统德育模式的挑战

中华人民共和国成立后，德育模式对计划经济体制的巩固和发展起了重要作用。随着改革开放的不断深化，我国社会主义市场经济得到迅速发展，在新的形势下，传统的德育模式暴露出它的局限性和不适应性。主要表现在以下几个方面。

第一，受教育者的素质不适应市场经济的需要。市场经济的基本规律是价值规律，价值规律的作用又是通过竞争实现的。社会主义市场经济的特点、规律和运行机制对人的素质提出许多新的要求。在传统的德育模式下，受教育者的素质、观念、意识、思维方式和行为方式很难满足社会主义市场经济的需要，因而在现实生活中，道德的价值受到挑战。

第二，传统的道德体系的规范作用受到挑战。随着社会主义市场经济的发展，在一些地方，传统的道德体系的规范作用减弱，而新的道德规范则在形成之中。在这个过程中，社会道德的某些方面出现了滑坡的现象，这些现象对社会道德风尚提出了严峻的挑战。

通过上述的分析，可以看到，随着社会主义市场经济体制的确立，社会生活的方方面面受到了深远影响，高等教育也不例外，而传统的高校德育模式不能满足当下的社会需求。因此，我们必须认真探讨新形势下高校德育模式的调整与变革方法。

二、市场经济条件下的德育走向和德育模式

（一）社会主义市场经济条件下的德育走向

1. 市场经济的道德效应

我们研究社会主义市场经济体制下的德育走向，首先需要了解市场经济的道德效应。

怎样认识市场经济的道德效应？在这个问题上，目前存在着三种不同的认识。第一，市场经济对思想道德建设只有消极作用，没有积极作用。这种观点认为市场经济和精神文明建设，特别是和思想道德建设，水火不容，市场经济是种种违法乱纪现象产生的根源。市场经济越发展，思想道德水平越低。要加强思想道德建设，必须放弃市场经济，恢复计划经济。这种认识只看到了市场经济的消极作用。其错误在于，人们在对市场经济的评价上，用道德评价代替甚至否认历史评价；用传统的思想道德观念审视市场经济下人们的思想和行为，对本来符合新的思想道德原则的东西也统统加以否定，从而过分夸大了市场经济的负面道德效应；不了解市场经济的发展必然产生与之相适应的思想道德体系的规律，从而从根本上否定了市场经济对道德的正面效应。

第二，市场经济对思想道德建设只有积极作用，没有消极作用。这种观点认为市场经济体制的完善和发展必将推动思想道德的变革，经济转轨时期出现的思想道德混乱是道德变革的必要环节。这种认识注重对市场经济的历史评价，肯定了市场经济在整个社会（包括道德体系）变革中的积极作用，因而是十分深刻的。其错误在于，人们在对市场经济的评价上，用历史评价代替道德评价，对市场经济条件下产生的一切思想和行为统统加以肯定，从根本上否定了市场经济的负面道德效应，把市场经济推动道德进步的过程看作直线式发展过程，无视道德进步的总趋势中存在的局部的、暂时的道德倒退现象。

第三，市场经济的道德效应是双重的，既有消极作用又有积极作用。市场经济之下的确会产生违法乱纪和不道德行为。但仍要肯定市场经济对思想道德发展的积极作用。第一，随着市场经济环境的深刻变革，传统思想道德体系受到了前所未有的冲击。在应对外部环境变化与挑战的过程中，对思想道德与德育模式的革新成为刻不容缓的重要任务，这不仅关乎个体道德素质的提升，更对社会整体道德风尚的塑造具有深远影响。第二，市场经济的发展促使人们从市场经济的视角审视问题，这对其传统思想和行为模式提出了全新的要求。在这种背景下，人们逐渐形成了适应市场经济发展的新素质，并以此为基础构建了新的思想道德体系，这不仅有助于个体更好地适应市场经济环境，也为社会的和谐发展提供了有力的道德支撑。第三，市场经济的体制作为思想道德体系创新的重要基石，为社会经济的发展提供了源源不断的动力。通过不断完善市场经济体制，我们能够推动思想道德体系的持续创新与发展，进而为社会的繁荣与进步注入强大的道德力量。

2. 社会主义市场经济体制下高校德育的变革

社会主义市场经济的完善和发展必然导致思想道德体系的重大变革和高校德育的变革。为了让高校的德育工作落实到位，我们就需要在社会主义市场经济的环境中研究高校德育的发展和创新。高校德育的变革根源于社会的经济制度和经济体制，社会主义的经济改革不是经济制度的变革而是经济体制的变革。因此，当前高校德育的变革主要是由社会主义市场经济体制的特点和内在机制决定的，变革的总的趋势是使高校德育的目标、内容、形式、方法、手段等能够更好地适应社会主义市场经济发展的需要。具体说来主要是以下几点。

第一，德育的地位更加重要。市场经济是建立在社会化大生产的物质基础之上的，市场经济又是以追求利润为目标的经济。因此市场经济越是发展，就越需加强学校德育和全社会的精神文明与思想道德建设。高校教育必须高度重视德育，正确认识和处理德育和智育的关系，把德育作为实现教育目的的根本环节。我党历来重视思想道德教育，现阶段，德育居于教育首位已经得到教育工作者和社会公众的认同。随着社会主义市场经济的深入发展，德育越来越显示出其重要性。

第二，创业素质教育将受到高度重视。市场经济是竞争经济，人们每时每刻都处在激烈的竞争之中，事业的成败很大程度上取决于人们的创业素质。创业素质包括智力、事业心和创业心理等，其中对事业心和创业心理的培养属于德育内容。创业素质教育越来越受到各国教育家的重视。联合国教科文组织两次召开关于创业素质教育的专题研讨会，针对学生素质教育和综合能力提出了新的发展要求。我国教育家也提出了自己的理论模式。一部分省市在教育实践中进行了试验，并取得一定成果。重视创业素质的教育是市场经济条件下学校德育发展的重要趋势。

第三，“大德育”概念的确立。所谓“大德育”就是要把德育作为系统工程，实行全方位教育，把社区教育、家庭教育和学校教育结合起来；实行全员教育，把德育教学、学科德育和管理育人结合起来；实行全程教育，把学前教育、职前教育和在职教育结合起来。“大德育”的实质是建设良好的道德环境，形成强大的德育场，尽可能缩小道德真空地带。

第四，学生在德育活动中的主体地位的确认。在近年来的德育理论探讨中，可以看到这样一项共识：德育是以教师为主导、学生为主体的教育与实践相结合的活动。德育过程是学生学习社会的过程，是学生的思想和行为社会化的过程；德育效果表现为学生对德育、教育信息的接受和学生在思想、行为上的变化；学生对来自教师和教材的信息在注意、记忆、理解上是有选择的；学生从自己的需要出发，主动寻求有关信息；教师应当引导学生树立和社会主义市场经济相适应的自主、自立、自决、自强意识。

第五，情感教育将成为德育的重要方法。在社会主义市场经济条件下，学生的民主意识、平等意识、自我意识日益增强。单纯的说理教育很难奏效，情感教育的方法受到重视。情感是实现追求的本质力量，没有必要的情感注入，就不能实现对真、善、美的追求。缺乏情感的语言会把美妙的真理变成冷酷的训诫。情感教育的本质是对学生的爱护、关心、体谅。英国教育家麦克菲尔把情感教育称为德育的根本方法。他创立的德育体谅模式的核心内容就是关心。

（二）社会主义市场经济体制下的德育模式初探

1. 德育模式研究的两难选择

德育模式是由人提出的，但它却并不是人的心灵自由创造的产物。德育模式的形成有其客观依据和理论基础。德育模式的形成机制有以下几种。

第一，经济关系作为社会生产关系的核心，不仅是思想道德体系的经济根源，同时也是德育活动和德育理论发展的经济基础，它深刻影响着思想道德体系的形成与演变过程，为德育活动的实施和德育理论的构建提供了必要的经济条件。

第二，思想道德体系作为社会意识形态的重要组成部分，其根源在于经济关系。同时，思想道德体系在德育活动中发挥着指导性作用，为德育理论的形成和德育模式的构建提供方向。通过明确道德原则和价值导向，思想道德体系引导德育活动朝着正确的方向发展。

第三，德育活动作为德育理论的具体实践，是德育理论和德育模式产生的实践基础。通过德育活动的实施，我们可以积累丰富的德育经验，为德育理论的完善和德育模式的创新提供支撑。同时，德育理论和德育模式又能够反过来指导德育活动的开展，确保其科学性和有效性。

第四，德育理论与德育模式之间存在密切的联系。德育理论是对德育活动的理性认识和抽象概括，而德育模式则是德育理论的具体化和应用。德育理论可以抽象为德育模式，为德育活动的实施提供具体的操作方案；同时，德育模式也可以扩张为德育理论，为德育理论的完善提供实践基础。

第五，德育模式的产生主要通过两条途径实现。一是通过总结德育活动的实践经验，深入剖析德育效果产生的内在机制，提炼出具有普遍意义的德育模式；二是对德育理论进行高度的抽象和概括，将其转化为具有可操作性的德育模式。这两条途径相互补充、相互促进，共同推动德育模式的创新与发展。

第六，制约德育模式发展的主要因素包括德育经验、德育理论、思想道德体系和经济关系。这些因素共同构成了建立德育模式的依据。在构建德育模式时，我们需要充分考虑这些因素的作用，确保德育模式的科学性和有效性。同时，随着这些因素的变化和发展，我们也需要不断调整和完善德育模式，以适应新的社会环境和教育需求。

要建立适合社会主义市场经济体制的德育模式应当具备以下条件：社会主义市场经济的充分发展，适合社会主义市场经济体制的新的思想道德体系的建立，适应社会主义市场经济体制的德育经验的积累，新的德育理论的形成。当前的现实是：我国的社会主义市场经济体系的建设时间较短，和社会主义市场经济体制相适应的思想道德体系、德育经验和德育理论远未成熟。因此，建立新的德育模式的条件还不充分。社会主义市场经济呼唤着新的德育模式。经济关系的变革必然引起德育模式的变革，这是不可抗拒的潮流。随着社会主义市场经济的发展，探索新的德育模式已是刻不容缓的事。

2. 社会主义市场经济体制背景下德育模式的转型

随着我国经济体制由计划经济体制向市场经济体制转轨，与其相适应的德育模式也开始了转型，从过去的封闭型转向开放型。封闭型的德育模式不够注重大环境的作用，而是过于强调小环境给德育工作带来的问题，也不够重视教育实践与德育工作之间的关系。在最近几年德育工作的开展中，可以发现，我们需要注重学校内部小环境的建设，比如学校层面需要建设完善校园内的环境，开展评选文明宿舍、文明班级、文明校园的活动，这些内部环境的变化能够在很大程度上促进学生的健康成长。在马克思主义中，人与教育、人与环境的关系应该是相互的，学校对学生的教育工作，应该放在环境中才能够实现，并让人、环境、教育三个因素产生相互作用。随着学校的环境建设逐渐融入社会的发展。德育模式也应该进行一定程度上的变化，比如从德育模式上开始，将封闭的模式转变为开放的模式。

开放的德育模式能够更好地融入社会的环境，并搭建“双向参与”的模式，也就是让社会参与到学校的教育中来，学校中的学生积极融入社会的改革。在最近几年的实践中，许多高校进行了多样的模式转换尝试，但是转换的重点放在了学生的社会实践方面，社会对学校德育工作的参与程度还远远不足。学生在参加社会实践时，学校也没有在德育的框架下进行教学改革的思考，出现了实践活动只注重形式的结果。想要建设开放型的德育模式，最重要的就是为德育的发展构建“双向参与”的通道。相关体制和机制的建立不仅能够解决德育模式的创新问题，还能够建立起社会参与学校德育工作的系统。这一方式具有较强的创新性。这一目标的实现，需要德育工作者和社会的共同努力。

3. 社会主义市场经济条件下的德育模式的基本特征

我们已经研究了社会主义市场经济对人的思想素质、政治素质、道德素质、心理素质的要求，以及社会主义市场经济体制下学校德育变革的各种趋势。所有这些构成了新的德育模式的基本内容和基本特征。

第一，德育目标。德育目标旨在塑造具备深厚政治素养、卓越思想品德与稳健心理素质的新时代青年。他们敢于并善于革新，积极开拓，以适应社会主义市场经济的发展需求，掌握扎实的科学文化知识，怀揣远大梦想，同时脚踏实地，勇于探索，善于实践，立志成为有理想、敢担当、能吃苦、肯奋斗的新时代楷模。此外，这种人才应具备坚定的爱国主义精神与社会主义信念，恪守道德情操，如此才能成为推动社会进步的重要力量，也将助力高校为社会培养出一批批品德高尚、能力出众的新时代青年，为国家的繁荣与社会的进步贡献力量。

第二，德育内容。德育内容作为高校教育体系的重要组成部分，具有深刻的学术内涵和严密的逻辑结构。在理想信念教育方面，高校要注重对学生进行马克思主义、毛泽东思想、邓小平理论、“三个代表”重要思想、科学发展观、习近平新时代中国特色社会主义思想等核心理论的教育，引导学生树立正确的世界观、人生观和价值观，形成坚定的共产主义信仰和崇高的道德追求。同时，高校道德教育还需适应市场经济的发展需求，注重培养学生的心理素质，这包括提升学生的抗压能力、适应能力和创新能力，以应对日益复杂多变的市场环境；还应加强创业意识、竞争意识、风险意识、开放意识、效益意识、公关意识、法治意识、科技意识等现代市场经济所需的教育，以培养学生的综合素质和应对挑战的能力。

第三，师生关系。师生关系是德育活动中的重要维度，其核心在于确立教师的主导地位与学生的主体地位。教师作为德育活动的引导者和组织者，应发挥其专业优势，为学生提供必要的指导和支持，而学生作为德育活动的主体，其自觉性、能动性的发挥则是德育活动取得实效的关键。在德育实践中，教师应深入了解学生的特点，包括其认知水平、情感需求、行为习惯等，以便制定出更符合学生实际的德育方案。同时，教师还应注重培养学生的自主性，通过引导、启发等方式，激发学生的内在动力，使其能够积极参与到德育活动中来。

第四，德育方法。德育方法的选择与实施，应秉持灵活多样的原则，以更好地符合大学生成长的规律。在德育实践中，高校尤为注重情感陶冶的方法，旨在通过情感的引导与熏陶，培养学生的道德情感与品质，其核心在于通过创设情感氛围、引导情感体验，使学生在潜移默化中接受道德教化，这不仅符合大学生心理发展的特点，而且能够激发他们的道德情感，进而促进其道德情感与品质的养成。此外，我们还应积极探索其他德育方法，如案例教学、角色扮演、小组讨论等，以丰富德育手段，提高德育效果，这些可以更好地满足大学生成长的需求，为培养德才兼备的高素质人才奠定坚实基础。

第五，德育形式。德育形式的构建应着眼于建立系统性的德育工程，确保德育活动覆盖全方位、全员、全程，从而构建出强大的德育场景。具体而言，德育形式需遵循整体性、协调性和持续性的原则。整体性要求德育活动应覆盖学生生活的方方面面，包括课堂教育、课外活动、社会实践等多个环节；协调性则强调德育过程中各要素的相互配合，包括教师、学生、家庭、社会等多方力量的协同作用；持续性则要求德育活动应贯穿于学生的整个教育过程，实现德育的连续性和渐进性，以有效提升学生的道德素质，为其全面发展奠定坚实基础。

第六，德育信息流向。德育信息流向呈现出双向流动的特征，这体现了德育活动的互动性和动态性。在德育过程中，信息的传递不是单向的，而是教师和学生之间、学生与学生之间，以及学生与社会之间的多元互动，这促进德育活动的深入开展。同时，我们高度重视德育信息的反馈机制，通过及时收集和分析学生的德育信息，随时了解德育活动的实际效果，进而调整德育策略，提高德育工作的针对性和实效性。此外，学生的德育信息源具有多方面的特点，在德育工作中，我们需要综合考虑各种信息源，包括家庭、学校、社会等多个层面的信息，以形成全面、准确的德育信息体系。

第七，德育效果。德育效果的形成与显现乃教师、学生、信息、环境等多元因素交织作用的综合产物。这一效果并非单一维度的体现，而是多方面、多层次的复合展现，具体而言，教师在德育过程中的引导与启发、学生的主动参与和内化吸收、德育信息的有效传递与反馈，以及德育环境的营造与优化，均为影响德育效果的关键因素，它们共同构成了德育效果的复杂系统。同时，德育效果的多方面性体现在其不仅关注学生的道德认知提升，还注重其道德情感的培养、道德意志的锻炼以及道德行为的养成，其中多层次性则体现在德育效果在不同阶段、不同层面上的递进与深化。

4．社会主义市场经济体制下德育模式的轮廓

到此为止，我们对市场经济条件下的德育模式已经有了一个粗线条的了解，该模式的基本轮廓如下。

第一，德育的实施并非孤立存在，而是深深植根于整个社会环境和学校环境之中。在这一过程中，社会德育与学校德育相互交织、互为补充，共同构建了一个立体而全面的德育体系。校内德育教学注重理论传授，德育活动则侧重于实践体验，而德育管理则确保了德育工作的有序进行，三者相互结合，共同构成了一个完整的德育网络和德育空间，为学生的全面发展提供了有力支撑。

第二，社会环境对于学校德育的发展具有不可忽视的制约作用。社会的发展不仅为学校提供了必要的经济支持，推动了教育资源的丰富和优化，更通过精神文明建设，对学校教师素质的提升、学生优良品质的塑造以及良好校风学风的培

育产生了推动作用。在这样的社会环境下，学校德育得以不断进步，形成了与时俱进、充满活力的德育新局面，为学生的全面发展奠定了坚实基础。

第三，高校内部的主要育人途径包括教书育人、管理育人和服务育人，三者相辅相成，共同构成了高校育人的完整体系。教书育人以课堂教学为主要形式，传授知识的同时引导学生树立正确的价值观；管理育人则通过建立科学的管理制度，规范学生的行为，培养其良好的行为习惯；服务育人则侧重于提供优质的校园服务，为学生创造一个良好的学习和生活环境。三者相互补充，共同推动高校育人工作的深入开展。

第四，影响教师和学生行为的因素复杂多样，其中社会制度、经济体制、文化传统、道德风尚和人才标准等共性因素不容忽视。这些宏观因素为师生行为提供了背景和规范，塑造着他们的价值观和行为模式。同时，教师和学生之间也存在着微妙的互动关系，彼此的行为互相影响，这种互动关系在教育教学过程中扮演着重要角色，推动着师生共同成长和进步。

第五，学校内部的德育管理对于德育效果具有深远的影响。为了提升德育的实效性，学校必须致力于构建一套科学、系统的德育体系，确保德育工作形成一盘棋的格局。具体而言，这一体系应包括健全德育制度，明确各级德育职责，充分发挥各部门在德育工作中的功能，协调德育渠道和内容，以确保德育工作的连贯性和有效性。以此学校能够为学生营造一个良好的德育环境，促进其全面发展。

第六，学生是德育过程的核心主体，他们在德育过程中的每一个动作、每一个反应都充满了选择性。面对繁杂的德育信息，他们会根据自己的兴趣和需求，有选择地注意、理解和反应。这种选择性并非随意的，而是基于学生个体的认知结构、价值观念和成长需求的。因此，德育工作者在设计和实施德育活动时，应充分考虑学生的这一特点，确保德育内容能够与学生的需求相契合，从而提升德育的实效性。

第七，德育效果的形成是一个多维度的互动过程，它涉及教师、学生、信息、环境等多个要素的相互作用。在这一过程中，学生不仅在知识层面有所收获，更在情感、意志、行为等深层次上发生积极变化。这些变化是德育效果的具体体现。影响德育效果的因素虽然包括影响学生行为的各种因素，但最为关键的因素是教师、学生、信息和环境之间的相互作用及其综合效应。

上述模式仅为个人的初步见解。新模式的塑造与确立，绝非一蹴而就，而是需要德育界同仁们集思广益、共同努力，只有通过深入的研讨与实践，我们才能逐步完善并确立起更加科学、有效的德育新模式。

三、市场经济条件下德育工作运行机制

德育工作是塑造心灵的系统工程，在社会主义市场经济的条件下，德育工作不能被削弱和淡化，我们只能适应新形势，对其进行改进和加强。如何保持工作优势，如何加强，我们不能仅仅停留在口头上，而是要有过硬的措施，下决心解决多年来存在的具体操作上的问题，建立一种有效的运行机制，从根本上改变德育工作脱离实际和相对疲软的状况。新机制是对原有机制而言的，建立新机制不是对现有机制完全否定，而是对现有机制进行调整、改进和完善。新的运行机制主要涉及以下几个相互关联、相互影响的方面。

（一）目标机制

我们在进行德育工作时，需要从德育工作的总体目标出发，也需要关注学校的整体培养目标。教育的实际内容是由培养目标决定的，教育的方法和工作的具体目标都是由培养目标决定的。工作的具体目标则和工作人员的时间和劳动投入有紧密的联系。高等学校的目标应该是培养德、智、体全面发展的人才，发展到现在，高等学校的培养目标就是要培养出适应社会主义市场经济发展状况的堪当中华民族复兴大任的时代新人。培养人才的总目标其实是一种较难达到的标准，但是我们要努力进行高校德育工作的改革，并且考虑到学生的具体情况和主观努力。不同学生在道德品质上的进步程度是不同的，现代社会的发展也对不同学生的道德水平提出了不同层次的要求。因此，高校德育工作对学生道德水平的要求不应该使用统一的模式、不进行变通，而是采取多样化和多层次的道德模式。

在培养总目标的基础上，学校务必结合学生的具体情况进行分析，可以将对学生道德的要求划分为三个不同的层次，也就是高标准、较高标准和一般标准。最基础的层次就是一般标准，学生在做好自己本职工作——学习的同时，要具备较好的思想道德品质，并秉持正确的政治观点，遵守学校制度和国家的法律，并遵守社会约定俗成的规矩，在市场的大环境中树立起基本的效率意识、竞争意识、商品意识，从而提升自己对环境的适应水平。第二层次是较高标准，要求学生不仅要掌握好所学的知识和技能，还要能够关注国家和社会上的大事，严格要求自己的行为，主动完成学校安排的学习和工作任务，为学校的发展建言献策，并为需要帮助的同学和老师提供自己的服务，主动学习思想政治方面的基础知识，积极承担责任，关注党团组织的活动并积极参与其中。第三个标准是高标准，主要的学生干部和一定比例的学生党员需要符合高标准的要求，这些学生不仅要符合第一和第二个道德标准，还要继续严格要求自己的思想和行为，使自己能够成为

班级、学校中的道德榜样，为其他学生提供学习的模范。符合高标准的学生能够带领其他同学进行党团组织的活动，并为同学提供理论知识和实践上的帮助。

确立分层次、多样化的培养目标，可以避免简单化和一刀切，可以把一些无效劳动变为有效劳动。确立了明晰的有层次的培养目标，学校就可以根据不同的目标要求有针对性地安排教育内容，组织开展教育活动，并根据目标对教育效果进行科学的评估和考核。

（二）协调机制

思想教育工作是开展德育工作的基础，只有做好了思想教育工作，才能够了解学生思想上的问题是从何而来，因为思想中的问题不可能凭空产生，不可能脱离了客观事实、环境与时间。很长时间以来，人们对德育工作存在着片面的、单纯的认识，并认为德育不能够也不应该和其他专业的教育结合在一起，甚至认为德育和专业的教育在根本上是对立的关系，认为德育工作就应该由专门的德育教师和行政人员来负责，这些看法导致德育工作没有从根本上落到实处，更没有达到齐抓共管的程度。因此，我们需要建立起一种高效的协调机制，让不同方面的力量都参与到这个协调机制中来，这些协调包括非专职人员的协调、专职人员的协调、教育和管理的协调、党政协调。首先需要明确不同类型教育之间的关系，比如阶段性教育和日常性教育的关系，并做好教育的分工，专职的教育人员可以从宏观的层面上解决普遍存在的问题，但是工作中出现的不同类型的思想问题，应该由行政或者业务人员加以解决，不能把所有的思想问题都推给专业人员，而是将思想问题进行分类和协调，利用管理的方式处理好存在的问题。如果想要做好的管理，我们首先要明确高校内不同岗位人员的具体职责，提醒他们提升自己对德育工作的认识和重视程度。专职的德育人员应该从提升业务水平开始，并进一步提升自己的科学文化素养和思想理论知识。这样才能够将德育工作融入高校的教学过程中，从而实现高校德育的培养目标。

制度保证、行政纪律、政策导向、思想认识是制约协调发展的主要因素。其中思想认识和制度保证是最重要的内容。

（三）利益机制

总的说来，就是高校要从制度和政策的完善出发，采取保障性措施，让德育的工作人员对自己的工作岗位满意和对生活待遇感到满足，从而做好自己的本职工作，让有余力的工作人员还能够进行德育工作的创新。但是在目前的德育工作人员安排上还存在不足，德育工作人员在交流学习、职称评定、提职晋升等方面的待遇还有待提升，这些问题应该被高校重视。在最近一段时间的工作中，德育工作出现了一些问题，主要是工作队伍不稳定、创新动力不够的问题，德育工作队伍面临着人才变动的困境。高校如果想要建设好德育工作人员的队伍，就需要从德育工作人员待遇的提高做起，首先需要从政策上做出保障，可以建立相应的奖励机制，比如调整教师的工资结构，并对德育队伍进行调整。表现优秀的德育工作者应该获得奖励，奖励要形成完善的制度，在评定德育工作人员的职称时应该参考教师的职称评选方式。对德育工作者的选拔也应该使用聘任制的方式，对于不适合德育岗位的人员应该劝说他们寻找自己合适的岗位。另外，在日常的教学工作中，也应该强化对德育工作人员的考核和评定，从而促进他们具备相应的素质和能力。除此之外，在学校的领导层也应该培养一批素质较高、品德优秀的德育工作者，并让他们作为学校德育工作的负责人。

（四）激励机制

激励机制和竞争机制是相同的。它们通过对不同形式的竞争进行保护和鼓励，将德育工作人员职责确定下来，这不仅能够让德育工作人员积极投入工作中，还能够提升学生学习的积极性，从而一起将德育工作的有效性提升起来。现在有一些高校已经使用了德、智、体的综合测评方法，并将这一方法和学生奖学金的评定结合起来。也有一些高校仔细评估了德育工作者的工作效果，并对德育工作者进行了相关的考核。这些尝试都能够很好地激励德育工作人员提高教育效果。

考核和评估的激励机制要从具体的工作目标和工作方向得出来，根据不同的工作职权确定具体的评估标准，并将定性和定量的工作方法结合起来，将纵向比较和横向比较结合在一起，将专项考评和综合考评结合起来。考评的结果应该能够激励落后的德育工作人员，让其及时发现自己工作中的不足，不断改进自己的工作方法，提高自己的工作效果和工作效率。如果按照现代管理学的理论，动力概念覆盖的范围较广，不仅包括常见的物质动力，也包括了精神上的动力，以及信息上的动力。动力不仅可以为管理提供基础，而且也制约着管理的进步和发展，管理如果缺少了动力的作用，就不能够充分地发展。因此我们说，动力不仅能够为管理提供能源，还影响着管理的发展方向。在建立德育激励机制的过程中，高校不仅要遵循教育的外部关系，还要掌握并理解相关规定中的精神，从而使用科学合理的方式提高德育工作人员的积极性、创造性。只有德育工作人员和学生都有了发展德育工作的积极性，高校才能够建立起德育工作的相关机制。

上面这些内容讨论的层面较为浅显，在现代社会大环境中，德育工作的运行机制也会得到逐步的建立和完善。

第二节　高校德育教育创新与大学生创新能力培养

一、高校德育教育如何创新

创新的概念包含的范围较广，包含了社会中各种事物的进步与发展，当然也包括教育在内。如果对创新的概念进行详细地说明，那么创新就是人出于一定的目的，在尊重事物客观规律的基础上，改变了事物的某些内容，从而让事物得到了新的发展与变化。创新的活动既可以是事物形态的转变，也可以是事物的形式或者是内容在新因素增加后，得到了完善和发展，还可以是事物内部各个要素的重新排列和组合，这种全新的组合不仅能够使得事物的结构更加科学，还能够促使事物具备更加丰富的功能，提高工作或者活动的效率。创新具有发展性、新颖性、规律性、目的性、变革性等特性。

创新是一个产生全新事物的过程，在这个过程中，主体从世界本质的规律出发，利用事物本身的规律做相应的创新。创新不是一个轻松的过程，主体必须充分发挥自己的主观能动性才能够进行创新。尊重事物自身的发展规律是能动性得以发挥的前提，客观存在的条件能够制约能动性的发挥。因此，高校德育方法不仅在创新的过程中充满了困难，德育方法的创新最终还要能够和教育实践结合在一起，创新的方法必须能够对教育实践产生一定的积极影响。高校德育是一门具有科学性的学科，德育的知识体系在现实和历史中得到了验证和完善。德育活动的具体结果如何，可以使用德育的有效性进行判断。没有一个教育理论是全部通用的。因此，在进行教育理论方面的创新过程中，需要进行多次的尝试。

德育是学校中开展的道德教育，也是学校中的教育人员为学校提供的便于德育教学活动开展的环境，目的是提升学生对道德学习内容的理解程度和具体的实践能力。道德教育的主要开展场所在学校，学校在学生的道德教育中应该承担更多的责任。因此，德育工作的内容是学校的核心和灵魂，学校应该为全面实施素质教育的目标而努力和奋斗。

为了培养学生的创新能力，学校实施了创新教育这一系统工程，创新是这一系统工程中的一个子系统，创新教育为学生创新能力的发展提供了可靠的基础。

在全面实施素质教育的要求下，学校对学生开展创新教育刻不容缓，创新教育不仅为德育的发展提供了新的机会，也带来了一定的挑战。学校只有充分地利用德育，将德育的作用充分发挥出来，才能够让创新教育具有发展的空间和精神动力。

在各个国家和地区融合互通的背景下，国家之间以及城市之间的壁垒已经被打破了，不同国家、不同民族、不同地域之间通过不同的途径进行交流。在时代飞速发展的背景下，学校需要不断地进行德育方面的创新，德育的创新不仅能够使大学做好素质教育的工作，还能够提升公民的道德水平和修养水平。在对高校德育进行创新的过程中，我们可以从方法、内容、理念等方面入手。

（一）德育的基本特点

在各级各类学校的教育实施过程中，德育工作均被置于极其重要的位置，其安排与布局均得到精心规划。同时，德育在不同类型的教育活动中也展现出各具特色的表现形态与特点，这既反映了德育工作的多样性与复杂性，也彰显了其在促进学生全面发展中的独特作用与价值。

1. 崇高性

高校德育教育的核心目标在于培育具备社会主义事业担当的建设者与接班人。德育工作的深入实施，不仅显著提升受教育者的思想政治素养，更有助于引导学生建构起科学、正确的人生观、价值观和世界观，在道德和精神层面塑造学生的崇高理想和高尚品质，从而为社会主义事业的长远发展奠定坚实的人才基础。

2. 前瞻性

德育教育的内容会随着社会和时代的发展进行更新。高校需要从宏观层面出发，制定人才的培养目标和培养任务。德育教育需要从国际国内的发展状况和形势出发，并结合对人才需求的预测，培养学生的创新能力和实践能力。德育教育是为了培养出符合新时代中国特色社会主义现代化要求的创新型人才，这一点能够反映出德育教育所具有的超前性和前瞻性，这一特性也说明了德育教育是一种对于人才培养的反思。德育教育所具有的前瞻性，要求人们从人文理论发展的知识基础出发，并不断开拓新的认识层面，从理论知识的高度统领科技的发展。

3. 针对性

随着我国社会经济的持续快速发展，部分个体在利益的驱使下，逐渐表现出短视的倾向，过度关注短期利益，而忽视了长远价值。在此背景下，德育工作的重要性愈发凸显。德育作为教育的重要组成部分，应着重从个体精神和潜能角度出发，通过科学有效的引导，促进大学生进取精神和创新精神的建立。具体而言，德育不仅要关注知识的传授，更要注重价值观念的塑造和道德品质的养成，通过系统的教育和实践活动，引导大学生树立正确的价值观，激发其内在动力，培养具有创新精神和实践能力的社会主义建设者和接班人。

4. 时代性

时代性是大学德育教育中最鲜明的特征。在 20 世纪 80 年代初期，高校德育教育在社会强烈的呼声中走进了大学的课堂，党的十八大以来，以习近平同志为核心的党中央领导集体高度重视学生思想政治和德育工作，对培养社会主义合格建设者和可靠接班人提出新要求、作出新部署。高校德育是符合社会发展现实的，并为高校思想政治教育的发展提供了基础。高校道德教育对学生开展了思想道德方面的教育、政治理论方面的教育，除了提升学生的思想道德水平，还帮助学生明确了人生的目标。现在，社会迎来了知识经济的时代，知识经济不仅为人才发展提供了科学知识的基础，还为学生探索真知、培养坚韧意识作出了贡献。大学德育教育在社会发展和进步的过程中，体现了时代性的特征。

（二）高校德育工作方法的创新

根据我国高校德育中存在的问题，以及新社会环境中出现的各种挑战，高校需要改变过去传统的德育工作方法，进行理论与实践层面的双重突破，以捍卫高校教育体系中德育工作的地位。

1. 德育意识的全员化和德育格局的全方位

德育工作是高校所有教职工都应该承担的责任，高校要坚持把立德树人作为中心环节，把思想政治工作贯穿教育教学全过程，实现全员育人、全过程育人、全方位育人。所有的教师都应该改变过去教育理念中存在的错误想法，也就是德育教师是学生道德教育的主要负责人，所有的教师都应该重视教师起到的道德教育作用。教师首先需要从教育思想出发，更新自己的教育思想，从自己的行动出发，为学生做好表率作用，感染学生，让学生在潜移默化中接受道德的教育。教师需要在各学科的教育中融入道德教育的工作，在日常教学的各环节开展道德教育。比如在物理课程的教学中，教师就可以介绍我国古代就获得的科学技术成就，让学生接触我国的灿烂文化和伟大成就，让学生能够产生民族的自豪之情，还需要介绍我国最新的科技成就，让学生了解我国的科学技术在现代取得了巨大的进步。教师可以将唯物主义教育融入物理课堂之中，让学生能够认识到世界中存在的物质性和运动性。道德教育资源不是仅存在于物理课堂的教育中，而是存在于所有的学科中。教师需要从自身的教学工作中创新，发掘道德教学和日常学科教学中可能存在的融合点，从而在教学的环境中，让学生接受道德教育。

德育功能能够存在于学校的各项服务中，其中区别就在于，有的道德教育能够较为轻松地与学校服务工作结合在一起，有的则不容易结合在一起。学校工作在开展的过程中，需要考虑与德育工作的结合效果，从而达到教育各因素紧密结合的目的。高校的关注点在于学生的教育结果，高校不仅要对学生的教育提出较为严格的要求，还要注意使用相关的方法，让学校德育成为学校育人的重要途径。

2.德育目标的层次化

德育活动的开展需要达到一定的德育目标。我国现在仍然处于社会主义的初级阶段，社会道德的主体是社会主义道德，还有多种道德形式并存。高校德育必须转换过去传统的“大一统”模式，因为现在大学生的道德水平参差不齐，呈现出了多种规格的特点。大学生在不同的年级，“三观”和思维方式也会产生变化，因此高校道德教育需要从这些方面出发，根据社会发展的现状，不断培养新时代的人才，做好基础性的工作，形成德育目标体系。

3.利用网络把德育透明化

国家相关的教育部门可以从网络的便捷性出发，帮助学生建立起相关的道德档案。按照规定，年满十六周岁的公民都应该建立起档案，档案中需要包括这些内容：教育情况、年龄、姓名等。其中最关键的内容是道德素质记录、道德行为。人的道德素质记录在一定程度上也反映了这个人的行为和思想水平。我国确实需要建立起相关的德育教育部门，该部门在经过案件真实性分析的基础上，做好公民的道德行为记录。这样的记录方式不仅能够帮助相关人士进行调查，这能帮助用人单位对学生个人素质进行调查，提升用人单位考核的速度。当然，这种档案起到的作用是辅助性的。档案的建立也和网络的快速发展结合在一起，最重要的目的就是鞭策学生提升自己的道德素质，严格要求自己，改变过去行为中存在的问题，实现从他人的强制性约束发展到个人的自觉主动约束，这也是道德档案记录的根本目的。

4.德育方法多样化、层次性

德育方法实际上也是完成德育工作所使用的手段。德育是一个各种因素共同起作用的过程，大学生在成长的过程中，也受到了各种环境的影响，这些施加影响的主体有个人、学校、家庭、社会，在综合作用下，德育才能够发挥出作用，起到相应的效果，这是德育方法具备多样性和层次性的原因。德育按照不同的分类方法可以出现不同的层次性。比如，德育可以分为客体外部灌输和主体自我修养两个方面，这是从德育的主客体角度分析得出的；德育还能够分为实践教育和理论教育两个方面，这是从德育内容所占比例来看的；德育还能够分为不同的类型，比如审美型、情感型、渗透型、氛围型；在德育具体的实施方面，德育可以分为修养指导法、榜样示范法、实际锻炼法、情感陶冶法、说服教育法等。

（三）高校德育教育理念的创新

1. 树立以人为本的德育新理念

这一创新的理念实际上有两个方面的含义：第一，教师要不断武装自己的头脑，提升自己开展德育工作的责任感和使命感，提升自己的德育基础知识和道德素养。第二，教师要及时关心和爱护学生，尊重学生的主观能动性，完善学生的人格和培养学生的道德。在过去，德育的目标主要是纠正学生思想和行为上的问题，起到规范和教育的重要作用。在德育新理念的影响下，教师开始重视学生个人的尊严和能动性，从感情上理解学生、从行动上帮助学生。

做好学生和教师在教育中的定位工作是非常重要的，这是贯彻落实“以人为本”德育新理念的基础。首先，教师在德育工作的开展中，实际上担任了双重的角色，教师不仅需要教育学生，也要提升自己的德育水平。教师不仅要提升学生完善自己德育水平的主观能动性，帮助学生主动进行德育的自我教育，教师还要将这种新的理念体现在对学生的学习和生活的关心中，教师要成为学生的好朋友、好伙伴，为学生提供精神上的支撑和帮助，主动引导学生的生活方向。其次，教师要让学生具有主体的意识，要使学生要能够自己教育自己，使学生成为德育教学活动中的主体。学生在这种类型的德育教学活动中，不仅能够实现自我发展的需要，还能够提升学习的积极情感。让学生在不知不觉间，吸收社会环境中外在的道德要求，让其成为学生自我要求的行为准则，从而让学生不断进行自我完善。

2. 促进学生道德知识、道德能力和道德素质的全面发展

如果想要实现提升学生道德素质和道德能力发展的目的，学校首先需要传授给学生相关的道德知识。高校德育的目的是教育学生做一个完善的人，也就是让学生接受做人的知识。大学生在社会中生存的手段是运用科学知识和技能，在社会中的立身之本是学会做人的道理，因此，高校需要培养学生的道德素质和道德能力，让学生掌握一定的道德规范。道德知识的吸收和发展体现在道德能力的提升方面。高校德育要摆脱过去一味教授道德基础知识、灌输机械理论的方式，德

育不是说教性的教育，也不能够使用强制性的手段约束学生，而是一种需要学生发挥主观能动性的教育活动。学生在掌握了一定的道德知识，提升了道德能力之后，能够在面对大是大非时，作出正确的选择，能够在道德冲突的两难局面中，选择出正确的方向，在日常的交往过程中，能够按照道德行为准则严格要求自己，正确对待别人，不断提升自己的道德水平，让自己成为全面发展的人。

道德知识和道德能力进行充分的发展和完善之后，形成了道德素质。道德素质也就是人们经过后天学习形成的道德观念、道德心理、道德知识和道德能力，这些内容综合在一起就形成了道德素质。通过道德知识和道德能力的发展和完善，社会对人们的道德要求就会自然地转变为学生自身的信念、信仰和追求。学生能够从宏观的角度看待这个世界，比如理解人与自然的关系，具有一定的全局意识；理解人与社会的关系，探寻不同时期文明存在的意义，具有爱好和平、支持民主与合作的意识；能够理解人内在的精神世界，了解人全面发展的重要意义，最终实现学生个人的全面发展。

3. 实现德育的协调和可持续发展

第一，高校德育涉及的层面较多，包含了社会、学校、家庭等多个方面，是一个全局性的系统，因此，需要使用更多种类的社会力量进入高校的德育工作中，形成一个全面、协调的德育网络系统，建设一个能够健康循环的社会育人机制，从而获得全社会对大学生成长的共同关心。

第二，从学校的内部结构出发，德育贯穿的环节较多，比如服务育人、管理育人、教书育人等。因此，学校中的所有工作人员都要树立起“德育工作，人人有责”的相关意识，并将自己负责的工作纳入德育的体系中，并发挥德育的综合领导作用。

第三，如何进行道德教育是思想政治理论课的教师应该优先考虑的问题，思想政治理论的教师应该利用好道德教育，调整相关教学的方法，并利用多媒体等现代化的教学手段，将枯燥的思想品德课转变为趣味性、理论性、思想性相结合的课程，能够让学生不断提升自己的精神水平。因此，教师要协调课堂中的不同环节，比如“听”就是让学生认真吸收老师的课上讲解内容、聆听其他学生的意见，“说”就是组织学生进行演讲、开展讨论和辩论的活动，“读”指导学生进行名家作品的阅读活动；“看”就是组织学生去相关的福利院、社区、企业进行参观等；“写”就是让学生抒发内心的真实感受，让学生在便利的环境中丰富自己的个性。

第四，高校从其拥有的地域优势出发，进行德育方面的建设活动，另外，需要让学生进入社会环境中，进行各种形式的实践活动。使用“课堂一基地—社会”三种课堂方式进行结合的教学模式，实现学校教育和其他形式教学的共同发展，从而促进高校德育的循环发展，实现高校德育水平的提升。

（四）高校德育教育内容的创新

在高校实际的德育工作中，教育者不仅要改变过去错误的思想和观念，还要提升相关的德育功能，建立符合时代发展要求的新思想和新观念。那么，应该如何调整并确定德育的内容呢？首先，需要从教育的客观规律出发，根据具体的情况进行创新。第二，要从学生的实际情况出发，根据每个学生不同的特点，进行德育工作的安排，并从学生具体的文化需求出发，掌握学生思想的变化，并根据实际教学中出现的问题，进行具体的分析。除了要进行过去传统的德育教育之外，德育的工作者应该从学生的年龄特点和时代的环境特点出发，对德育教育内容进行创新。内容的创新有下面几个方面。

1. 健康人格的教育

德育教育工作者在教育实践中应当从多元化的活动角度出发，精心策划并有效实施各类德育活动，旨在培养学生之间互相激励、携手并进的习惯，进而推动他们实现共同进步。具体而言，这些活动应当注重培养学生的团队协作精神和竞争意识，通过集体协作与个人努力，激发学生的潜能，促进他们全面而均衡的发展。

此外，德育教育工作者还需注重培养学生的责任感和自信心。责任感是个体对自身所承担义务的认知和履行的表现，是道德品质的重要组成部分。德育工作者应通过日常生活中的实践活动，引导学生明确自己的社会责任和历史使命，培养他们勇于担当、乐于奉献的精神。同时，自信心是学生自我发展和创新能力的基石，德育工作者应关注学生的个体差异，鼓励他们充分展示自己的才华和发掘潜能，让其通过成功的体验逐步增强自信心。

在培养学生责任感和自信心的基础上，德育教育工作者还应进一步关注学生创新能力的培养工作。创新能力是现代社会对人才的基本要求之一，也是推动社会进步的重要动力，因此，应通过多种途径激发学生的创新意识，培养他们的创新思维和创新能力，使他们能够在未来的学习和工作中不断创新、追求卓越。

2. 创新品质的教育

学生创新品质的内涵丰富，涵盖研究能力、自信意志力、爱心、兴趣及好奇心等多方面特质。这些品质对于个体在知识探索与实践中实现创新具有至关重要的作用。在学术领域中，创新品质被视为个体成长与发展的核心要素，对于推动学科进步与社会发展具有深远影响。

在教育实践中，创新品质的教育应与课堂教学紧密结合，教育者充分发挥课堂教学在培养学生个人品质和学习方向中的主渠道作用。教育者应根据学生的个性特点和兴趣爱好，设计富有创新性的教学内容和方法，以激发学生的学习兴趣和好奇心，培养他们的研究能力和自信意志力。

同时，教育创新也是提升教育质量、培养创新人才的重要途径。教育者应积极探索适应时代发展的教育理念和模式，关注学生的全面发展，注重培养学生的创新精神和实践能力。在教育创新的过程中，教育者还应关注教育的公平性和可持续性，确保每个学生都能享受到优质的教育资源，以实现个人潜能的充分发展。

3. 新方法的教育

德育工作者在学生的学习过程中扮演着至关重要的角色，不仅应为学生提供必要的帮助，更应为学生学习方法的创新提供有力的支持。

德育工作者应深入理解学生的学习需求与特点，以便提供精准的帮助。这要求德育工作者具备敏锐的观察力和丰富的教育经验，能够及时发现学生在学习过程中遇到的问题，并为其提供有效的解决方案，还应关注学生的个体差异，因材施教，为每个学生提供个性化的学习支持。德育工作者应积极支持学生学习方法的创新。在当今信息化、多元化的时代背景下，传统的学习方法已难以满足学生的需求，德育工作者还应鼓励学生尝试新的学习方法，如探究式学习、合作学习等，以提高学生的自主学习能力和创新精神。同时，德育工作者还应为学生创新学习方法提供必要的资源和指导，帮助他们克服创新过程中的困难。

此外，德育工作者还应关注学生的学习动机和兴趣，通过激发学生的学习兴趣和内在动力，促进他们更加主动地参与到学习过程中，这有助于培养学生的自我发展能力和终身学习的习惯，为他们的未来发展奠定坚实的基础。

4. 人文素质的教育

德育工作者肩负着培养学生品德、提升学生文化品位的重要使命。在实施德育工作的过程中，他们不仅需要引导学生深入了解和欣赏中华民族文化，同时也应引导学生积极借鉴西方优秀文化，从而实现文化间的互鉴与融合。德育工作者应通过人文教育的方式，让学生深刻认识到中华民族文化的博大精深。中华民族文化源远流长，蕴含着丰富的哲学思想、道德观念和艺术精髓。德育工作者应引导学生通过阅读经典文献、参与文化活动等方式，感受中华文化的魅力，培养对民族文化的自豪感和认同感。在对西方优秀文化的学习与借鉴方面，德育工作者应引导学生以开放的心态，学习西方文化的精髓，去其糟粕、取其精华，以丰富自己的文化素养和拓宽国际视野。

在人文教育和对比教育的实施过程中，德育工作者应注重培养学生的批判性思维和跨文化交流能力，引导学生通过对比分析，认识不同文化间的差异与共性，学会在多元文化中保持独立思考和理性判断，还应鼓励学生积极参与国际交流活动，提升跨文化交流能力，为未来的国际合作与发展奠定基础。

5. 心理健康教育

心理健康教育的内容可以成为德育工作中的一部分，并且心理健康的内容能够成为德育工作的基础知识和主体，从而达到推动德育工作个性化、人性化、主体化发展的目标，并为德育工作的开展提供支持。心理健康教育成为最近几年来学校德育工作开展的支持力量，也是创新教育的重要内容。因此我们可以说，德育工作的内容应该顺势而变，并要能够适应现代社会的发展潮流，符合学生个人成长的需要，另外，高校应该按照自己院校的特点合理安排德育的内容。

高校还需要从课堂机制创新的方向出发，不断提升学生的创新能力和创新的意识，提高教师和学生双方的积极性，让辅导员也参与到德育内容的创新上来，应该将现代化的教学手段引入到课堂中来，利用学习资源的丰富优化教学的过程。

另外，高校还应该进行课外创新活动的探索。学生创新思维和创新意识需要借助多样化的课外活动，德育工作者应该协同学生进行班级制度的创新，将集体的作用发挥出来。集体作用对于一些较为落后的学生来说，是比较有必要的。

总而言之，德育工作人员应该从学生的心理特点出发，为学生搭建一个较好的学习氛围，并从教育环境和教育手段的改进入手，增加学生参与课堂教学和社会实践的机会，帮助学生进行独立性的思考，提升学生的创新意识以及创新的思维方式。高校开展德育工作主要是通过德育课。在德育开展的过程中，最重要的是发展学生的创新思维，最终让其形成创新的人格。教师的最终目的不是教会学生某个知识，而是培养学生思考的习惯，从知识学习的方式入手，引导学生学会如何学习。教师需要放弃过去的填鸭式教学法，使用启发式的教学法，帮助学生向参与式的教学方法过渡，参与式的教学方法才是培养社会需要人才的正确方法。让学生掌握知识是最根本的要求，另外还需要对学生的创新能力进行挖掘，首先要做的就是让学生进行积极的思考，结合教材中学生感兴趣的内容进行创新教育。

在教学目标的指导下，搭建新的、具有创新性的情景，让学生能够利用旧知识学会新的知识，从而达到创新的目的。另外，还需要对学生进行思维形式方面的训练，帮助学生快速地开展观察的活动，培养学生综合、分析、演绎、归纳的能力。在培养学生创新能力的过程中，需要以小见大，从小的问题入手，教会学生从不同角度看待问题。

二、大学生创新能力培养

为了让高校的德育工作更加具有效果，各大高校必须紧跟时代发展的脚步，从德育的教学内容、教学方法、教学观念、价值取向等内容入手，不断创新，帮助学生建立道德观念，进行德育教育的相关实践。在实践开展的过程中，需要秉持创意、创造、创新、创业和自尊、自立、自信、自胜的要求。

目前教育界最为关心的问题就是如何提升大学的德育的实效性、创造性和针对性。高校的德育工作如果想要受到学生的欢迎和重视，就需要从大学生个性、主体性等内容出发，在教学方法、教学内容、教学观念、价值取向等方面作出创新，符合学生的发展取向。如果德育工作不能够受到大学生的欢迎，那么德育工作就不能够满足社会主义现代化建设的根本要求。

（一）创新人才必备的素质

创新人才指的是那些具备卓越创造能力、能够主动发掘问题、积极应对挑战并推动事业实现新发展的杰出个体。对于创新型人才而言，他们需满足以下关键要求：

1. 具有勇于开拓的创新精神

一个民族如果想要取得进步，就需要从创新开始。在当今社会，科学技术不断进步，并成为推动社会发展最重要的因素。我国正面临着各个国家快速发展的市场压力，如果我们没有主动地进行追赶，不进行创新，国家的发展就会处于被动的局面。一个民族不能够没有精神方面的力量，如果民族缺乏了精神的力量，民族的精神状态就会堪忧。精神力量、精神状态不足的民族，是不能够实现民族层面的振兴的。世界形势正在发生较为复杂的变化，出现了许多新情况、新问题。创新的内核是思维能力和思维方法的变化，创新方面的人才要突破自己的思维惯性进行思考，打开自己工作的思路，并利用创新能力占领发展优势。发展的难题需要创新的措施进行破解。大学生们的社会担当也能够在开拓创新中体现出来。

当今社会的竞争实质上是人才方面的竞争，只有拥有了人才上的优势，在创新实力上就拥有了绝对的优势。学院的管理层要重视人才的培养和贮备，为人才的成长营造环境，为人才的成长搭建施展的舞台。

2. 具有宽容合作的团队精神

自人类社会步入工业化生产阶段以来，生产的分工日益精细化，各类产品的诞生均依赖于不同岗位人员的协同劳动。在这一过程中，创新人才的培养及其功能的发挥，与集体与组织环境的关系尤为密切，在当前知识经济社会的大背景下，这种关系更是显得举足轻重。

在急剧变化的社会环境中，人们需从人与社会关系的多维视角出发，深入探寻创新人才培养的奥秘。创新人才的培养不仅要求个体具备扎实的专业知识与技能，更需要其具备在集体与组织环境中有效互动与合作的能力，这不仅关乎个体在职业生涯中的发展，更是推动社会进步与创新的关键因素。尤其是在当今的知识经济社会中，互动与合作的重要性愈发凸显。知识的更新迭代速度加快，任何个体都难以仅凭自身之力掌握所有必要的知识与技能，通过集体智慧的汇聚与协作，人们能够更有效地应对各种挑战，推动创新成果的形成。

然而，值得注意的是，不会合作的人在知识经济社会中的发展将面临巨大的困境，这不仅是因为他们难以融入集体与组织环境，更是因为他们难以充分利用集体智慧与资源，实现个人价值的最大化，所以，培养个体的合作能力，对于创新人才的培养与促进社会的发展均具有重要意义。

3. 具有高尚的思想品质和良好的心理素质

崇高的目标是创造性事业得以发展的前提。人具有了明确的目标，才能够进行事业方面的创新，创造和求知的欲望也就产生了，才能够产生不容易被打败的坚强精神。创新的道路并不是一帆风顺的，在创新的道路上，人们需要不断克服艰难险阻，才能够实现最终的目的，另外还需要有稳定的心态，才能够在逆境中发展。创新是一个漫长的过程，需要多次的失败才能够获得成功。一个人具有创新精神是指这个人具有一定的献身精神和勇气。

（二）大学德育教育在开发学生创新能力方面发挥重要作用

大学对创新人才的培育，不仅依赖于他们深厚的科学基础知识，更离不开其高水平的思想道德能力。同时，我们不应忽视思想道德建设在培养创新人才中的关键作用，它如同一座坚实的基石，为创新人才的成长提供了坚实的支撑。

1. 坚定的信念是创造的原动力

创新人员所承担的工作，本质上是开拓性的，这类工作往往前人未曾涉足，因此充满了未知与挑战。在创新的道路上，突发事件层出不穷，这些事件可能源于技术难题、市场环境变化或是其他不可预测的因素。面对这样的工作，创新人员必须具备坚定的信念与充足的信心。为了应对这些挑战，创新人员不仅需要具备扎实的专业知识和技能，还需要在思想建设上不断下功夫。这些挑战与不确定性是创新工作的魅力所在，也考验着创新人员的意志与智慧。对于创新人员而言，思想建设的首要任务就是在理想信念方面武装自己的头脑，思想建设是道德建设中的核心内容，它涉及个体的理想信念、价值观念和精神风貌等方面。这意味着创新人员要坚定对社会主义事业的信仰，明确自己的奋斗目标和价值取向，从而在创新工作中始终保持正确的方向。

通过加强思想建设，创新人员可以不断提升自己的道德品质和精神境界，为社会主义事业的建设贡献自己的力量，也可以更好地应对创新工作中的各种挑战和困难，保持积极向上的心态和勇往直前的精神风貌。

2. 强烈的创新欲望有赖于在长期德育中培养

对于在工作和生活中及时发现问题并解决问题的能力培养，高校德育首要任务是激发学生的积极进取精神，并对其进行创新能力的系统引导与深化培养，其核心在于促进学生对于过往思想成果进行总结与反思，进而推动其形成新的思想观念和解决问题的方法论。

高校德育工作的核心目标便是将学生塑造成敢于挑战传统、勇于突破的创新型人才。不仅要求学生具备扎实的专业知识，更要求他们拥有敏锐的洞察力、广阔的视野和深厚的实践能力。因此，高校在德育培养过程中，应着重加强对学生实践能力的培养，通过实践教学、实习实训等多种方式，让学生在实践中锻炼解决问题的能力，提升创新的意识和能力。

同时，还应认识到，创新能力的培养并非一蹴而就，而是需要长期的积累与沉淀。因此，高校在德育培养中，应注重培养学生的自主学习能力和终身学习的意识，引导他们不断总结过去的思想，发展新的思想，以适应不断变化的社会环境和满足职业发展需求。

3. 百折不挠的意志品质是创新者取得成功的重要因素

德育教育在大学生教育中具有举足轻重的地位，其核心目标之一便是培养学生的献身精神和意志力。在创新过程中，个体需要面临并克服重重阻力和挫折，对于挑战的克服离不开坚定的意志品质，若无坚强的意志作为支撑，对创新活动便难以有效推进和落实。

通过培养坚强的意志力，学生将能够更好地应对生活中的各种困难和挑战，从而实现个人成长和发展，具体来说，德育教育应引导学生形成吃苦耐劳的品质，鼓励他们敢于拼搏、不懈奋斗，在面对困难和挑战时，学生应具备勇往直前的精神，积极寻求解决问题的方法和途径。

此外，德育教育还应注重培养学生的创新能力和实践能力。学校通过提供丰富的实践机会和创新平台，让学生在实际操作中锻炼自己的意志力和解决问题的能力，也应关注学生的心理健康，帮助他们建立正确的价值观和人生观，以更好地应对创新过程中的压力和挑战。

（三）创新德育教育方法，增强德育教育实效

高校作为人才培养的重要基地，肩负着培养具备创新能力人才的重大使命。若要切实提升大学生的创新能力，则必须深入探讨德育教育方法的创新，以强化德育教育的实际成效，必须对德育教育的内容进行创新，以适应时代发展的需要。

为了有效提升德育教育工作的效果，高校必须坚持改革创新的原则，引入现代化的德育教育观念。这要求我们摒弃传统、陈旧的德育教育模式，积极探索和实践符合现代社会发展要求的德育教育方法。同时，还需构建新型的德育教育体系，以支撑德育教育内容的创新。还应注重培养学生的创新思维和实践能力，通过丰富的实践活动和创新项目，引导学生主动探索、勇于创新，从而激发他们的创新潜能。还应加强德育教育与专业教育的融合，使学生在学习专业知识的同时，也能够提升自身的道德品质和创新素养。

1. 将德育教育由灌输式转变为启发式

启发式德育教学深刻体现了教学过程中教师和学生之间的互动与协作关系，注重培养学生的主动性和创造性，有助于提升学生的道德水平和启迪性思考的能力。其中，教师扮演着主导者的角色，负责引导和激发学生的思考，而学生则作为主体，积极参与到道德问题的探讨和解决过程中。

启发式教学的核心在于激发学生的主动性和创造性，促使他们在道德领域进行深入的思考和探索。通过教师的引导和启发，学生能够自主地解决道德问题，从而提升他们的道德认知水平和启迪性思考的能力，这种教学方式有助于培养学生的独立思考能力，增强他们的道德自觉性和责任感。

在启发式德育教学过程中，教师应注重培养学生的道德思维和判断能力。通

过引导学生分析道德现象、讨论道德问题，教师可以帮助学生形成正确的道德观念和价值取向。同时，教师还应关注学生的情感体验和道德实践，通过实践活动和情感体验来促进学生的道德成长。

2. 实现德育教育与素质教育的有机结合

随着社会的不断发展，社会对人才素质的要求也日益提升，这不仅体现在对专业技能的掌握上，更体现在对创业精神与道德品质的双重提升上。因此，高校在人才培养过程中，必须将创业精神的培养与道德教育紧密结合，使德育成为能力培养不可或缺的一部分。

创业精神的培养旨在激发学生的创新意识与创业能力，使他们能够主动适应社会的快速发展与变化。而道德教育则着重于塑造学生的道德观念与行为准则，引导他们形成正确的价值观和人生观，不仅可以提升学生的综合素质，更能为其未来的职业发展奠定坚实的基础。

在具体实践中，高校可以通过开设创业课程、举办创业大赛等方式，激发学生的创业热情与潜力，加强道德教育，通过课堂讲授、案例分析、社会实践等多种途径，引导学生树立正确的道德观念，培养他们的社会责任感与公民意识。

此外，高校还应注重将德育融入能力培养的全过程。无论是专业知识的传授，还是实践技能的培养，都应注重培养学生的道德品质与人文素养，学生提升专业技能的同时，也能具备良好的道德素质，从而更好地服务于社会、贡献于国家。

3. 强化德育教育中的心理引导作用

从事德育教育的专业人员应当深入学生理智的层面，致力于提升学生的思想境界，不仅要关注学生的认知层面，还需在情感维度上培养学生对国家和民族的深厚认同感与责任感，引导学生为国家的发展而勤奋学习、持续进步，通过情感熏陶与理智引导相结合，使学生能够确立为祖国和人民奋斗的目标，从而激发他们的主人翁意识。具体而言，德育教育的专业人员应通过丰富多样的教育形式，如课堂讲授、案例分析、社会实践等，引导学生深入理解国家的发展需求与民族的历史使命。同时，通过情感教育的渗透，使学生能够在内心深处产生对国家和民族的热爱，进而形成坚定的理想信念和崇高的道德追求。

这种心理层面的引导不仅有助于提升学生的自我认知和价值观念，更能够激发他们的进取心和拼搏精神，使学生能够自觉地将个人的发展与国家的前途命运紧密相连，从而在实现自我价值的同时，也为国家和民族的繁荣昌盛贡献自己的力量。

4. 尊重和发挥学生个性，鼓励竞争

在探讨人才类型的多样性时，我们不可忽视个性在人才成长中的关键性作用。个性作为个体独特性的体现，对于激发创造性至关重要，如果缺乏个性，个体往往难以展现出创造性，而创造性正是人才的核心特质。

在当今日益激烈的人才竞争中，社会对于具有创新能力的人才需求日益迫切。随着科学技术的迅猛发展，知识经济逐渐渗透到日常生活的方方面面，科技和知识已成为决定未来发展的主导力量。个性在人才成长过程中的作用不容忽视，它不仅是个人独特思维模式的体现，更是推动创新的重要动力。教育作为知识创新、传播和应用的重要基石，承担着培养创新型人才的使命，应致力于培养学生的创新能力，高校通过提供多元化的教育环境和启发式的教学方法，激发学生的创造潜能，促进其个性的充分发展。

三、高校德育工作对大学生创新能力的培养

在素质教育和人才培养的过程中，高校德育工作都起到了举足轻重的作用，也是高校为社会发展培养后备人才的重要途径。为了提升高校培养人才的效果和效率，高校德育工作就需要在学生创新意识的培养方面努力，学生创新意识的培养也是高校德育工作创新的基础内容。高校德育教育应该和其他类型的教育工作齐头并进，为人才的成长保驾护航，为学生创新能力的培养而努力。

新时代呼唤知识经济和科技创新，创新人才的竞争将成为不同国家竞争的主要内容。国家振兴发展的关键就在于创新，创新是一个民族进步的根本动力，也是人类进步的源泉。一个国家未来的发展状况在很大程度上是由人才的创新能力和创新水平决定的。在知识创新为发展重点的现代社会，人才培养的重点为创新能力的培养。

（一）高校德育工作要更新观念

人才在高校中成长，承担着促进国家和民族未来发展的使命。在各个国家竞争更加激烈的环境下，高校更应该承担起创新型人才培养的责任。高校不仅要在教学工作中努力培养人才，还要将人才的培养放在更为重要的地位上。

掌握人才成长的规律是高校德育工作得以顺利创新的基础，并且高校的德育工作创新还需要遵循高等教育阶段性的教学规律。在遵循和掌握客观规律的基础上，高校德育教育还需要注重对学生的主体创造能力进行培养。在多年的发展过程中，过去的德育工作往往只注重较短时间内的结果，而不往更深层次的方向挖

掘，长此以往，形成的教育形式只能是被动的、单向的，大学生不能够积极主动地参与到德育工作中来。因此，在知识经济时代，高校德育工作需要扭转过去德育工作形成的固定观点，从学生的实际需要出发，并以新时期人才的培养为根本目标，在满足学生个人发展需要的基础上，实现高校德育工作的目标。

如果从国家复兴的宏观角度出发，现在的大学生是面向未来的新一代人才，民族复兴的历史任务将由他们来承担。未来，国际范围内的竞争将会体现为创新型人才的竞争，当代大学生的创新能力高低与未来中华民族的兴衰息息相关。面对知识经济时代带来的问题，当代大学生只有不断学习，提高自己的知识水平和能力水平，才能够跟上时代发展的步伐，并在实际的工作和生活中应用这些创新的思维，创造性地解决问题，只有这样，国家和民族才能够在复杂的竞争环境中处于不败之地。

（二）培养大学生创新能力的方法

1. 增强大学生的创新意识

想要提升大学生的创新能力，首先要从创新意识的培养和提升开始。在实际的高校德育教育工作中，存在着学生对个人的现状不满意的情况，但是高校没有作出实际行动来培养学生的创新意识，创新能力的提升也无从谈起，因此我们可以认为大学生对现状的认识不足，这一问题阻碍了大学生创新意识的发展。因此，高校德育工作应该引导学生树立正确的现实观念，使学生在能够正确认识现实，培养他们的创新意识，提升面对困难的创新能力。

2. 提高大学生的创新动手能力

想要提升大学生的创新能力，就需要提升大学生的创新动手能力。下面我们来简单说明一下创新动手能力的基本内容，创新动手能力和实际动手操作能力是基本相同的，德育工作人员应该在提升学生创新意识的基础上，对学生进行实践方面的指导。在初步的教学阶段，我们可能无法看出高校德育教育与创新动手能力之间的关系，但是如果将学生动手能力的培养当作教育与教学连接的桥梁，那么创新动手能力的意义也就得到了充实。在具体的实施环节，高校能够为学生的个人发展提供机会，让学生参与到实际的学校管理、科研课题中，都能够让学生的兴趣和知识水平得到提升，比如在学校组织的小型创新活动中，学生积极参与其中，这能够让学生的责任性和创新意识都得到提升，创新能力也会得到一定程度的提升。这样一来，学生学习的积极性得到了提高，大学生的学风建设成效也会较为明显，德育教育的目的也达到了，就是学习和道德水平的共同获得提高和进步。

3. 加强精神文明建设

培养大学生的创新能力，就需要进行精神文明方面的建设。在高校的实际工作中，我们需要对新时期德育工作的内容进行改革，从而达到完善教育方式、构建德育体系的目的，高校德育工作的开展需要围绕精神文明建设进行。在教育的获取十分方便的今天，精神文明建设的方式也是非常多样和丰富的。尤其是在信息化发展的背景下，高校德育工作在开展时不能够仅仅从课堂和课本的知识中进行，也应该从教育场所的拓宽入手。比如，使用基地化、网络化等不同方式的资源，将高校中的德育实际工作和众多的教育结合起来，提高资源使用的有效性，在此基础上开展多种多样的德育教育活动，提升大学生的思想道德素质水平，从而达到加强精神文明建设的作用。

德育教育活动本身就能够提升学生的知识储备，并利用先进的教学方式引导学生积极参与到学校的德育工作中，培养学生思考和学习的习惯，让学生发现问题之后，可以及时地解决问题，提升解决问题的水平和能力。

4. 加强校园文化建设

实现校园文化的建设，不仅能够达到高校德育工作开展的目的，还能够培养具有创新能力的人才，因此加强校园文化建设也能够成为高校德育工作的一个重点。弘扬主旋律是校园文化建设需要坚持的原则，不仅能够提升大学生的思想道德素养水平，还能够培养学生的爱国热情。科学的理论知识是校园文化建设开展的基础性内容，爱国主义教育是校园文化建设应该始终坚持的内容，校园文化建设还需要在民族自信心和民族自豪感的提升方面努力，可以使用多种形式的学习方式，比如开展专题讲座、社会考察、社会调查、演讲比赛、征文等，需要开展社会主义、集体主义、爱国主义等方面的思想教育，培养大学生的创新精神和集体合作精神。

另外，在开展德育工作的同时，高校也可以结合校园文化和学校精神，提高学校教师和学生的凝聚力。比如，为了更好地进行德育工作，可以建立起一个校园内部的论坛，让学生为学校德育工作的开展建言献策。另外，校园文化建设也需要寻找新的方法和途径，结合新的发展形势培养学生的动手能力和实践能力，最终达到提升学生创新能力的效果，为社会的发展服务。

（三）对高校德育工作者提出的新要求

高校德育工作需要结合时代的要求，高校德育工作者需要在此要求下进行工作方面的改进。高校德育工作者要从高校德育中存在的问题出发，及时转变自己的教育理念，拓宽分析问题的视角，对传统的高校德育教育模式有所突破，在不断强化自身素质的过程中，提高自己进行德育工作的实际能力。

尤其是在信息化程度不断提高的当今社会，大学生获取信息的渠道愈加丰富，并加强了同社会的交往。在大学生不断接触社会环境的背景下，高校德育的工作更应该做到位，帮助大学生远离那些阻碍自身发展的事物，让大学生在复杂的社会环境中保持自己的初心，利用高校丰富的教育信息充实自己的头脑，不断提升自己的知识和实践水平，成为国家和社会合格的接班人和建设者。

第三节　新媒体视域下大学生德育教育方法创新

高校德育教育受到新媒体发展的影响，新媒体为大学生德育工作的开展提供了便利的条件，但同时也带来了巨大的挑战。为了应对这一形势，德育工作的创新刻不容缓，这一创新不仅是德育工作维持其基本作用的要求，也是新媒体视域下实现大学生全面发展的途径。

一、新媒体视域下大学生德育教育方法创新的前提

德育的发展与社会变迁紧密相连，新媒体这一新兴传播形式的崛起，不仅深刻改变了社会的发展方向，也给大学生的德育工作带来了前所未有的挑战。2016年，在全国高校思想政治工作会议上，习近平总书记指出，做好高校思想政治工作，要因事而化、因时而进、因势而新。要遵循思想政治工作规律，遵循教书育人规律，遵循学生成长规律，不断提高工作能力和水平。要运用新媒体新技术使工作活起来，推动思想政治工作传统优势同信息技术高度融合，增强时代感和吸引力。[①] 新媒体犹如一把双刃剑，既实现了现实与虚拟世界的交融，也带来了信息的繁杂与混乱。其中，积极信息与消极、错误信息交织，这无疑加大了大学生德育工作的难度，可见，德育创新显得尤为迫切，我们必须在这样的环境下积极探索，推动德育工作的创新发展。

① 中共中央国务院．关于加强和改进新形势下高校思想政治工作的意见[N]．人民日报，2017-02-28（1）．

（一）新媒体视域下大学生德育的挑战

新媒体传播为大学生德育工作带来的挑战，可以分为以下几个方面。

第一，新媒体传播改变了传统德育工作的观念。其一，随着新媒体的迅猛发展，信息传播渠道的多样化导致文化环境日趋复杂，传统的一元主导德育理念已难以适应现代社会的多元化需求，在新媒体环境下面临诸多挑战。大学生在网络环境中获取信息时，往往面对多种文化类型的冲突，如本民族文化与外来文化的碰撞、东方文化与西方文化的摩擦，这些文化冲突对传统德育的一元主导理念构成了巨大冲击。其二，新媒体的环境也对传统德育中教师主体的现象提出了挑战。在过去的教学过程中，教师主体是人们的普遍共识，教师拥有丰富的知识和技能，决定着教育过程的开展，但是随着新媒体时代的到来，学生可以在对互联网的浏览中获得更多的有关德育方面的信息，教师的权威地位遭到了挑战，因此教师的优势也随之弱化了，甚至出现了教师的知识储备不及学生的现象。新媒体使得学生和教师可以在一个平等的层次交流，教师的主体性地位也在这一层面上遭到了冲击。

第二，传统德育的单向性也受到了新媒体的影响。传统德育是一种单向传授的教育方式，学生需要从教师处获取所需要的知识，知识的灌输是主要的教学方式。教师并不重视学生的个人反馈和情感需求，很少在同一层面上和学生进行沟通。德育工作的重点是纠正学生的错误行为和错误思想，如果学生的主体性得不到相应的重视，学生的需要就会被忽视，长此以往，学生的心中难免会出现对德育的抵触情绪。新媒体的平台对传统德育的单向沟通起到了替代的作用，交流的方式也出现了双向的互动的趋势。

第三，现实存在的道德约束手段不能够对新媒体平台中的行为起到限制的作用。在过去的德育中，教师往往只注重阶段性任务的达成，学生自身的成长和需要被忽视了，德育个性化的实现也就无从谈起了。阶段任务式的德育不能完全解决如今大学生群体中出现的思想和道德方面的问题，过去的道德约束手段也不能够完全约束如今学生的行为。如今的新媒体传播活动具有一定的匿名性，大学生们可能被这种匿名性的活动吸引，做出一些违反道德和法律要求的事情，而现行的道德约束手段起到的效果是有限的。

第四，学校德育不再是学生成长中必需的课程内容。在过去的德育工作中，学校德育可以利用其单向传输的特点，形成对学校教育有利的形势，从而提升学校教育对学生成长发挥的作用。在信息化的背景下，高校德育教育的环境在新媒体的影响下变得愈加复杂，新媒体的信息资源拓宽了学生获取知识的渠道，学生开始有了自主选择知识的意识，不再将教师视为权威。学校德育的工作也受到了新媒体环境的严重冲击。

第五，新媒体的环境为大学生思想道德的发展带来了较大的挑战。新媒体对大学生的思想道德发展影响较大，在新媒体的影响下，大学生思想意识出现了复杂化、多元化、个性化的特点，这使得德育工作开展的难度也加大了。许多大学生利用互联网进入了网络世界，多种类型的新媒体信息使得大学生的价值观念出现了变化。在互联网中，多种类型的价值观念相互交织，尤其是西方价值观念，使得大学生容易产生思想上的困惑，出现价值取向上的错误认知。许多大学生在网络上接收到了西方价值的内容，从而在道德行为、道德意志、伦理情感、伦理认知等方面产生了错误的看法。新媒体也对大学生在伦理上的认知产生了干扰的作用。伦理是一个道德层次的系统，并给了人们进行善恶判断的标准。伦理在一定程度上能够反映出社会的经济发展状况和社会生活方式，并且能够随着生产和生活方式的变化进行变化。信息科技的进步促使社会不断发展，社会的时空结构也出现了变化，新媒体促进了信息的快速传播，不同文化间的冲突逐渐尖锐。

在新媒体快速发展的环境中，伦理的相对主义得到了强化，无政府主义在一定程度上遭到了滥用，伦理基本矛盾产生了冲突。伦理的相对主义就是对所有事情采取无所谓的态度，伦理相对主义的基础来源于互联网的设计思想，互联网的符号化和数据化不断拉近了人际交往的距离。在新媒体的环境中，进行言论控制是有一定困难的，主流道德的建设也受到了无政府主义、滥用自由等不良思想的影响。许多国家不同的社会意识形态和思想文化在新媒体的环境中进行了激烈的竞争，这不仅提高了这些国家社会意识形态的竞争性，也为赢得思想文化的竞争争取到了优势。因为不同国家和民族中存在不同的伦理道德标准，冲突也就产生了。西方国家通过新媒体向我国的大学生群体输入价值观念和意识形态。

在新媒体的环境中，人与人之间产生了一定的隔阂，人际交往往往通过电子媒介展开，因此大学生对于伦理情感的内容产生了一定的疏远感。人需要在社会的交往中不断维持自己与他人的情感，但是在新媒体的环境中，人所说的话、表达的感情都被转换为了二进制的语言，人和人的距离被拉大了。在新媒体环境中进行交往时，交往的特点为交互性、开放性、虚拟性，人们能够以一种平等的身份进行人际的交流，因此新媒体环境中的交流不仅具有间接性，同时也具有直接性。直接性是指人们可以通过网络这一媒介进行聊天或者谈话，这一交流具有同时性。间接性是指人与人之间的交流都是通过屏幕上的句子和单词来完成的，人们只能猜测和自己谈话人的声音和语气，无法感知到对方的表情。因此，大学生在和他人进行交往时，容易产生一定的距离感。

新媒体这一媒介使得学生的伦理和道德都面临着严重的挑战。因为新媒体环境中的各种信息水平参差不齐，优秀的信息和没有价值的信息同时出现在了新媒体的环境中。这样的信息接收方式让人们可以有自己的空间，人们在不知不觉间患上了精神上的“疾病”，对基本的道德问题丧失了判断的能力。个人对目的的强烈追求，已经严重影响了主流的伦理观念，这是因为对信息的随意接收覆盖了对个人道德上的追求。个人的伦理追求无法保证个人的行为一直处在正确的轨道上，人们在公共伦理环境下维持协调的秩序出现了一定的困难。信息爆炸的环境对大学生的判断能力提出了更高的要求，信息伦理的内容是多样、多元的，大学生的决断能力和道德意志面临着巨大的挑战。

大学生的道德行为随着新媒体环境的发展出现了一些问题。新媒体环境和现实社会的环境出现了不兼容的现象，这导致了现实社会中的道德规范得不到有效的执行，但是新的道德规范还没有完全形成，因此出现了在新媒体传播中的行为不仅不能被旧的道德规范约束，也无法参考新的道德规范的现象。

第六，新媒体的环境要求德育队伍进行现代化的建设，提升德育队伍总体的素质。在信息社会的环境中，教师不再具有像过去那样绝对权威的地位，而是成了学生学习的帮助者和伙伴，教师应该主动地进行自我的革新，积极对自己掌握的知识进行重组。然而在新的教育环境下，德育队伍整体表现出了不适应的状况，比如教育队伍的知识和技能有所缺乏，知识的结构不能适应新媒体教学的发展，不能够很好地利用新媒体技术开展德育工作。因此，高校应该积极进行德育队伍的建设，建设一支素质较高的工作队伍。

（二）新媒体视域下大学生德育的机遇

新媒体不仅仅为大学生德育工作带来了严峻的挑战，也因为其具有开放性和互动性，为大学生的德育工作带来了一定的发展机会，以下四点是主要的表现。

第一，德育在新媒体环境下拥有了新的载体。在德育的整体系统中，载体是不可缺少的。德育载体能够为德育主体所使用，主体和客体在载体的作用下能够相互影响。在新媒体的环境中，德育信息有这样几种优势：首先是教育的内容在新媒体的影响下变得更加立体了，获得了动态化的特点，教育内容超越了时空的限制。其次教育内容的含量也在新媒体信息的影响下变大了，教育内容具有了选择性的特点。最后是教育信息具有一定的政治性，在新媒体环境中以及在文化和科技的影响下，知识的历史文化性和科技性得到了一定程度的强化。在新媒体环境中进行德育时，所覆盖的教育对象面积也扩大了，学生在获取社会信息的同时，也接受了道德的教育，在德育的影响下，学生的整体素质也得到了提升。以新媒体为主要形式的德育不仅能够对其他形式的德育产生一定的影响，形成包含不同方面的德育形式，还能够增大德育覆盖的面积，提升德育的效果。

第二，新媒体技术能够对德育知识和价值的传播提供帮助。如果从传播学的角度对德育进行解释，我们可以认为德育是阶级社会中的一种特定的信息传播行为。德育信息的传播需要围绕道德规范、道德观念两个核心。在德育信息传播的过程中，教育者是信息的主动传递者，是德育的起点。和过去传统的德育信息传播方式比较，新媒体的信息传播方式具有较大的优势，这一优势可以促进德育知识和价值内容的传播。利用新媒体技术进行传播的德育信息，具有吸引力更大的优势。新媒体能够将声音、画面、文本等内容结合在一起，充分调动起学生的积极性和参与程度。新媒体影响下的信息具有更强的感染力，这能够提升人们对信息的收集程度。学生可以借助新媒体技术，便捷、快速地获取自己需要的知识内容；学生能够在新媒体的环境中获得更加丰富的知识，促进个人心智的成长和成熟。

第三，新媒体能够促进德育过程中的互动性，并帮助学生发挥出主体性的作用。在德育的过程中，教师和学生的教与学需要一定的互动，这种互动可以表现在信息的接受、反馈和传递中。在过去的德育教学活动中，人们通常会采用单向灌输的方法，这种方法忽视了学生学习的需求和个人的学习能力，影响了受教育者的积极主动性，让学生处在一个从属的、辅助的地位。新媒体平台具有开放性，能够提升大学生的主体意识和主动性。在新媒体信息的传播过程中，交往对象的社会角色是虚拟存在的，在交往的过程中，交往者心理上的负担较少，交往者之间是平等的关系，这不仅可以建立起宽松的人际关系，交往的角色也能够进行交换。参与者在接受网络的德育信息时，身份是受教育者，但如果参与者主动进行了网页信息的制作和发布，参与者的身份就变为了主动输出信息的教育者。在新媒体的平台中，教育者和受教育者关系更为平等、融洽，双方的关系能够实现平等，使各自的主体性得到充分的发挥。因此，如果从传播学的角度进行分析，在新媒体环境下进行传播和分析信息的主体不仅有学生，也有教师，教育者和受教育者的关系是相互影响和相互制约的关系。

第四，新媒体能够提升德育的效果。如果需要对德育开展的实际效果进行评价和考验，就需要我们对德育的目的和意图进行分析。受教育者的认知和记忆系统发展受到教育者对道德观念的理解和看法影响。受教育对德育的认知能够通过信息量的增加和信息内容的变化体现出来。受教育者对社会主导价值的内化和维护受到受教育者观念和价值体系变化的影响。受教育者的言行举止能够通过行为习惯的养成体现出来。在以上的三个层面中，第一个和第二个层面属于内化的阶段，第三个层面属于外化的阶段。这三个阶段是新媒体环境形成的不同阶段，这个过程也是一个不断深化和积累的过程，内化阶段是德育取得成效的关键阶段。如果从新媒体的传播特征进行分析，新媒体为大学生知识的内化提供了机会。新媒体环境中的信息含量较大，这为德育工作的开展提供了基础；新媒体环境中的信息具有信息传输快捷性和隐藏性的特征，能够让教育者快速了解学生思想情绪的波动情况和学生群体最关注的问题，让教育的内容更加具体；在新媒体教育中开展的德育工作具有互动性和平等性的优点，不仅能够加强教育者和受教育者的交流，还能够提升受教育者的学习积极性，提高学习的成效。

新媒体能够提升学生思维方式的创新性。在传统教育的影响下，学生的思维受到了限制，新媒体帮助学生扩宽了眼界，学生能够了解世界上最先进的科学技术和思想理论，培养学生的创造性思维。

新媒体的自觉参与性使得新媒体环境中的道德规范需要参与者共同维护，学生逐渐会养成道德自律的习惯。新媒体环境中的信息是多种多样的，由此产生了多元化的价值观念，学生需要在复杂的社会环境中判断道德内容的正确性，从而提升道德的判断能力。管理中的规定和空间秩序都是需要学生进行维护的，学生作出的道德行为是自主选择后形成的结果。因此，学生道德行为和道德品质的培养需要在具有优良道德行为的空间中进行。

二、新媒体视域下大学生德育教育创新方法类别

（一）当前新媒体的主要类型

网络媒体主要涵盖新闻媒体、社交媒体、视频媒体三大类。互联网新媒体以其开放、互动、共享的特性，成为高校网络思政教育的重要阵地。在网络环境中，新媒体形式层出不穷，如网络报刊、网络广播、网络电视等，它们打破了传统媒体的时空限制，使得思政教育内容能够被更广泛地传播。同时，微博、微信公众号等媒体平台的兴起，使得思政教育不再局限于课堂教学，而是能够延伸到学生的日常生活之中。这些新媒体形式丰富了思政教育的内容与形式。手机新媒体的普及和移动性的优势，使其成为高校网络思政教育的有力补充。手机电视、可视

化移动 APP、短视频平台等媒体形式，使得学生能够随时随地获取思政教育的相关信息，加强了思政教育的时效性和针对性。同时，手机新媒体也为学生提供了更多的互动和参与机会，如通过社交媒体平台参与话题讨论、分享学习心得等，进一步增强了思政教育的吸引力和影响力。电视新媒体以数字电视为基础，结合互联网和移动通信技术，为高校网络思政教育提供了更加丰富的视听体验。户外新媒体、移动电视、数字电视等媒体形式使得思政教育内容能够以更加生动、直观的方式呈现在学生面前。这些新媒体形式不仅能够吸引学生的注意力，也能够通过影像、声音等多元素结合的方式深化学生对思政教育内容的理解和记忆。

1. 网络媒体的发展脉络

互联网是一个全球性的计算机网络，由多种类型和规模、独立运行的计算机网络组成。1969 年，互联网问世，互联网的相关协定由美国国防研究计划署制定，构成互联网的四台主要计算机分别来自犹他州大学、加利福尼亚大学、史坦福大学研究学院、加利福尼亚大学洛杉矶分校。在初始阶段，互联网是一种局部的、范围较小的媒体，互联网发展到现在已经成为一个覆盖范围较大、影响范围较广的媒介。新媒体的最重要组成就是互联网。1998 年，互联网成为“第四媒体”，排在了报纸、广播、电视之后，随着信息化时代的不断发展，4G、5G 时代到来，直播、短视频一跃成为最有影响力的媒介形式。国内学者将中国互联网的发展过程分为了如下的七个阶段。

第一阶段，1995—1998 年，网络媒体步入中国传播领域。这一时期的主要特征是报纸、杂志、广播电台、电视台以电子版、网络版的形式上网，这是中国网络媒体的初级阶段。

第二阶段，1998—1999 年，商业门户网站涉足网络新闻领域，对国内以往的新闻传播格局给予巨大的冲击，奠定了商业门户网站在新闻传播领域中的领先地位。

第三阶段，2000—2001 年，网络媒体体系形成，从中央到地方，各级重点新闻网站陆续建立，网络新闻传播法规建设及相应的管理机构的设立亦同时起步。

第四阶段，2002—2009 年，网络媒体成为中国重要的传媒形态。新闻网站队伍壮大，宽带网络和无线移动网络开始普及，网上民意表达活跃，网络媒体已在中国传播格局中占有重要的地位，向成熟的媒体迈进。网络媒体主要包括博客、播客、维客、微博、网络电视、网络广播、网络报刊与网络杂志等。

第五阶段，2010—2014 年，移动互联网提供消费需求。在这一阶段，新闻媒体逐渐从主流窗口迈向自主化发声的渠道，充分的激发了网民发表个人见解和看法的热情，比如新浪在 2009 年推出新浪微博、知识互动问答社区知乎上线、2011 年腾讯正式推出微信、2012 年创建字节跳动等，这些对过往的通信、传播等传统媒介产生的巨大的冲击。

第六阶段，2015—2019 年。自 2015 年我国启动“互联网 +”行动计划，我国迎来了互联网的成熟繁荣期，中国互联网成功地从虚拟经济中脱颖而出，互联网技术与创新思维的深度融合，成为推动中国经济社会创新发展的关键力量，从而有力推动了实体经济的全面转型升级。在此阶段，互联网产业的边界得以不断扩展，而不再是仅局限于对单一产业形态的推进，互联网产业升级成为主导。同时，互联网行业的竞争日趋激烈，催生了诸如腾讯视频、知乎、京东、淘宝、携程、支付宝、百度搜索等一批具有代表性的标杆企业。

第七阶段，2020—今，互联网进入了进一步的发展与创新阶段。随着 5G 技术的广泛普及和深入应用，互联网产业迎来了新的发展机遇和创新空间。5G 技术为互联网提供了前所未有的高速率和低延迟，为物联网、云计算、大数据、人工智能等新型应用的快速发展提供了强有力的支持。在这一阶段，互联网更加深入地渗透到人们生活的各个领域，无论是社交互动、购物消费、娱乐休闲，还是工作办公、学习提升，互联网都发挥着不可或缺的作用。

2. 网络新闻媒体

第一，历史演进。网络新闻媒体的历史可以追溯到互联网的发展早期。在 20 世纪 90 年代，随着互联网的普及和计算机技术的快速发展，网络媒体开始崭露头角。最初，一些传统媒体，如报纸、电视台，开始尝试将内容搬上互联网，这些形成了早期的网络新闻门户网站。这些门户网站以文字为主要形式，通过转载和整理传统媒体的内容，向用户提供新闻资讯。

随着时间的推移，网络新闻媒体逐渐发展壮大。1995 年，中国几家媒体，如中国贸易报、中国计算机报等，首批开通了网络版，这成为中国网络媒体发展的起点。随后，越来越多的媒体机构加入网络新闻媒体的行列中，形成了多样化的新闻门户网站和新闻客户端。这些媒体不仅提供了更为及时、全面的新闻报道，还开始探索运用图片、音频和视频等多种媒体形式来丰富新闻内容。

第二，发展现状。当前，网络新闻媒体已经成为人们获取新闻资讯的重要渠道之一。网络新闻媒体的发展呈现出一系列鲜明的特点和趋势。在数字化和网络化的推动下，它们不仅为人们提供了更加便捷获的取新闻资讯的渠道，还在内容形式、用户互动和技术创新等方面取得了显著进展。首先，新闻门户网站和新闻客户端等媒体平台已经成为网络新闻传播的主要阵地。这些平台通过整合各类新闻资源，以文字、图片、视频等多种形式向用户传递新闻信息。它们利用先进的技术手段，实现了新闻的实时更新和推送，使用户能够随时随地获取最新的新闻动态。同时，这些平台还注重内容的多样性和个性化，提供了丰富的新闻分类和定制化推荐服务，以满足不同用户的需求和兴趣。其次，网络新闻媒体在内容创新上取得了显著成果。它们不仅注重新闻事件的及时报道，还深入挖掘新闻背后的故事，为人们提供深度分析。通过引入专业记者和编辑团队，加强新闻内容的策划和编辑，网络新闻媒体提高了新闻的质量和权威性。最后，它们还积极探索多媒体融合报道，利用图片、视频等多媒体元素丰富新闻呈现形式，提升用户的阅读体验。此外，网络新闻媒体在用户互动性和社交性方面也有了显著提升。通过用户评论、互动问答等功能，用户能够参与到新闻讨论中，表达自己的观点。这种互动不仅增强了用户的参与感和归属感，还促进了新闻的传播和影响力的扩大。同时，网络新闻媒体还积极与其他社交媒体平台进行合作，实现跨平台传播和互动，进一步扩大了新闻的影响范围。

然而，网络新闻媒体也面临着一些挑战。随着信息量的爆炸式增长，如何筛选、整合和呈现高质量的新闻内容成了一个重要问题。网络新闻媒体需要加强对新闻内容的审核，确保信息的真实性和准确性。同时，它们还需要应对来自社交媒体等其他平台的竞争压力，因此需要不断提升自身的创新能力和用户体验。

由此可见，网络新闻媒体在发展中展现出了多样化、互动性和创新性的特点。它们通过整合新闻资源、创新内容形式和提升用户互动体验，为人们提供了更加便捷、丰富的新闻资讯服务。然而，在面临挑战和竞争的同时，网络新闻媒体也需要不断适应变化，加强自我革新和提升，以更好地满足用户的需求和期望。

第三，发展趋势。未来，网络新闻媒体将继续朝着多元化、个性化和智能化的方向发展。首先，技术将成为推动网络新闻媒体变革的重要力量。人工智能和大数据技术的深入应用，将使得新闻推介更加精准，为用户带来更加个性化的阅读体验。同时，网络新闻媒体对虚拟现实（VR）、增强现实（AR）等前沿技术的引入，将极大地丰富新闻报道的形式，为用户提供沉浸式的新闻感知。其次，网络新闻媒体将更加注重内容的创新性和深度。在信息爆炸的时代，优质内容成为稀缺资源。网络新闻媒体将致力于提升新闻内容的原创性和深度，通过深度报道、专业解读等方式，满足用户对高质量新闻的需求。最后，跨界合作与融合将成为网络新闻媒体发展的重要趋势。网络新闻媒体将积极寻求与其他媒体平台、社交媒体、视频平台等的合作，以实现资源共享和优势互补，共同打造更加完善的新闻生态圈。通过跨界合作，网络新闻媒体不仅可以拓宽传播渠道，还可以提升品牌影响力，实现互利共赢。

3. 社交媒体

第一，历史演进。早期，社交媒体以论坛和聊天室的形式出现，为用户提供了文字交流的平台，人们开始在这些简易的空间里分享见解、讨论话题。随着技术的飞速进步，社交媒体的形式逐渐丰富起来。21世纪初，博客的兴起为社交媒体带来了革命性的变革，人们开始通过个人博客平台分享生活点滴、表达个人观点，这形成了初步的社交网络。随后，社交网站如Facebook、MySpace等迅速崛起，它们允许用户创建个人资料，建立广泛的社交网络，并与朋友、家人和同事保持紧密的联系。这些平台不仅提供了更加丰富的社交体验，还促进了信息的快速传播和共享。2010年，社交媒体的发展进入了一个新的高峰。微博、微信等平台的出现，进一步推动了社交媒体的普及和变革。这些平台不仅提供了更加便捷的交流方式，还引入了短视频、直播等多元化功能，让用户能够更加生动地展示自己的生活和才华。如今，社交媒体已经成为人们日常生活中不可或缺的一部分。它不仅改变了人们的交流方式，还对社会文化、商业模式等方面产生了深远的影响。未来，随着技术的不断创新和用户需求的变化，社交媒体将继续发展演变，为用户带来更加丰富多彩的社交体验。

第二，发展现状。当前，网络社交媒体已经成为人们日常生活中不可或缺的一部分。它以其独特的魅力和强大的功能，深度渗透到我们生活的方方面面，成为我们获取信息、交流思想、展示自我、分享生活的重要平台。随着科技的飞速发展，各种社交媒体平台如雨后春笋般涌现，形式也愈发多样，从最初的文字交流，到后来的图片分享，再到如今的短视频、直播，社交媒体不断拓展着人们的交流方式和拓宽信息获取渠道。人们通过这些平台，可以随时分享生活点滴，无论是喜怒哀乐都能找到共鸣；可以随时随地发表自己的观点，参与到各种话题的讨论中；也可以方便快捷地获取各种新闻资讯，了解世界的变化。

社交媒体不仅改变了我们的交流方式，还对我们的生活方式产生了深远的影响。它使得人们的社交活动不再受地域限制，无论身处何地，只要有网络，人们就能与世界各地的人进行交流。同时，社交媒体也为商业活动提供了新的渠道，许多企业纷纷入驻社交媒体平台，通过发布广告、开展营销活动等方式，吸引更多用户关注和购买。然而，社交媒体在带来便利的同时，也面临着一些挑战。首先，信息过载成了一个日益突出的问题。随着社交媒体平台上的信息量不断增加，用户很难从中筛选出真正有价值的内容。这使得我们在浏览社交媒体时，往往需要花费大量时间筛选信息，才能找到真正感兴趣的内容。同时，网络安全和隐私保护问题也备受关注。一些社交媒体平台在保护用户隐私和数据安全方面存在不足，导致用户信息泄露、账号被盗等事件时有发生。这不仅给用户带来了财产损失，也引发了公众对社交媒体平台的信任危机。

第三，发展趋势。未来，网络社交媒体将继续朝着多元化、个性化和智能化的方向发展，这一趋势不仅代表着技术的进步，更体现了人们对于社交需求的不断升级和深化。

首先，多元化将是社交媒体发展的重要方向。随着技术的日新月异，社交媒体平台将引入更多创新的功能和形式，例如，VR 和 AR 技术，将为用户带来沉浸式的社交体验，让人们仿佛置身于一个全新的世界，与朋友们一起探索、交流。此外，社交媒体还将融入更多元素，如音乐、游戏、购物等，为用户提供丰富多彩的社交场景和体验。

其次，个性化将是社交媒体发展的另一大趋势。随着大数据和人工智能技术的广泛应用，社交媒体平台将能够更加精准地了解用户的需求和兴趣，为用户提供个性化的内容推荐和服务。用户可以根据自己的喜好和需求，定制专属的社交体验，享受到更加贴心、便捷的服务。

再次，智能化也将成为社交媒体发展的重要驱动力。社交媒体平台将借助人工智能技术，实现更加智能的内容审核、信息筛选和推荐系统，提高信息的准确性和价值性。此外，社交媒体平台对智能客服、智能问答等功能的引入，也将进一步提升用户的使用体验，使得社交活动更加便捷高效。

最后，社交媒体还将加强与其他媒体和行业的融合与合作。通过与新闻媒体、电商平台等的合作，社交媒体与其他媒体和行业可以实现资源共享和优势互补，为用户提供更加全面、便捷的服务。同时，社交媒体也将积极参与社会公益事业和文化交流活动，发挥其作为社会连接和文化传播平台的重要作用，推动社会的和谐与进步。

4. 视频媒体

第一，历史演进。网络视频媒体的历史演进可谓波澜壮阔，自互联网的初期便悄然兴起。当时，网络视频以简单的流媒体形式呈现，用户需通过特定播放器才能观看，而视频质量却相对低下。然而，随着科技的飞速进步，网络视频媒体对视频编码与传输技术不断取得突破，网络视频的质量得以显著提高，为观众带来了更加清晰的视觉体验。

进入 21 世纪，网络视频媒体的发展掀开了崭新的篇章。YouTube 等视频分享网站的崛起，为用户提供了一个自由上传和分享视频的平台，这种用户生成内容（UGC）模式的出现，极大地丰富了网络视频的内容库。一时间，网络视频如雨后春笋般涌现，各种有创意、有趣、富有启发性的视频层出不穷，吸引了大量用户的关注。

与此同时，各大视频网站也不甘落后，纷纷引入专业制作的视频，进一步丰富了网络视频的生态。从电影、电视剧到综艺节目，从动漫、纪录片到各类教育视频，网络视频媒体几乎涵盖了所有类型的视频内容，满足了不同用户群体的需求。

随着移动互联网的迅速普及，网络视频媒体迎来了新的发展机遇。短视频应用的兴起，如抖音、快手等，使得用户可以随时随地观看和创作短视频。这些短视频平台以其独特的魅力和便捷性，吸引了大量年轻用户。同时，这些平台也催生了众多网络红人和短视频创作者，他们通过短视频平台展示自己的才华和创意，赢得了广泛的关注和赞誉。

第二，发展现状。目前，网络视频媒体已经深深地融入人们的日常生活，成为人们生活不可或缺的一部分。随着科技的飞速发展和互联网的普及，网络视频媒体展现出了前所未有的活力和潜力。

首先，各大视频网站和视频应用为用户提供了丰富多样的视频内容。从经典的电影、电视剧，到热门的综艺节目、动漫作品，再到深入人心的纪录片，网络视频几乎涵盖了所有类型的视频内容。这些丰富的内容使得用户可以根据自己的兴趣和需求，随时随地选择观看，满足了人们多样化的娱乐和学习需求。

其次，网络视频媒体也成为品牌宣传和产品推广的重要渠道。越来越多的企业开始意识到网络视频媒体的价值，纷纷将广告投放在各大视频网站和视频应用中。通过生动、有趣的视频内容，企业能够更好地展示产品的特点和优势，吸引潜在客户的关注，提升品牌形象和市场竞争力。在技术方面，网络视频媒体也在不断创新。高清、超高清视频技术的普及，使得用户可以享受到更加清晰、逼真的视觉体验。这不仅提升了用户的观看体验，也为网络视频媒体的发展注入了新的活力。此外，人工智能（AI）技术也被广泛应用于网络视频媒体中。通过智能推荐算法，视频网站和视频应用能够根据用户的观看历史和兴趣偏好，为用户推荐更加符合其口味的视频内容。网络视频媒体对语音识别和字幕生成等技术的应用，也进一步提高了用户体验和效率。

最后，网络视频媒体还在不断探索新的商业模式和盈利方式。除了传统的广告收入外，越来越多的视频网站和视频应用开始尝试付费会员、内容付费等模式，为用户提供更加优质、独家的视频内容和服务。这些新的商业模式不仅为网络视频媒体带来了更多的收入，也为其未来的发展提供了更多的可能性。

第三，发展趋势。高清化与智能化是网络视频媒体发展的两大重要趋势。随着技术的不断进步，网络视频媒体的画质将被持续提升，高清、4K，甚至 8K 视频将成为主流。这不仅将为用户带来更加清晰、逼真的视觉体验，也将推动视频制作和传输技术的革新。同时，AI 技术的深入应用将使得网络视频媒体实现更加智能的内容推荐、搜索和交互功能。通过深度学习和分析大数据，网络视频媒体能够更准确地理解用户需求，为用户提供个性化的视频推荐服务。

在内容创新方面，网络视频媒体将更加注重原创性和差异化。除了传统的影视剧、综艺等内容外，还将涌现更多具有创新性和独特性的视频内容。这些内容可能来自专业制作团队，也可能来自用户生成的内容。网络视频媒体将为用户提供一个展示自我、发挥创意的平台，鼓励用户创作和分享自己的视频作品。同时，网络视频媒体也将加强与其他文化产业的合作，引入更多优质的文化资源，为用户提供丰富多样的视频内容。

社交属性增强是网络视频媒体发展的又一重要趋势。网络视频媒体将不再是单纯的视频播放平台，而是成为用户交流、分享和互动的重要场所。通过引入社交功能、打造社区氛围等方式，网络视频媒体将增强用户之间的互动。用户可以在观看视频的同时发表评论、分享心得，与其他用户进行交流和互动。这种社交化的体验将使得网络视频媒体更加具有吸引力和活力。

跨界融合也是网络视频媒体发展的重要方向之一。随着数字经济的不断发展，网络视频媒体将与其他领域进行更多的跨界融合。例如，与电商平台的合作可以实现边看边买的功能，用户在观看视频的同时可以直接购买相关商品；与游戏产业的融合可以推出互动视频游戏等新型娱乐形式，为用户提供更加丰富的娱乐体验。这种跨界融合将使得网络视频媒体的商业模式更加多元化，也将为其他产业带来更多的发展机会。

（二）不同新媒体类型下的德育创新

1. 新闻媒体下的德育创新

在当今信息化社会中，新闻媒体作为信息传播的重要载体，对高校德育工作的影响日益显著。随着新媒体技术的不断发展，新闻媒体在德育创新中的作用愈发突出。高校要充分发挥新闻媒体下的德育创新，这有助于提升德育工作的实效性。通过新闻媒体下的德育创新，教育者可以更加生动地展现道德故事的魅力，更加深入地剖析道德事件的内涵，从而引导大学生关注社会现实，增强他们的道德敏感性和道德判断力。同时，新闻媒体还可以作为高校德育工作的宣传平台，及时报道德育工作的进展和成果，扩大德育工作的社会影响力，引导大学生树立正确的价值观念，培养他们的道德责任感和社会责任感，推动德育工作的深入开展。

首先，新闻媒体能够及时报道社会热点和道德事件，为高校德育提供了丰富的素材和话题。社会热点和道德事件往往具有广泛的社会影响力和深刻的道德内涵，它们能够引发学生的关注和思考，激发他们的道德情感和道德意识。通过新闻媒体的报道，学生可以了解到社会上的各种道德现象，进而认识到道德在社会生活中的重要性，这有助于培养学生的社会责任感和使命感，使他们更加积极地参与社会建设和发展。

其次，新闻媒体通过剖析道德事件，能够帮助学生树立正确的价值观和道德观。道德事件往往涉及人们的价值观念、道德标准和行为选择等方面，通过对这些事件的深入剖析，新闻媒体能够引导学生正确理解和评价道德行为，形成正确的道德判断和道德评价标准，它不仅能够帮助学生抵御不良风气的侵蚀，更能够培养他们的道德自觉和道德自律，使他们在面对复杂的社会环境时能够保持清醒的头脑和坚定的立场。

最后，新闻媒体在德育创新中还能够发挥舆论引导的作用。通过精心策划和组织新闻报道，新闻媒体可以营造积极向上的舆论氛围，弘扬社会正气和良好的道德风尚。这种舆论引导不仅能够影响学生的思想观念和行为习惯，更能够推动整个社会的道德进步和文明发展。因此，高校应该积极与新闻媒体合作，共同打造德育品牌栏目或节目，为学生提供更多优质、丰富的德育资源。

当然，我们也应该认识到新闻媒体在德育创新中存在的挑战。因此，高校在利用新闻媒体开展德育工作时，应该加强与新闻媒体的沟通和合作，建立长效的合作机制和建设信息共享平台，确保新闻报道的质量和效果。

2. 社交媒体下的德育创新

在信息化、网络化的今天，社交媒体以其独特的互动性和社交性，在高校德育创新中展现出不可替代的作用，不仅为学生提供了一个自由发表观点、交流思想的平台，更有助于形成多元化的德育氛围，推动德育工作的深入发展。

首先，高校可以充分利用社交媒体平台，建立德育互动社区。这一社区不仅是信息的传播平台，更是思想碰撞、价值交流的场所。通过发布德育话题、组织线上讨论、分享德育案例等形式，高校可以引导学生积极参与德育活动，形成浓厚的德育氛围，这些形势不仅能够激发学生的学习兴趣和参与度，更能够在交流中提升学生的道德认知水平和道德实践能力。具体而言，高校可以定期在社交媒体平台上发布德育相关的讨论主题，鼓励学生围绕这些主题发表自己的观点；可以邀请校内外专家、学者或优秀校友参与讨论，他们的见解和经历能够为学生提供更为广阔的视野和深刻的启示；通过分享德育案例，可以让学生从具体的事件中感受到道德的力量，增强他们的道德认同感和责任感。

其次，社交媒体可以作为高校德育工作的反馈渠道。在传统的德育工作中，学生往往处于被动接受的地位，而社交媒体则为学生提供了一个表达自我、反馈意见的平台。通过社交媒体平台，学生可以实时表达对德育工作的看法和建议，高校可以及时了解学生的需求和想法，从而调整德育策略，有助于高校德育工作更加贴近学生实际，更加符合学生需求，提升德育效果。高校可以设立专门的社交媒体账号或平台，用于收集和处理学生反馈的意见；可以定期发布德育工作的进展和成果，让学生了解到德育工作的重要性，增强他们对德育工作的认同感和支持度。

最后，高校还可以通过社交媒体平台开展德育实践活动。这些活动不仅能够让学生在实践中感受道德的力量，更能够提升他们的道德素养和综合能力。例如，组织线上志愿服务活动，让学生通过网络平台为需要帮助的人提供援助；发起道德倡议，鼓励学生关注社会热点问题，积极参与公益事业；开展德育知识竞赛或主题征文活动，让学生在参与中深化对道德知识的理解和认识，这些不仅丰富了德育工作的形式和内容，更让学生在亲身体验中感受到道德的力量和价值。通过参与这些活动，学生能够更加深入地理解道德的内涵和要求，提升自我道德修养和道德实践能力。这些活动也能够促进校园文化的建设和发展，形成积极向上、文明和谐的校园氛围。

然而，社交媒体下的德育创新也面临着一些挑战，因此，高校在利用社交媒体开展德育工作时，应该加强对学生网络素养的培养，引导他们正确使用社交媒体平台，让他们避免受到不良信息的干扰。同时，高校也应该建立完善的监管机制和管理制度，确保社交媒体平台上的信息健康、积极、向上。

3. 视频媒体下的德育创新

随着信息技术的飞速发展，视频已成为当今时代最为直观、生动的信息传播方式之一。在高校德育创新中，视频媒体以其独特的优势，发挥着举足轻重的作用。高校作为德育工作的前沿阵地，更应积极探索视频媒体在德育创新中的应用方法，以提升德育效果，推动学生全面发展。

首先，高校可以制作微电影、短视频等形式的德育作品，以生动展现道德知识和道德行为。这些作品通过精心设计的故事情节、鲜活的人物形象以及丰富的视听元素，能够让学生在观看过程中深刻感受到道德的力量和价值。微电影和短视频的时长适中、内容精炼，既能够吸引学生的注意力，又能够让他们在轻松愉快的氛围中接受德育熏陶。在制作德育微电影、短视频时，高校应注重内容的时效性和针对性。高校可以结合社会热点、校园文化、学生生活等方面的话题，创作出贴近学生实际、富有感染力的作品；可以邀请学生共同参与创作，发挥他们的主动性和创造性，使作品更加贴近学生心灵，引发共鸣。

其次，高校可以利用视频媒体开展德育课堂教学。传统的德育课堂教学往往以讲授为主，形式单一，难以激发学生的学习兴趣。而视频媒体则可以通过图像、声音、文字等多种方式，将德育内容呈现得更为生动、形象。教师可以根据德育课程的需要，选取合适的视频素材，进行剪辑、配音、配字幕等处理，制作成高质量的德育视频课件。在德育课堂教学中，教师可以利用视频媒体进行案例讲解、情景模拟、角色扮演等多种教学活动。通过视频展示真实或模拟的道德情境，引导学生进行讨论、分析和反思，从而加深对道德知识的理解和认识。视频媒体还可以提供丰富的德育资源，如道德楷模的事迹、优秀学生的成长经历等，激发他们追求卓越的内在动力。

最后，高校还可以通过视频媒体平台推广德育经验。将优秀的德育微电影、短视频、课堂教学视频等作品进行整理、分类，并上传至学校官方网站或社交媒体平台，供师生观看、学习和交流。然而，视频媒体下的德育创新也面临着一些挑战。因此，高校在利用视频媒体开展德育工作时，应注重内容的策划和制作，确保视频媒体内容的质量和价值；应加强对视频媒体德育效果的评估和反馈，不断调整和优化德育策略，提高德育工作的针对性和实效性。

参考文献

[1] 路琳．校园文化与高校德育 [M]．郑州：河南人民出版社，2000．

[2] 王宗礼，甘德荣．高校德育的协同机制及其实践研究 [M]．北京：中国文史出版社，2015．

[3] 郑永廷，张彦．德育发展研究：面向 21 世纪中国高校德育探索 [M]．北京：人民出版社，2006．

[4] 季海菊．高校生态德育论 [M]．南京：东南大学出版社，2011．

[5] 李建华，肖祥．大数据时代中国高校德育发展研究 [M]．杭州：浙江大学出版社，2022

[6] 孙义兰．中国与新加坡当代大学德育比较研究 [M]．银川：宁夏人民教育出版社，2017．

[7] 闫伟．应用型高校德育教育教学模式新探：以菏泽学院为例 [M]．北京：人民出版社，2020．

[8] 张武升．教育创新论 [M]．上海：上海教育出版社，2000．

[9] 姚建龙．中长期青年发展规划解读与研究 [M]．北京：中国政法大学出版社，2018．

[10] 黄山．"形势与政策"教育教学理论与实践研究：基于云南高校的实证分析 [M]．北京：中国文史出版社，2018．

[11] 徐庆．自媒体时代高校德育教育探析 [J]．黑龙江教师发展学院学报，2022，41（11）：112–114．

[12] 岳龙．高校德育教育对大学生生活方式的影响 [J]．华东纸业，2022，52（2）：168–170．

[13] 张海生．高校德育教育与心理教育融合研究 [J]．湖北开放职业学院学报，2021，34（20）：64–65．

[14] 方燕. 高校德育教育与大学生创业活动融合的路径研究 [J]. 经济师，2021（10）：185.
[15] 钱峰. 高校德育教育现状及路径探析 [J]. 教育教学论坛，2020（40）：63-64.
[16] 郭文利，李阁. 高校德育教育的发展历程与发展趋势 [J]. 中国成人教育，2007（10）：147-148.
[17] 王琳琳. 新媒体背景下大学生成长成才教育的关联性思考 [J]. 就业与保障，2021（24）：46-48.
[18] 李楠. 新时代高校德育教育的实现路径 [J]. 现代交际，2020（2）：109-110.
[19] 牟昱苍. 高校德育教育的困境与突破 [J]. 商业经济，2012（16）：116-118.
[20] 王洪新. 探析大学生成长成才的五个着力点 [J]. 思想理论教育导刊，2019（3）：64-67.
[21] 张娅婧. 新时期高校德育教育实效性研究 [D]. 济南：山东大学，2015.
[22] 徐箔. 我国高校德育教育存在的问题与优化研究 [D]. 长春：吉林农业大学，2014.
[23] 李琳. 大学生就业思想教育问题研究 [D]. 长春：长春工业大学，2015.
[24] 柳博. 高校和谐德育教育 [D]. 长沙：湖南农业大学，2011.
[25] 王晋. 网络环境下高校德育对策研究 [D]. 北京：北京邮电大学，2008.
[26] 喻霞. 论网络与高校德育创新 [D]. 武汉：武汉大学，2005.
[27] 党傲. 高校思想政治教育中心理咨询的运用研究 [D]. 成都：成都理工大学，2014.
[28] 卢长彤. 大学生创业道德教育研究 [D]. 苏州：苏州科技学院，2014.
[29] 刘跃. 中美高校德育教育差异性研究 [D]. 杭州：杭州电子科技大学，2012.
[30] 彭鹏. 高校德育的道德体验法 [D]. 南京：南京师范大学，2012.